टेलीविजन की भाषा

टेलीविजन की भाषा

हरीश चंद्र बर्णवाल

राधाकृष्ण प्रकाशन

ISBN : 978-81-8361-452-8

टेलीविजन की भाषा

पहला संस्करण : 2011
चौथा संस्करण : 2022
This book is printed on **Print on Demand** Technology : 2025

मूल्य : ₹795

प्रकाशक
राधाकृष्ण प्रकाशन प्राइवेट लिमिटेड
जी-17, जगतपुरी, दिल्ली-110 051

शाखाएँ : अशोक राजपथ, साइंस कॉलेज के सामने, पटना-800 006
पहली मंजिल, दरबारी बिल्डिंग, महात्मा गांधी मार्ग, प्रयागराज-211 001
1, अनमोल सोराबजी संतुक लेन, धोबी तलाव, मरीन लाइंस, मुम्बई-400 002
वेबसाइट : www.radhakrishnaprakashan.com
ई-मेल : info@radhakrishnaprakashan.com

चित्र सौजन्य : www.mediakhabar.com

TELEVISION KI BHASHA
by Harish Chandra Burnwal

माँ, पापा को समर्पित जो सैकड़ों मील दूर रहकर भी हमेशा दिल के करीब रहते हैं...पत्नी सुष्मिता और नटखट श्रीशु के लिए जिनके बिना एक शब्द की साधना भी नामुमकिन थी और इनके साथ-साथ पत्रकारिता के संसार में बीते हर उस अनुभव को समर्पित जो इस किताब की शक्ल ले रहे हैं।

आमुख

मेरे मित्र और सहकर्मी हरीश चंद्र बर्णवाल ने उत्कृष्ट और बहुत जरूरी किताब लिखी है। पिछले कुछ सालों के दौरान टेलीविजन न्यूज उद्योग में असाधारण उन्नति हुई है। इस उन्नति ने अपने साथ नए अवसर तो पैदा किए हैं लेकिन साथ-ही-साथ नई चुनौतियाँ भी उठ खड़ी हुई हैं और चैनलों के बीच एक जबर्दस्त प्रतिस्पर्धा भी शुरू हो चुकी है।

अधिकता हमेशा गुणवत्ता नहीं लाती है। इस समय हिन्दी न्यूज चैनलों को जबर्दस्त हमले का शिकार होना पड़ रहा है। न्यूज चैनलों के खिलाफ खबरों को सनसनीखेज बनाने, बढ़ा-चढ़ाकर बात कहने के तरीके और खबरों के स्तर को गम्भीर रूप से गिराने के आरोप लगाए जा रहे हैं। कुल मिलाकर हिन्दी न्यूज चैनल इस समय गम्भीर विश्वसनीयता के संकट से गुजर रहे हैं।

ऐसे वक्त में, हरीश बर्णवाल की किताब और भी ज्यादा महत्त्व रखती है। इस किताब के एक चैप्टर 'जबान सँभाल के' में बेहतरीन तरीके से सही भाषा के इस्तेमाल के बारे में बताया गया है। टेलीविजन न्यूज मीडिया में लोगों का भरोसा फिर से कैसे बहाल किया जाए, इसके लिए सही भाषा की समझ जरूरी है। चाहे वो बोल्ड हेडलाइन हो, ब्रेकिंग न्यूज हो या फिर न्यूज फ्लैश। जरूरी है कि उसकी भाषा तसवीरों के अनुकूल हो और बारीक छान-बीन के बाद उसे तथ्यों के अनुरूप ही लिखा जाए। भाषा

एक दोधारी तलवार की तरह है। इसका प्रयोग सम्पर्क बनाने में भी किया जा सकता है और उलझाने में भी। हरीश की किताब हर उस व्यक्ति के लिए सटीक मार्गदर्शन उपलब्ध कराती है, जो फिलहाल इलेक्ट्रॉनिक मीडिया में काम कर रहे हैं या भविष्य में करेंगे। मैं चाहूँगा कि मीडिया से जुड़े सभी लोग इस किताब को जरूर पढ़ें।

2 सितम्बर, 2010

—राजदीप सरदेसाई

एडिटर-इन-चीफ, आईबीएन नेटवर्क

(CNN IBN, IBN7, IBN LOKMAT)

दो बातें

टेलीविजन क्षणों में जीता है। पल-पल में इसकी दुनिया बदल जाती है। एक पल जो घटना पूरी दुनिया के लिए बड़ी खबर है, अगले ही पल वो हाशिए पर चली जाती है। एक पल जो टेलीविजन का महारथी है, अगले ही पल वो आउटडेटेड हो जाता है, इसलिए अगर किसी को समय के साथ टेलीविजन की दुनिया में टिके रहना है तो उसे टीवी के मिजाज को गहराई से समझना भी होगा और अपनाना भी। पिछले करीब एक दशक से मैंने टेलीविजन न्यूज चैनलों के करीब रहकर ऐसा महसूस किया है। वो इसलिए क्योंकि न्यूज रूम में भाषा का कारीगर होने की वजह से मैंने टेलीविजन की भाषा के छोटे-छोटे मूल्यों और शब्दों को भी सहेजकर रखा है। धीरे-धीरे यही शब्द और मूल्य लेख की शक्ल लेते गए। जब इन्हीं लेखों का इस्तेमाल कई जगहों पर पत्रकारिता के अध्ययन और अध्यापन के दौरान किया जाने लगा तो धीरे-धीरे मेरा उत्साहवर्धन भी होता रहा। मैंने अब तक टीवी न्यूज चैनलों में काम करते-करते जो कुछ भी सीखा, उसे अपनी डायरी में जमा करता गया और जब एकबारगी उस पर नजर पड़ी तो ऐसा लगा, मानो ये एक किताब की शक्ल ले चुकी है। इसलिए, ये किताब मैंने लिखी नहीं है, बल्कि समय के साथ अपने-आप तैयार हो गई है।

मुझे याद है कि जब मैंने टेलीविजन पत्रकारिता की पढ़ाई पूरी करने के बाद 'स्टार न्यूज' ज्वाइन किया तो मुझे पत्रकारिता की पढ़ाई और पेशे में बड़ा फर्क मिला। उस पढ़ाई का जरा-भी इस्तेमाल टीवी की असल जिन्दगी में देखने को नहीं मिला। खासकर, भाषा के मामले में मैं खुद को बड़ा-ही असहाय महसूस कर रहा था। आज भी सिर्फ टेलीविजन की भाषा को लेकर ऐसी एक भी किताब नहीं है, जो टीवी का सम्पूर्ण व्यावहारिक ज्ञान दे सके। इसके साथ-साथ जो न सिर्फ

पत्रकारिता के विद्यार्थियों, बल्कि मौजूदा पेशेवर पत्रकारों के लिए भी मददगार साबित हो। इस मायने में ये किताब पिछले आठ साल की मेहनत और अनुभवों का नतीजा है।

भाषा को लेकर मेरे मन में हमेशा उधेड़बुन की स्थिति बनी रही। शुरू के कई साल तो मैंने टीवी की प्रचलित भाषा को सीखने में निकाल दिए लेकिन उसके बाद यही लगता रहा कि क्या जो हम लिख रहे हैं, वो सही है! क्या हमारे स्क्रिप्ट लिखने का अन्दाज ठीक है! क्या हमारे शब्दों का चयन दुरुस्त है! कहीं ऐसा तो नहीं कि हम भाषा के साथ ज्यादती कर रहे हों। शब्दों की नासमझी में हम अपना तो मजाक बना ही रहे हों, साथ ही खबरों के साथ भी खिलवाड़ कर रहे हों।

इस किताब में आपको वो तमाम चीजें मिलेंगी, जो टीवी न्यूज के लिए जरूरी हैं। साथ ही जिनका इस्तेमाल आप अपनी स्क्रिप्टिंग, एंकरिंग और रिपोर्टिंग के दौरान करते हैं या कर सकते हैं। अपने अनुभवों को किताब की शक्ल देने के दौरान असली चुनौती टीवी न्यूज की भाषा में खबरों की संवेदनशीलता को लेकर थी। सवाल ये था कि टीवी की भाषा कैसी हो। क्या सपाट एक खबर की तरह, जिसमें महज जानकारी होती है या फिर अस्सी के दशक के उत्तरार्द्ध की तरह, जिसमें दूरदर्शन 'राजीव दर्शन' बनकर रह गया था या फिर बीबीसी की तरह, जिसमें अमेरिकी राष्ट्रपति ओबामा और दुनिया के सबसे खतरनाक आतंकी ओसामा-बिन-लादेन, एक ही पलड़े में नजर आते हैं और दोनों ही के लिए सम्मानजनक शब्दों का इस्तेमाल होता है।

दूसरे सवाल का जवाब आसान है। अब सत्ता के साथ-साथ आम लोगों से जुड़ी खबरें भी महत्त्वपूर्ण हो चली हैं, बल्कि ज्यादातर समय तो टीवी में आम लोगों से जुड़ी खबरों को ही अहमियत दी जा रही है। जहाँ तक बात है बीबीसी के स्टाइल की तो मेरा मानना ये है कि एक आतंकी और राष्ट्रपति के लिए शब्दों के चयन में फर्क जरूर होना चाहिए। एक आतंकी के लिए आदरभरे शब्दों के इस्तेमाल का कोई मतलब नहीं है लेकिन असल सवाल तो पहला है। क्या खबरों की भाषा सीधी-सपाट हो, उनके प्रस्तुतिकरण में कितनी तटस्थता हो या न हो, इस मामले में वरिष्ठ लेखक रघुवीर सहाय ने दूरदर्शन की खबरों का हवाला देते हुए जो लिखा है, वो आज भी प्रासंगिक है। रघुवीर

सहाय ने हादसों के दौरान दूरदर्शन में दिए जानेवाले आंकड़ों का जिक्र किया है और कई लाइनें भी उद्धृत की हैं। जैसे–

सात सौ लोग मारे गए,
अखबार कहता है,
टूटे हुए खँडहर और शहतीर दूरदर्शन दिखाता है,
मेरे भीतर से कई खबरें आती हैं हरहराकर

घुवीर सहाय ने न सिर्फ तटस्थता और उदासीनता के बीच के फर्क को दिखाने की कोशिश की है, बल्कि पुरजोर तरीके से ये भी जताने की कोशिश की कि तटस्थता की जमीन पर खड़े होने से पहले, खबरों की संवेदनशीलता को पकड़ना जरूरी है। दूरदर्शन में प्रयोग होती इस तरह की भाषा तकनीकी रूप से भले ही एकदम सही हो, मगर संवेदनशीलता की दृष्टि से पूरी तरह भाव-शून्य।

कहीं ऐसा तो नहीं है कि तटस्थता के नाम पर आप सिर्फ सूचनाएँ दे रहे हों और आम आदमी के दर्द को सामने ला पाने में असमर्थ हों![1] साफ है, न्यूज में इसीलिए भाषा की भूमिका महत्त्वपूर्ण हो जाती है। कैमरे की नजर से आप तसवीरों को तो दिखा सकते हैं लेकिन उन तसवीरों के पीछे का सच क्या है, वो सिर्फ भाषा की मदद से ही बता सकते हैं। मैंने इस किताब में दोनों पहलुओं को सामने लाने की कोशिश की है। कई चैप्टरों में मैंने उदाहरण देकर ये समझाने की कोशिश की है कि कैसे शब्दों के हेर-फेर से खबरों को बताने का अन्दाज बदल जाता है। मेरे हिसाब से खबरों में कोरी तटस्थता एक हद तक तो जायज है लेकिन उदासीनता का कोई मतलब नहीं है।

साफ है, टीवी न्यूज में भाषा को लेकर बेहद सचेत रहने की जरूरत है। शब्दों की सही जानकारी होना न सिर्फ जरूरी है, बल्कि उनके चयन में भी संयम बरतने की जरूरत है। इसकी एक बड़ी वजह है, खुद टेलीविजन। दरअसल टीवी तीन माध्यमों के जरिए काम करता है, पहला तसवीर, दूसरा आवाज और तीसरी चीज है, टीवी स्क्रीन पर लिखे हुए शब्द। टीवी की सबसे बड़ी खासियत तसवीरें हैं लेकिन ध्यान दीजिए तो अमूमन एक विजुअल को पहचानने में तीन सेकेंड का समय लगता है, जबकि न्यूज में तो अकसर एक विजुअल तीन से पाँच सेकेंड में बदल भी दिए जाते हैं। दूसरी तरफ आवाज को पकड़ना आसान है

---

1. देखें विनीत कुमार का ब्लॉग 'गाहे बगाहे' लिंक है http://taanabaana.blogspot.com/2008/09/blog-post02.html

और शब्द भी काफी देर तक स्क्रीन पर टँगे रहते हैं। ऐसे में कुछ खास तसवीरों को छोड़ दें तो न्यूज चैनलों में भाषा की अहमियत सबसे ज्यादा हो जाती है। खुद मशहूर एंकर पुण्य प्रसून वाजपेयी लिखते हैं–'टीवी न्यूज चैनल के पास कुछ ऐसी चीजें भी हैं जो कि तकनीक का सहारा भी लेती हैं लेकिन तकनीक नहीं होतीं। दरअसल मूक तसवीरें या किसी घटनास्थल पर चिल्ल-पों मचाती आवाजों के बीच चलती-फिरती-बोलती तसवीरें पूरी कहानी नहीं कहतीं। इन तसवीरों को 'शब्द' चाहिए। ठीक उसी तरह, जैसे कोई 'हीरा' तब तक बेनूर है, जब तक उसे सोने के हार में न जड़ा जाए। हाँ, कुछ 'तसवीरें' खुद अपनी कहानी जरूर कहती हैं, यह तसवीरें 'कोहिनूर' होती हैं–जैसे 9/11 की तसवीर।'[1]

टीवी में काम करनेवाले हर शख्स को, न सिर्फ भाषा की सही समझ होनी चाहिए, बल्कि जिन शब्दों का वे इस्तेमाल करें, उनके अर्थ भी सही-सही पता होने चाहिए। हालाँकि हिन्दी के पत्रकारों के लिए अच्छी बात ये है कि एक अनुमान के मुताबिक, जहाँ हिन्दी भाषा में लगभग एक लाख पैंतालीस हजार शब्द हैं, वहीं टेलीविजन में अच्छी भाषा के प्रयोग के लिए, महज पन्द्रह सौ शब्दों की सही जानकारी अपने-आप में काफी है। मैंने इसी बात को ध्यान में रखकर न सिर्फ भाषा के तमाम आयामों को दर्शाने की कोशिश की है, बल्कि अन्दर तक जाकर उसका पोस्टमॉर्टम भी किया है। इतना ही नहीं, टेलीविजन पत्रकारों और विद्यार्थियों की सुविधा के लिए शब्दों की लम्बी सूची, मुहावरे, लोकोक्तियों का संकलन और स्त्रीलिंग-पुल्लिग एवं वचन सम्बन्धी नियमों को भी सरल विस्तार से बताया है।

इस किताब में जहाँ तक टेलीविजन की भाषा की बात है तो ये मेरे निजी अनुभवों की उपज है लेकिन जहाँ तक व्याकरणिक चीजों को शामिल करने की बात है तो वो मैंने कई किताबों से चुन-चुनकर निकालने की कोशिश की है। व्याकरण की जिन चीजों को मैंने जहाँ से भी बटोरा है, उसका स्रोत भी बता दिया है। भाषा सम्बन्धी इन लेखों को मैं पिछले आठ सालों से समय-समय पर निरन्तर लिखता रहा हूँ, ऐसे में हो सकता है कि एकाध स्रोत के नाम छूट गए हों। इसके लिए क्षमा करें। इतना ही नहीं, इस किताब को मैंने टीवी न्यूज के हिसाब से ही लिखने की कोशिश की है। हालाँकि कई जगह आपको

1. देखें–'एंकर रिपोर्टर', पुण्य प्रसून वाजपेयी–राजकमल प्रकाशन

ऐसे शब्द भी मिल सकते हैं, जिनका इस्तेमाल हम अब टीवी में तो नहीं करते लेकिन किताब के लिए इन शब्दों का इस्तेमाल करना जरूरी लगा। टीवी न्यूज को नुक़ते जैसी बारीकियों के साथ लिखने या दर्शाने से मैंने यहाँ मुक्त रखा है क्योंकि उसके लिए उर्दू भाषा का यथोचित ज्ञान आवश्यक है। ये इसलिए भी जरूरी था कि नुक़ते का गलत इस्तेमाल अर्थ का अनर्थ कर देता है।

इस किताब को लिखने में टेलीविजन इंडस्ट्री के साथ-साथ बाहरी दुनिया के भी कई लोगों का योगदान है। मुझे याद है सात साल पहले का वो वक्त, जब 'स्टार न्यूज' की सीईओ रवीना राज कोहली थीं और सम्पादक संजय पुगलिया। उस समय एक मीटिंग के दौरान रवीना ने मुझसे पूछा था कि चैनल की भाषा और लुक कैसा हो। उस दौरान रवीना ने खुद ही जवाब में कहा भी था कि 'ये सब जूसी (Juicy) होना चाहिए।' इसके बाद हम लोगों की भाषा का अन्दाज एकदम बदल चुका था और ये टीवी के लिए एक नई तरह का प्रयोग था। उस समय विदेशी चैनल के एक खास कार्यक्रम की तर्ज पर स्टार न्यूज पर भी 'स्टार रिपोर्ट'[1] के नाम से एक शो तैयार किया गया, जिसका मैं हिस्सा बना। तस्लीम खान की अगुवाई में इस खास कार्यक्रम की स्क्रिप्ट को लिखने का अन्दाज बदला। फिर उदय शंकर और शाजी जमाँ के साथ काम करने के दौरान मुझे भाषायी तर्ज पर बहुत फर्क देखने को मिला। जब मैंने 'आप बनें रिपोर्टर'[2] कार्यक्रम का नया कॉन्सेप्ट शाजी जमाँ को दिया, तब भी भाषा को लेकर कई नई चीजें सामने आईं। एक चैनल का सम्पादक होने के बावजूद, उन्होंने खुद मुझे न सिर्फ प्रोमो लिखने को कहा, बल्कि उसे खुद दुरुस्त भी किया। इसके अलावा भी कई बार उनसे भाषा को लेकर हुई बातचीत में सीखने को मिला।

---

1. 'स्टार रिपोर्ट' कार्यक्रम उस समय देशी न्यूज चैनलों के लिए एक नए तरह का कार्यक्रम था। इसमें न सिर्फ भाषा के स्तर पर, बल्कि तकनीक के स्तर पर भी कई मौलिक प्रयोग किए गए थे।
2. 'आप बनें रिपोर्टर' एक नया कॉन्सेप्ट था। यह आइडिया मैंने दिया था। इसके तहत आम आदमी से विजुअल मँगाए जाने थे, यानी कि आम आदमी को रिपोर्टर और एंकर की तरह काम करना था। वर्ष 2005 में, मुम्बई में आई बाढ़ के दौरान ये कॉन्सेप्ट हिट साबित हुआ। 'हम पर जो गुजरी' के नाम से कार्यक्रम लॉन्च किया गया। ऐसे वक्त में जहाँ रिपोर्टर का फील्ड में पहुँचना तक सम्भव नहीं था, वहाँ से भी घटना से सम्बन्धित बड़ी भयानक तसवीरें आ रही थीं। बाद में कई चैनलों पर ऐसे ही मिलते-जुलते कार्यक्रम शुरू हुए और अब किसी भी बड़ी घटना के दौरान आम दर्शकों से तसवीरें मँगाना आम है।

टेलीविजन में विनोद कापड़ी का अन्दाज बिलकुल जुदा है। भाषा ही नहीं, समझ के स्तर पर भी। एक बार मुम्बई में रात के साढ़े बारह बजे विनोद जी का फोन आया और उन्होंने कहा, "मुझे हरिवंश राय बच्चन की जीवनी चाहिए।" मैंने पूछा, "इतनी रात में कहाँ मिलेगी किताब...मेरे पास तो इस समय गाड़ी भी नहीं है।" तो उन्होंने कहा, "मुझे नहीं पता...लेकिन किताब हर हाल में चाहिए। चाहे रात में ही किसी की दुकान खुलवानी पड़े। रही बात गाड़ी की, तो वो आपके घर भेज दी है। किताब के पैसे कल ले लेना।" उसी समय मैंने, न सिर्फ मुम्बई में हिन्दी किताब की दुकान ढूँढ़ी, बल्कि रात के ढाई बजे किसी तरह दुकान खुलवाकर किताब खरीदी और विनोद कापड़ी तक पहुँचाई। उसके बाद उन्होंने मुझे अमिताभ बच्चन पर एक खास कार्यक्रम 'मेरी एकाकी पीड़ा' बनाने की जिम्मेदारी सौंपी। इस कार्यक्रम में भाषा का एक अलग ही अन्दाज था।

राजनीतिक स्क्रिप्ट को लेकर मशहूर एंकर अजय कुमार (उन दिनों 'नेशनल रिपोर्टर' नाम के कार्यक्रम की एंकरिंग करते थे।) के तेवर बिलकुल अलग हैं तो प्रभात शुंगलु का अन्दाज भी एकदम जुदा है। एक ही कहानी पर दोनों की स्क्रिप्टिंग में अच्छा-खासा फर्क महसूस किया जा सकता है। इस किताब में उन दोनों ही धाराओं की झलक मिलेगी। इसके अलावा अजीत साही, दिलीप मंडल, धर्मेन्द्र सिंह, अरुण अस्थाना, अरुण नौटियाल, अनुराग सिंह और स्वर्गीय शैलेन्द्र सिंह के साथ भाषा के नए प्रयोग होते हुए भी मैंने देखा।

IBN7 में आने के बाद भी मुझे सीधे मैनेजिंग-एडिटर आशुतोष और एडिटर-इन-चीफ राजदीप सरदेसाई के साथ काम करने का मौका मिला। भाषा और खबर के प्रति आशुतोष की आक्रामकता ने एक नई भाषायी समझ पैदा की। इसके अलावा राजदीप सरदेसाई के साथ हिन्दी के खास कार्यक्रम 'अगर हम न होते' को प्रोड्यूस करने के दौरान, मुझे ये समझने का मौका मिला कि टेलीविजन की भाषा में क्या-कुछ बड़े बदलाव करने की जरूरत है, ताकि हिन्दी के साथ दूसरी भाषा के लोग भी जुड़ सकें। खुद राजदीप ने कई शब्दों को बदलकर इसका उदाहरण पेश किया। भाषा को लेकर इन दोनों की सोच और तेवर भी किताब का हिस्सा है। इसके अलावा संजीव पालीवाल का चुटीला अन्दाज (कम-से-कम शब्दों में ज्यादा-से-ज्यादा बातें कहने की

आदत) भी जानना टीवी के अभ्यर्थियों के लिए बड़े काम का है। इसे भी मैं टीवी की भाषा का अहम हिस्सा मानता हूँ।

आखिरी वक्त पर जिन लोगों ने इस किताब में अहम योगदान दिया है, उनमें से सबसे अहम् बड़े भाई सईद अंसारी हैं, जिन्होंने ढेर सारी गलतियाँ दूर की हैं। इसके अलावा टेलीविजन में पिछले पन्द्रह सालों से कार्यरत और 'स्टार न्यूज', 'सीएनबीसी आवाज' में दिल्ली ब्यूरो के हेड तथा 'इकॉनोमिक टाइम्स' वेबसाइट के सम्पादक रह चुके दिलीप मंडल से भी समय-समय पर मदद मिलती रही। 'मीडिया मंत्र' के सम्पादक पुष्कर पुष्प ने भी अपनी पत्रिका के लिए समय-समय पर जो कई लेख जबरन लिखवाए थे, वो भी प्रासंगिकता की दृष्टि के चलते इस किताब में काम आ रहे हैं। पत्रकारों के लिए भाषा सम्बन्धी 'एनबीए' और 'प्रेस कॉउंसिल' के नियमों को अंग्रेजी से हिन्दी में अनूदित करने के लिए मनोज बर्णवाल का भी शुक्रिया। समय-समय पर भाषा को लेकर बृज दुग्गल, धीरज सार्थक, ब्रज मोहन और शाहिद सिद्दीकी से हुई चर्चा भी काम आई। पंकज भार्गव के साथ ली गई चाय की चुस्की और उनके एसएमएस भी ऐसे मौके पर, विषय की गम्भीरता को बरकरार रखते हुए, अतिरिक्त बोझिलता को हलका करने के लिए मददगार साबित हुए।

टेलीविजन की दुनिया के अलावा प्रख्यात कथाकार राजेन्द्र यादव का मार्गदर्शन और आशीर्वाद हमेशा साथ रहा। मेरी एक कहानी 'यही मुम्बई है' को जब 'अखिल भारतीय अमृतलाल नागर' पुरस्कार मिला, उस दौरान राजेन्द्र यादव जी के साथ गुजरे तीन दिन सीखने-समझने की दृष्टि से अनमोल रहे। उस समय उन्होंने न सिर्फ मेरी पाँचों कहानियाँ पढ़ीं, बल्कि भाषायी स्तर पर कई सुझाव भी दिए। टीवी के लिए भी ये सुझाव बड़े काम के हैं। मशहूर शायर निदा फाजली के साथ दो रात तक दिल्ली में हुई परिचर्चा, मुम्बई में उनके घर पर हुई आत्मीय बातचीत और दिल्ली से मुम्बई तक के सफर के दौरान, भाषा का एक नया ही कलेवर मेरे सामने आया। हर बात पर उनका 'रामचरितमानस' और 'भागवत् गीता' से उद्धरण देना और उर्दू-हिन्दी के मिले-जुले खूबसूरत शब्दों के इस्तेमाल ने मुझे काफी प्रभावित किया। इसकी झलक भी आपको इस किताब में देखने को मिलेगी। महिला और बाल विकास मंत्रालय के अन्तर्गत छपनेवाली पत्रिका 'समाज कल्याण' के सम्पादक रंजन जैदी ने भी हमेशा मेरा प्रोत्साहन और मार्गदर्शन किया।

इसके अलावा डॉक्टर रवि मलिक का भी जिक्र करना चाहूँगा, जिन्होंने सीधे तौर पर तो नहीं लेकिन मेरे सवा साल के बेटे श्रीशु की बीमारी के दौरान मेरी तमाम परेशानियों को, बड़े भाई की तरह अपने कन्धे पर लेकर मुझे लेखन के लिए पूरी तरह से मुक्त कर दिया और मैं समर्पित भाव से इस किताब के साथ पूरा न्याय कर सका। मेरी पत्नी सुष्मिता ने भी, किताब लिखने के दौरान हर कदम पर मेरा साथ दिया। साथ ही मुझे हर रोज कुछ-न-कुछ लिखने के लिए प्रेरित करती रहीं। माँ, पापा समेत घर के तमाम लोगों का भी मुझे हर वक्त प्रोत्साहन मिला। आखिर में प्रिय राजकमल प्रकाशन के प्रबन्ध निदेशक अशोक महेश्वरी का भी शुक्रिया अदा करना चाहूँगा, जो पहली नजर में ही इस किताब की बारीकियाँ समझ गए और सहर्ष प्रकाशन के लिए प्रोत्साहित किया और आखिरकार इस तरह ये किताब आपके हाथों तक पहुँची।

उम्मीद है, आपको ये किताब पसन्द भी आएगी और टीवी पत्रकारिता की दुनिया में बीते मेरे आठ सालों का अनुभव आगामी कई वर्षों तक आपके करियर में सहायक साबित होता रहेगा।

28-08-2010

–हरीश चंद्र बर्णवाल
एसोसिएट एक्जिक्यूटिव प्रोड्यूसर
IBN7

अनुक्रम

आमुख	*7*
दो बातें	*9*
अथ श्री न्यूज भाषा कथा	21
शब्दों का खेल है बीड़ू	26
क्या करें, क्या न करें–शब्द सम्बन्धी	30
क्या करें, क्या न करें–वाक्य सम्बन्धी	34
स्लग (टॉपिक) और टॉप बैंड की भाषा	38
हेडलाइंस की भाषा	45
जबान सँभाल के	50
एंकर की भाषा	56
रिपोर्टर की बोली	62
भाषा का चमत्कार	66
अंग्रेजी का प्रकोप	71
पैकेज की शुरुआत कैसे करें	75
प्रोमो (Promo); कमिंग अप (Coming Up) की भाषा	102
रंगों की भाषा	109
टेलीविजन और भाषा	115
न्यूज चैनलों के खास शब्द	120
स्त्रीलिंग और पुल्लिंग में सावधान	146
वचन का फर्क	151
शब्दों को समझें	155
ध्वनियों में सावधानी	175
उच्चारण स्थान	180
एक ही शब्द के अनेक अर्थ	182

मुहावरे और लोकोक्तियाँ 184
हिन्दी में संख्याओं के मानक उच्चारण 206
बोलियाँ या आवाजें और प्रतीक 212
हिन्दी के साथ सौतेला व्यवहार क्यों? 217
भाषा की मर्यादाएँ 219

सन्दर्भ पुस्तकें *229*

टेलीविजन की भाषा

अथ श्री न्यूज भाषा कथा

टेलीविजन की सबसे बड़ी विशेषता अगर इसकी दृश्य क्षमता, यानी इसमें दिखाई जानेवाली तसवीरें हैं तो इसकी दूसरी बड़ी विशेषता इसकी भाषा है। एक तरह से कहें तो ये दृश्य से किसी भी तौर पर कम नहीं है। कारण स्पष्ट है, अब किसी भी न्यूज चैनल के पास विजुअल की कोई कमी नहीं है। एक तो चैनलों की भरमार हो गई है। ऊपर से इनमें दिखाई जानेवाली ज्यादातर खबरें पहले से ही तय होती हैं। चाहे वो हमेशा दिखाई जानेवाली क्रिकेट की खबर हो या फिर फिल्मी मसाला। कुछेक एक्सक्लूसिव स्टोरी या फिर स्टिंग ऑपरेशन को छोड़ दें तो सभी चैनलों के पास कमोबेश एक जैसी ही तसवीरें होती हैं। साफ है, खेल करने का सबसे ज्यादा मौका और स्कोप भाषा के स्तर पर ही हो रहा है। ये चीजें टेलीविजन न्यूज चैनलों में अब देखी भी जा सकती हैं।

भोपाल गैस त्रासदी में दोषियों को दो साल की सजा मिली थी।
इंडिया टीवी पर इस खबर को लिखने का तरीका देखिए।

भाषा के कसाव से आप घटिया विजुअल वाली स्टोरी को भी रोचक बना सकते हैं, जबकि भाषा में लिजलिजापन हो तो आपकी बढ़िया स्टोरी भी बेकार हो जाएगी। आपके लिखे दो-चार शब्द किसी को भी प्रभावित कर सकते हैं, उस पर असर डाल सकते हैं। खास तौर पर भावनात्मक कहानियाँ लिखने, राजनीतिक व्यंग्य कसने और फिल्मी मसाला तैयार करने के लिए आपके पास भाषा ही सबसे बड़ा हथियार है, जहाँ सीधे तौर पर कुछ न कहते हुए भी आप बहुत कुछ कह जाते हैं। न्यूज चैनलों पर कभी सरसरी निगाह डालें तो आपको मिलेगा कि अच्छी-खासी कहानियाँ फाइल-फुटेज पर चलती हैं। ऐसे में आप समझ सकते हैं कि इनमें सिर्फ भाषा की नवीनता ही मौजूद होती है। शब्दों के जरिए चमत्कार पैदा करने की कोशिश की जाती है लेकिन टेलीविजन की अपनी भाषा है। ये भाषा सरकारी तौर पर कही जाए तो हिन्दी भी नहीं है। उर्दू या दूसरी तो कतई नहीं। ये बोलचाल की भाषा है, जो अपनी एक अलग शक्ल लेती जा रही है। मसलन–

– सरलता इसका गुण है, इसलिए सीधा-सपाट कहने का चलन है।
– सूत्र रूप में ज्यादा प्रचलित है, विज्ञापनों की भाषा की तरह। जैसे कॉमनवेल्थ में किरकिरी, रूठे राज को मनाना मुश्किल, बिग बी की बल्ले-बल्ले।

खबर बताने का एक तरीका, सूत्र रूप में लिखा हुआ। तीन शब्दों की शुरुआत 'ल' से।

– न्यूज चैनलों में भाषा को लेकर कोई पूर्वाग्रह नहीं है। शब्दों को तोड़ना-मरोड़ना हो या नए शब्द पैदा करना, न्यूज चैनलों में कुछ भी किया

जा सकता है। जैसे–दिल्ली में क्राइम बढ़ गया तो एक नया शब्द 'नर्किस्तान' लिखा जाने लगा।

– इसमें किसी भी भाषा के शब्द आसानी से इस्तेमाल किए जा सकते हैं। खासकर अंग्रेजी और उर्दू के शब्दों की तो बल्ले-बल्ले है। बांग्ला, पंजाबी और मराठी के शब्द भी बीच-बीच में खूब इस्तेमाल किए जाते हैं। जैसे– पंजाबी भाषा से 'बल्ले-बल्ले' और 'कुड़ी' का इस्तेमाल।

– कविताई शैली भी इसकी विशेषता बनती जा रही है। जी हाँ, तुकबन्दी की बात कर रहा हूँ। हेडलाइन[1] में तो आखिरी शब्दों के मिलान का हुनर देखने को खूब मिलेगा। जैसे–संगकारा को सजा, दाम्बुला में दम निकला।

– यह मितभाषी भाषा है, यानी कि कम-से-कम बोलकर ज्यादा-से-ज्यादा बातें कहना चाहती है। जैसे–प्रधानमंत्री ने पुल का उद्घाटन किया है। इस वाक्य में से अगर 'है' हटा दें तो भी काम चल जाता है, इसलिए टीवी की भाषा में हमेशा लिखेंगे 'प्रधानमंत्री ने पुल का उद्घाटन किया।'

– यह भाषा अपने-आप में स्वतंत्र नहीं है। सच मायने में टीवी न्यूज की भाषा विकलांग है क्योंकि इसे पूरी तरह से अपने को प्रकट करने के लिए दृश्यों का सहारा लेना पड़ता है। आप तसवीरों के हिसाब से ही अपनी स्क्रिप्ट लिखते हैं, इसलिए पैकेज के दौरान या फिर रिपोर्टिंग के दौरान कई बारगी कुछ खास तरह के शब्दों और वाक्यों का इस्तेमाल किया जाता है। मसलन, तसवीरों में साफ है..., तसवीरों को देखकर समझ सकते हैं..., ये तसवीरें हैं..., ये नजारा है..., तसवीरें झूठ नहीं बोलतीं, मैं इस समय खड़ा हूँ..., मेरे पीछे देख सकते हैं..., ये जो पुल टूटा है..., यहीं पर थ्री इडियट्स फिल्म की शूटिंग हुई थी...।

– टेलीविजन की भाषा में पूर्ण विराम का प्रयोग या तो होता नहीं या फिर इसका मतलब कुछ दूसरा होता है।

1. स्लग–टॉपिक या एस्टन-सुपर[2] लिखने में इसका इस्तेमाल नहीं होता।
2. हेडलाइन लिखने में भी इसका प्रयोग नहीं होता।
3. टेलीविजन में सिर्फ भाषा का ही नहीं, बोलनेवाले का भी कमाल होना चाहिए। ऐसे में न्यूज का वक्ता जहाँ थक जाएगा, पूर्ण विराम समझो लग गया। वैसे ये सही नहीं है लेकिन ज्यादातर रिपोर्टर या एंकर ऐसा ही करते हैं। आजकल के नौसिखिये एंकर या रिपोर्टर कहाँ रुक जाएँगे, कोई नहीं बता सकता।
4. पूरी स्टोरी में सबसे अहम और जरूरी ये है कि जब स्टोरी शुरू हो तो फिर आखिर तक लोगों के लिए दिलचस्पी बनी रहे। ऐसे में आप कहते-कहते

पूरी तरह से आराम की मुद्रा में नहीं आ सकते, बल्कि एंकरिंग या वॉयसओवर[3] के दौरान ये लगते रहना चाहिए कि आप कुछ और भी बतानेवाले हैं। ऐसे में हम रुकने की बजाय म्यूजिक से अपनी बात को समाप्त करते हैं।

5. अगर स्टोरी खत्म हो रही है तो भी हम इस तरह का एहसास बनाए रखेंगे कि थोड़ी देर में कुछ दिलचस्प पहलू को लेकर फिर हाजिर होंगे। ऐसे में पूर्ण विराम की कोई जरूरत ही नहीं बचती।
6. टेलीविजन क्षणों में जीता है। इस सन्दर्भ में तो नियमानुसार जगह-जगह पूर्ण विराम या अन्य विराम चिह्नों के सटीक प्रयोगों का कोई मतलब नहीं होता। इसके बावजूद पूर्ण विराम अथवा आवश्यकतानुसार अन्य विराम चिह्न भी खूब लगाए जाते हैं लेकिन वहाँ नहीं, जहाँ कि वाक्य खत्म होता है, बल्कि वहाँ लगाते हैं, जहाँ न्यूज पढ़नेवाले को रुकना होता है और ये वाक्य के बीच में भी हो सकता है। पूर्ण विराम अथवा विराम चिह्न वहीं लगाइए, जहाँ एक भाव पूरा हो रहा हो और दूसरा शुरू, जबकि कई बार एक वाक्य में एक साथ कई भाव भी आ सकते हैं।

जाहिर है, टेलीविजन न्यूज चैनलों की भाषा न सिर्फ अलग है, बल्कि आम लोगों के बेहद करीब भी। इसे कोई भी आसानी से समझ सकता है। ऐसे

IBN7 के मुद्दा कार्यक्रम में स्टूडियो का दृश्य।

में न्यूज चैनल और हिन्दी भाषा न सिर्फ एक-दूसरे के बेहद करीब होते जा रहे हैं, बल्कि एक दूसरे को आत्मसात भी करते जा रहे हैं। यहाँ तक कि टेलीविजन न्यूज ने अब हिन्दी भाषा के साथ खेलना भी शुरू कर दिया है। इसके शब्दों के मायने बदलने शुरू कर दिए हैं। साथ ही इसमें कई ऐसी मान्यताएँ जुड़ती जा रही हैं, जिसका पालन न करने पर आप भाषा के मामले में बेहद कमजोर साबित हो सकते हैं। ये सब चीजें आगे के लेख में आपको मिलेंगी।

सन्दर्भ

1. चैप्टर देखें–'हेडलाइंस की भाषा'
2. चैप्टर देखें–'स्लग (टॉपिक) और टॉप बैंड की भाषा'
3. चैप्टर देखें–'न्यूज चैनलों के खास शब्द'

शब्दों का खेल है बीड़ू

अगर मौजूदा दौर में हिन्दी भाषा को किसी ने सर्वाधिक महत्त्व दिलाया है तो वो है, टेलीविजन न्यूज चैनल। पहली बार बाजार ने महसूस किया कि हिन्दी भाषा में कितनी ताकत है। हिन्दी के पत्रकार न सिर्फ अपना सीना चौड़ा करके घूमते हैं, बल्कि ये भी जानते हैं कि हिन्दी भाषा पर पकड़ की वजह से ही उनकी रोजी-रोटी कितनी सहूलियत से चल रही है। आज भाषा का, जो भी जितना बड़ा जानकार है, वो उतना बड़ा पत्रकार बना हुआ है। दरअसल आज टेलीविजन न्यूज चैनलों के बीच टीआरपी को लेकर जिस तरह की प्रतिस्पर्धा शुरू हो गई है, उसमें मुकाबले के लिए बहुत कम क्षेत्र बच गए हैं।

न्यूज चैनलों के पास न तो विजुअल की कमी है और न ही तकनीक की। ऐसे में पूरा जोर भाषा पर ही लगाया जा रहा है। कोई प्रोग्राम कितना अच्छा होगा, आज इसका सारा दारोमदार स्क्रिप्ट के लेवल पर आ टिका है। स्क्रिप्ट की सबसे छोटी इकाई 'शब्द' है, जिस पर ध्यान देने की बेहद जरूरत है। आपके लिखे दो शब्द दर्शकों को काफी देर तक रोके रख सकते हैं। हालाँकि न्यूज चैनलों के लिए भले ही हिन्दी भाषा का महत्त्व बढ़ा हो लेकिन टेलीविजन पत्रकारिता में हिन्दी भाषा सिकुड़ती जा रही है, शब्द कम होते जा रहे हैं। अब इसे बाजार का दबाव कहें या फिर टेलीविजन का मिजाज लेकिन हकीकत यह है कि टेलीविजन न्यूज चैनलों ने हिन्दी को महज सैकड़ों शब्दों की भाषा बनाकर रख दिया है। टेलीविजन के हिन्दी पत्रकार बनने की इच्छा रखनेवाले इसे अपनी सहूलियत मान सकते हैं। यहाँ हिन्दी भाषा की कद्र वहीं तक है, जिसे लोग आसानी से पचा लें।

इस लेख में हम आपको उन शब्दों की जानकारी देंगे, जिनसे आप पत्रकारिता के दौरान अपना काम बखूबी चला सकते हैं। आपको उन शब्दों के बारे में भी बताएँगे, जिनका इस्तेमाल टेलीविजन न्यूज चैनलों में बिलकुल भी नहीं होता या फिर जिन शब्दों का इस्तेमाल बहुत ही खूबसूरत माना जाता है। इस लेख में आप ये भी जान सकेंगे कि टेलीविजन पत्रकारिता में कैसे शब्दों का खेल शुरू हो गया है। कैसे कुछ नए शब्द आकार लेते जा रहे हैं तो कुछ दम तोड़ते जा रहे हैं। बस आप दो-चार शब्दों का ज्ञान बढ़ाइए, फिर आप भी भाषा के मामले में किसी से पीछे नहीं रहेंगे।

सबसे पहले बात उन शब्दों की, जिनका टेलीविजन में इस्तेमाल लगभग नहीं किया जाता। इसकी जगह दूसरे किसी खास शब्द को जगह दे दी गई है। यहाँ ये बता दूँ कि इन शब्दों की मनाही, किसी व्याकरण की किताब में नहीं मिलेगी, बल्कि टेलीविजन पत्रकारों ने अपने अनुभव से सौन्दर्य और सहजता के लिहाज से इसे अपनाया हुआ है। जैसे–

– पैतृक शब्द का इस्तेमाल नहीं करते, बल्कि इसके लिए **पुश्तैनी** लिखते हैं।
– निश्चित या अनिश्चित के लिए **मियादी** या **बेमियादी** ही लिखा जाता है।
– मंजूरी, अनुमति, स्वीकार, इजाजत जैसे शब्दों के लिए प्राथमिकता से इस क्रम में लिखें, **इजाजत, मंजूरी, अनुमति, स्वीकार**
– निर्णय की बजाय **फैसला**
– न्याय की बजाय **इंसाफ**

आज तक में एंकरिंग करते अभिसार शर्मा, हिन्दी की जगह उर्दू शब्दों को तरजीह।

– आवश्यक के बदले **जरूरी**
– नेतृत्व की बजाय **अगुवाई**
– अभियुक्त की बजाय **आरोपी**
– भाग लेने की बजाय **हिस्सा लेना**

– संयुक्त की जगह **मिला-जुला** या फिर वाक्य के मुताबिक
– अनुसार की जगह **मुताबिक**
– वर्ष की बजाय **साल**
– केवल की बजाय **सिर्फ** या **बस**
– सही की बजाय **ठीक**
– स्थिति की बजाय **माहौल** या **हालात**
– प्रतिबन्ध की बजाय **मनाही** या **रोक** लेकिन कई बार प्रतिबन्ध ही लिखना जरूरी हो जाता है।
– द्वारा की बजाय जरूरत के हिसाब से कुछ और लेकिन द्वारा बिलकुल भी नहीं।[1]
– **क्योंकि** या **इसलिए** का प्रयोग नहीं
– प्रयोग की जगह **इस्तेमाल**
– विख्यात की बजाय **मशहूर**
– आरम्भिक या प्रारम्भिक की बजाय **शुरुआती**
– व्यक्ति की बजाय **आदमी** या **लोग** या **इनसान**
– विभिन्न की बजाय **अलग-अलग**
– मामला गर्म होता जा रहा है की जगह **मामला तूल पकड़ता जा रहा है**
– मृत्यु नहीं लिखते, बल्कि **मौत** या **मारे गए**
– कारण की बजाय **वजह**
– विरुद्ध की बजाय **खिलाफ**
– वृद्धि की बजाय **बढ़ोत्तरी**
– व्यवहार की बजाय **सलूक**
– अनुसार की बजाय **मुताबिक**
– कार्यवाही और कामकाज को इस प्राथमिकता में लिखें–**कामकाज, कार्यवाही**। हालाँकि कई बार कार्यवाही लिखना ही जरूरी हो जाता है।
– आह्वान की बजाय **अपील**
– न्यायालय या कोर्ट की बजाय **अदालत**
– अफसर या ऑफिसर नहीं बल्कि **अधिकारी**
– नेतृत्व की बजाय **अगुवाई**
– अतिरिक्त की बजाय **अलावा** या **सिवाय**
– अवस्था की बजाय **हालत**
– **मुहिम** और **अभियान** को वरीयता क्रम में लिखें।
– **अन्दाजा** और **अनुमान** को वरीयता क्रम में।
– अनुकूल की बजाय **मुताबिक**

– **फल**, **परिणाम**, **नतीजा** या **अंजाम** वरीयता क्रम में।
– आपत्ति की जगह **एतराज**
– अतिथि की बजाय **मेहमान**
– आवश्यक की बजाय **जरूरी**
– आधारभूत ढाँचा की बजाय **बुनियादी ढाँचा**
– **फौज** और **सेना** को वरीयता क्रम में।
– ख्याति की बजाय **मशहूर**
– **जायजा** और **आकलन** वरीयता क्रम में।
– **दरख्वास्त** और **आवेदन** वरीयता क्रम में।
– **पक्षपात** और **भाई-भतीजावाद** वरीयता क्रम में।
– यद्यपि की बजाय **हालाँकि**
– शंका या सन्देह की जगह **शक**
– प्रस्तुत की जगह **पेश करना**, **जाहिर करना** या फिर वाक्य के मुताबिक।

बहरहाल, कुछ ऐसे शब्द भी हैं, जिनका लिखने में तो बहुत कम इस्तेमाल होता है लेकिन एंकरिंग या रिपोर्टिंग के दौरान बोलने में खूब इस्तेमाल होता है। ये सुनने के लिहाज से बहुत अच्छे होते हैं और इससे टेलीविजन की खूबसूरती भी झलकती है।

– विचार के लिए **गौर करना**
– किस आधार पर की बजाय **किस बिनाह पर**
– हर दिन की बजाय **हर रोज**
– सभी की बजाय **हर**

कुछ शब्द टेलीविजन में खास तौर पर बड़े ही अच्छे माने जाते हैं। इनका आधार ये है कि इन शब्दों में गूँज है। इन्हें बोलते ही एक बिम्ब खड़ा हो जाता है। मसलन–

– अफरा-तफरी
– धर दबोचा
– अन्धाधुन्ध
– भाई-भतीजावाद

इतना ही नहीं, कुछ शब्द तो ऐसे हैं, जो चामत्कारिक माने जाते हैं। इन शब्दों के इस्तेमाल से आप अपनी स्क्रिप्ट में जान डाल देते हैं। इन शब्दों की और अधिक जानकारी के लिए आप 'भाषा का चमत्कार' चैप्टर देखें।

सन्दर्भ

1. देखें चैप्टर–'क्या करें, क्या न करें–वाक्य सम्बन्धी'।

क्या करें, क्या न करें–शब्द सम्बन्धी

इस लेख में हम भाषा की इकाई, यानी शब्द के बारे में चर्चा करेंगे। दरअसल ये छोटी-सी इकाई ही भाषा का आधार है, जो उसे सुन्दर, सुडौल और सुसज्जित बनाती है। वाक्य-विन्यास का सुव्यवस्थित क्रम सही है या गलत, इसे शब्दों की कसौटी पर ही परख सकते हैं। शब्द जितने संयमित होंगे, आपकी भाषा उतनी ही मर्यादित होगी और आम लोगों के बेहद करीब भी। शब्दों में जितनी कंजूसी बरती जाए, आपकी भाषा उतनी ही कसी हुई मानी जाएगी लेकिन आज कई शब्दों को लेकर भ्रम की स्थिति बनी हुई है। मसलन, अगर तमाम चैनलों पर नजर डालें तो कई शब्द या फिर नाम अलग-अलग चैनलों में अलग-अलग तरीके से लिखे जाते हैं। जैसे–

–ऐलान–एलान
–ईमान–इमान
–ईनाम–इनाम
–ईरान–इरान
–ईराक–इराक
–सचिन तेंदुलकर–सचिन तेंडुलकर
–सौरव गांगुली–सौरभ गांगुली
–धोनी–धौनी

जाहिर है, इसे देखकर आम लोगों में भ्रम की स्थिति पैदा होना स्वाभाविक है। इसमें **ईमान** और **इनाम** तो सही शब्द हैं, जो शायद जानकारी के अभाव में लोग अकसर गलत लिखते हैं लेकिन बाकी शब्दों का क्या करें! कैसे इन शब्दों पर एकरूपता कायम की जाए। साफ है, ऐसे में शब्दों का एक व्यवस्थित कोश तैयार करना बेहद जरूरी है। फिलहाल आपको बताते हैं कि टेलीविजन न्यूज चैनलों की भाषा में शब्द सम्बन्धी क्या करना चाहिए और क्या नहीं।

क्या न करें

(1) कभी भी भारी-भरकम शब्द का इस्तेमाल न करें। जैसे–**प्रयोजन** की जगह **मकसद**, **अवधि** की जगह **समय** लिखना और कहना सही होगा।

(2) हिन्दी के कठिन शब्दों का इस्तेमाल न करें। जैसे—**स्कूल के छात्रों ने वृक्षारोपण किया** की जगह सीधे लिखें **स्कूल के छात्रों ने पेड़ लगाया।**

(3) संस्कृतनिष्ठ शब्दों का दुराग्रह ठीक नहीं। जैसे—**आह्लादित** की जगह **खुश** या **प्रसन्न** लिखें।

(4) हिन्दी के वैसे शब्द, जिनका प्रचलन आम लोगों में नहीं, उनका प्रयोग न करें। जैसे—**दीर्घायु** की जगह **लम्बी उम्र** लिखें।

(5) अन्य भारतीय भाषाओं के शब्दों के इस्तेमाल में सावधानी बरतें।

(6) अंग्रेजी का जबरन इस्तेमाल न करें। मसलन, **सेलाइवा** की जगह **लार** लिखना बेहतर है। इसी तरह से **पॉपुलरिटी** की जगह **शोहरत**, **हॉस्पिटल** की जगह **अस्पताल**, **डोनेट** की जगह **दान**, **सपोर्ट** की जगह **समर्थन**, **सिक्योरिटी** की जगह **सुरक्षा**, **ट्रायंगुलर** की जगह **त्रिकोणीय**, **सीरीज** की जगह **शृंखला**, **मिनिस्ट्री** की जगह **मंत्रालय** ही लिखा जाना चाहिए।

(7) संस्कृत के शब्दों के साथ ही उर्दू या अरबी-फारसी के शब्दों को भी ठूँसना ठीक नहीं कहा जा सकता। जैसे—**मुताल्लिक** की जगह **विषय में** या **बारे में** लिखना चाहिए।

(8) प्रायः ऐसा देखने में आता है कि महाप्राण शब्दों का प्रयोग ठीक नहीं माना जा सकता (महाप्राण शब्द वो हैं, जिनमें किसी वर्ग के दूसरे या चौथे वर्ण का प्रयोग हुआ हो, जैसे—**कवर्ग** में ख और घ, **चवर्ग** में छ और झ आदि) हालाँकि आजकल इनका खूब इस्तेमाल हो रहा है।

(9) कई ऐसे शब्द हैं, जिनके शुद्ध रूप (तत्सम) तो कुछ और है लेकिन बोलचाल में लोग उनका दूसरा रूप (तद्भव) प्रयोग में लाते हैं। जैसे—**उल्लास**, **घास**, **नख**, **मुख** जैसे शब्दों का प्रयोग ठीक नहीं है।

(10) टेलीविजन में **उसने** या **उन्होंने** का इस्तेमाल नहीं होता, बजाय इसके सीधे नाम का इस्तेमाल करते हैं। न्यूज-रीडर या एंकर बोलने के दौरान इन शब्दों का इस्तेमाल भले ही कर ले लेकिन पैकेज के अन्दर तो किसी भी हालत में नहीं लिखना चाहिए क्योंकि किसी का विजुअल दिखाते हुए आप **उसने** या **उन्होंने** कहेंगे तो टेलीविजन के व्याकरण के हिसाब से ये एक बड़ी गलती होगी और इस पैकेज से आत्मीयता घटेगी। सीधा नाम लेना जरूरी है।

क्या करें

(1) हमेशा आसान शब्दों का ही प्रयोग करें।

(2) हिन्दी के ऐसे शब्द, इस्तेमाल करें, जिन्हें गैर-हिन्दी भाषियों के लिए भी समझना बेहद आसान हो।

(3) उर्दू के आसान शब्दों का इस्तेमाल जरूर करें। इसके कई कारण हैं। भाषा की व्यापकता का पता चलता है। शब्दों में गूँज पैदा होती है, जो कि सुनने में अच्छी लगती है। सही मायने में हिन्दी और उर्दू की आपसी लड़ाई कुछ लोगों की निजी लड़ाई के अलावा कुछ और नहीं है। कुछ धार्मिक कट्टरपन्थियों ने इस तरह के विभाजन जबरन पैदा किए हैं। भारत जैसे देश में शब्दों के मिले-जुले रूप का प्रयोग करने से सामाजिक समरसता पैदा होगी। जैसे–जाहिर, हमला, कामयाबी, मुहैया कराना, पेश होना, मकसद, हद, हैरत, कानूनन आदि।

(4) छोटे-छोटे शब्दों के इस्तेमाल को बढ़ावा दें।

(5) आँचलिक शब्दों का इस्तेमाल जरूर करें लेकिन कोशिश ये होनी चाहिए कि धीरे-धीरे मानक शब्दों का प्रयोग बढ़े। इससे ये सीखने-सिखाने का भी एक प्रभावी माध्यम बन सकता है। जैसे–तरकारी

(6) विदेशी शब्दों का भी इस्तेमाल करना चाहिए। खासकर वो शब्द, जो अब हिन्दी के अपने हो चुके हैं। जैसे–
अंग्रेजी–बटन, फीस, पेट्रोल, पुलिस, पैंट, जींस, कॉलेज आदि।
अरबी–कब्र, खराब, कागज, कानून आदि।
फारसी–कमर, कम, खास, गुम, वापस आदि।
तुर्की–चाकू, तोप, लाश आदि।
पुर्तगाली–अलमारी, कमीज, कमरा, मेज आदि।
फ्रांसीसी–कारतूस।

(7) अंग्रेजी के शब्दों को हूबहू लिखते समय वर्तनी की दिक्कत होती है। मसलन, आखिर में **इ, ई, उ, ऊ** को लेकर। ऐसे में हमेशा शब्दान्त में दीर्घ 'ई' और 'ऊ' का ही इस्तेमाल करना चाहिए।[1] जैसे–
Dye–डाई
City–सिटी
Daddy–डैडी
Company–कम्पनी
Shoe–शू
Blue–ब्लू

(8) विदेशी शब्दों को लेने में इस बात का ध्यान जरूर रखना चाहिए कि जिस भाषा से शब्दों को लिया गया है, वहाँ पर उसका उच्चारण कैसा होता है। हो सके तो वैसा ही लिखना और बोलना चाहिए।[2] जैसे–
फ्रांसीसी–दूप्ले (Duplex)

रूसी–तोल्सतोय/तोल्सतोई (Tolstoy)

जापानी–तोक्यो, क्योतो

अन्य–सोल (सियोल नहीं), म्यांमा (म्यांमार मियांमारा नहीं)

(9) कुछ ऐसे शब्दों का इस्तेमाल किया जा सकता है, जो आम लोगों के जेहन में तो सामान्य नहीं है लेकिन परिस्थिति के अनुसार जरूरी और कहने में आसान होते हैं। हालाँकि यहाँ इस बात का भी ध्यान रखें कि इस शब्द के साथ उसका सामान्य अर्थ भी बताएँ और लगातार कुछ समय तक उस शब्द का प्रयोग करते रहें। इससे वो शब्द लोगों की जुबान पर चढ़ सकता है। इस अर्थ में टेलीविजन सिखाने का भी माध्यम हो सकता है। जैसे–टशन, किन्नर, मेजबान आदि।

(10) य, व को लेकर भी टीवी के पत्रकारों में भारी परेशानी देखने को मिलती है। मसलन, रुपये-रुपए, गए-गये, हुए-हुवे। इस सन्दर्भ में केन्द्रीय हिन्दी निदेशालय की मानक वर्तनी की सलाह का पालन किया जाना चाहिए। मसलन–

(क) जिन शब्दों में य, व का प्रयोग विकल्प से होता है, वहाँ इसका प्रयोग न किया जाए। जैसे–किए-किये, नई-नयी, हुआ-हुवा। यहाँ किए, नई और हुआ ही ठीक है। इसे इस तरह से भी समझ सकते हैं कि जहाँ स्वर के लगने से ही काम चल सकता है, वहाँ व्यंजन का इस्तेमाल न करें। यह नियम क्रिया, विशेषण, अव्यय आदि सभी स्थितियों में लागू होना चाहिए। जैसे–दिखाए, राम के लिए, पुस्तक लिये हुए, नई दिल्ली आदि।

(ख) जहाँ 'य' व्याकरणिक परिवर्तन न होकर शब्द का ही मूल तत्त्व हो, वहाँ सिर्फ य, व का ही इस्तेमाल होना चाहिए। जैसे–स्थायी, दायित्व आदि।

सन्दर्भ

1. देखें–'हिन्दी की वर्तनी', सन्त समीर, पृ. 59, 60।

2. देखें– ” ”

क्या करें, क्या न करें–वाक्य सम्बन्धी

टेलीविजन पत्रकारिता में भाषा का जो अहम रोल है, वही भाषा में शब्दों का। शब्दों को खूबसूरती से वाक्य में पिरोना भी एक कला है। अगर आपके वाक्य ही अर्थहीन, उलझाऊ या जटिल होंगे तो ये समझ लीजिए कि आपने भाषा का कत्ल कर दिया। इस लेख के माध्यम से मैं आपको वाक्य-सम्बन्धी कुछ मोटी-मोटी जानकारियाँ दूँगा, जिनका टेलीविजन में बहुत अधिक महत्त्व है।

'समय' में एंकरिंग करती अंजू पंकज, यहाँ–'आम' हुए खास–टेलीविजन में वाक्य लिखने का एक बेहतरीन तरीका है

क्या न करें

1. वाक्य कभी भी लम्बे नहीं होने चाहिए।
2. वाक्य में **क्योंकि, इसलिए, चूँकि** जैसे शब्दों का प्रयोग कम से कम करें।
3. वाक्य में छह या सात से ज्यादा शब्द न हों।
4. वाक्य में कभी भी **गौरतलब है, ज्ञातव्य है** या फिर इस तरह के कोई शब्द नहीं लिखे या बोले जाने चाहिए। दरअसल, ये शब्द ही टेलीविजन पत्रकारिता में फिट नहीं बैठते। आपको हमेशा विजुअल को ध्यान में रखना होता है, इसलिए जो कहना हो, साफ तौर पर कहें। पुरानी घटनाओं की भी याद कराएँ या तसवीरें दिखाएँ लेकिन सीधा समय, साल या बाकी जानकारी के साथ बताएँ।
5. वाक्य में कभी भी **'एक तरफ...दूसरी तरफ', 'एक ओर...दूसरी ओर', 'जहाँ–वहाँ'** जैसे शब्दों का इस्तेमाल न करें, बल्कि सीधे अपनी बात कहें।
6. वाक्य को जटिल नहीं बनाना चाहिए। ऐसा इसलिए क्योंकि टेलीविजन में एक बार बोल दिए जाने के बाद दोबारा उसके सुनने की गुंजाइश नहीं बची रहती। ऐसे में अगर एक बार कोई चीज समझ में न आए तो फिर उसे दोबारा समझने का कोई चारा नहीं बचता। फिर दर्शकों के लिए आपका चैनल देखने का कोई मतलब नहीं।
7. वाक्य की शुरुआत कभी भी अधूरे अर्थवाले शब्दों से नहीं की जानी चाहिए, मसलन–**क्योंकि, लेकिन, परन्तु, किन्तु।**
8. हिन्दी में वाक्यों का एक सामान्य फॉरमेट है। सर्वनाम-मुख्य क्रिया-सहायक क्रिया–ये हिन्दी भाषा की खासियत हैं। साथ ही पत्रकारिता के लिहाज से भाषा की शक्ति भी। दरअसल इस फॉरमेट में आप अधूरे वाक्य को पढ़कर ही समझ सकते हैं कि आनेवाला शब्द क्या होगा। जैसे–अगर पहाड़ से पत्थर गिरने की कोई घटना हुई हो और उसे आपको बताना हो तो–

   आज पहाड़ से पत्थर **गिरे।**

   उसमें कई लोग घायल **हो गए।**

   प्रशासन लोगों की मदद **कर रहा है।**

   लेकिन लोगों तक राहत नहीं पहुँच **पा रही है।**

   हालाँकि जिन लोगों तक राहत के सामान **पहुँचे हैं**, वे बेहद खुश दिखाई **दे रहे हैं।**

   तो आप देख सकते हैं कि हिन्दी की ये एक ऐसी विशेषता है, जिससे पढ़ने वाले का कुछ परिश्रम बच जाता है। ऐसे में न्यूज-रीडर बड़े इत्मीनान से

आगे के शब्दों को बिना पढ़े समझ सकता है। इतना ही नहीं, इस फॉरमेट की खास बात यह नहीं कि ये लोगों को आसानी से समझ में आता है, बल्कि हिन्दी में जो कम पढ़े-लिखे हैं, वो भी आसानी से इसका इस्तेमाल कर सकते हैं, इसलिए भाषा के इस नियम का हमेशा पालन करना चाहिए। इस फॉरमेट के साथ सामान्य तौर पर छेड़छाड़ नहीं करनी चाहिए।

क्या करें

1. वाक्य हमेशा छोटे होने चाहिए। कोशिश करें कि एक वाक्य में ज्यादा-से-ज्यादा छह-सात से ज्यादा शब्द न आएँ। वैसे इसकी कोई तयशुदा सीमा नहीं। आप चाहें तो तीन-चार शब्दों में भी अपनी बात कह सकते हैं।
2. वाक्य बेहद सरल होने चाहिए। टेलीविजन पत्रकारिता करनेवाले इसे गाँठ बाँधकर रख लें क्योंकि टेलीविजन में दर्शकों का ध्यान एक साथ कई चीजों पर होता है। जैसे–तसवीर, आवाज, स्क्रीन पर दिखनेवाले शब्द (स्लग, एस्टन), ग्राफिक्स, टिकर, एंकर का आउटलुक। अब जरा आप खुद सोचिए कि एक दर्शक समाचार देखने के लिए कितनी मेहनत करता है। ऐसे में अगर आपकी भाषा जरा-सी भी बोझिल हुई तो समझिए कि दर्शक तुरन्त आपका चैनल बदल देगा।
3. वाक्य को हमेशा 'कर्तृवाच्य' में लिखा जाना चाहिए, न कि 'कर्मवाच्य' में। ये हिन्दी का अपना रूप है, अपनी ताकत है। साथ ही बातचीत के लिए भी आसान माना जाता है। मसलन, अगर कहीं पुल का उद्घाटन किया गया हो तो हमेशा लिखा जाएगा कि 'प्रधानमंत्री ने आज पुल का उद्घाटन किया।' यही कर्मवाच्य में लिखा जाए तो 'पुल का उद्घाटन प्रधानमंत्री के द्वारा किया गया।' या फिर ये भी लिख सकते हैं कि 'प्रधानमंत्री के द्वारा पुल का उद्घाटन किया गया।'

   ऊपर के दोनों वाक्यों को सुनकर और पढ़कर आप खुद भी फैसला कर सकते हैं कि कौन-सा वाक्य ठीक है और कौन-सा ठीक नहीं है। इसमें दूसरा लिखा वाक्य बेहद उलझाऊ है और टेलीविजन के हिसाब से फिट भी नहीं है। ऐसा लग रहा है कि मानो सूचना देने के लिए ही ये बात कही गई है। इसमें जीवन्तता का अभाव है, जबकि पहले वाक्य को बड़ी ही ताकत से बोलते हैं। इससे ये भी झलकता है कि न सिर्फ ये बड़ी सूचना है, बल्कि ये आपके लिए बेहद जरूरी भी है। हाँ, एक बात

और, पहला वाक्य हिन्दी की अपनी भाषा है, बोलचाल का गुण है, जबकि दूसरा वाक्य अनुवाद की भाषा है। ये अंग्रेजी भाषा का गुण है। न्यूज चैनलों में द्वारा की मनाही का सबसे बड़ा कारण यही है।

4. पैकेज के सभी फॉरमेट में वाक्यों की रचना अलग होती है। मसलन, एंकर लिखने में हमेशा वर्तमान काल का प्रयोग किया जाना चाहिए।
5. वाक्य को हमेशा ऐसे लिखा जाना चाहिए कि लगे, घटना का अभी से ही ताल्लुक है। वाक्य को वर्तमान काल में ही लिखें।

   हिन्दी फिसलनेवाली भाषा है, हिन्दी तरन्नुम की भाषा है। बोलने के क्रम में हमेशा ये भाषा फिसलती है। मैंने ऊपर बताया कि किस तरह से हिन्दी का सामान्य फॉरमेट है–सर्वनाम-मुख्य क्रिया-सहायक क्रिया का। ऐसे में जब भी कोई हिन्दी बोलता है तो उसे आनेवाले कई शब्द यूँ ही मिल जाते हैं, जो हमेशा एक जैसे होते हैं। ऐसे में ये भाषा फिसलती है। अगर कोई अटक-अटककर पढ़ता है तो समझ लीजिए कि उसे या तो हिन्दी की समझ नहीं है या फिर उसे पढ़ना या बोलना नहीं आता।

स्लग (टॉपिक) और टॉप बैंड की भाषा

स्लग, टॉपिक या फिर टॉप बैंड की भाषा बताने से पहले ये बता दूँ कि आखिर टेलीविजन न्यूज चैनलों के लिए, ये शब्द हैं क्या। टीवी स्क्रीन पर सबसे नीचे जो पट्टी चलती रहती है, उसे 'टिकर' कहते हैं, जबकि टिकर के ठीक ऊपर पर जो दो-चार शब्द लिखे होते हैं, उसे 'स्लग' या 'टॉपिक' कहते हैं। ये शब्द स्टोरी के हिसाब

सबसे नीचे लिखा हुआ वाक्य टिकर और सबसे ऊपर लिखा हुआ वाक्य (सस्ती लोकप्रियता की होड़) टॉपिक के उदाहरण।

से लिखे होते हैं और स्टोरी बदलते ही स्लग या टॉपिक बदल जाता है। इसी तरह से स्क्रीन के सबसे ऊपर जो शब्द लिखे होते हैं, वो 'टॉप बैंड' कहलाते हैं। टॉप बैंड भी स्टोरी के हिसाब से बदल जाते हैं।

सबसे ऊपर लिखा हुआ वाक्य (ऐसे हुआ सानिया का निकाह) टॉप बैंड है।

स्लग, टॉपिक या फिर टॉप बैंड किसी भी न्यूज चैनल के लिए बहुत ही महत्त्वपूर्ण होता है। भाषा का कोई विशेषज्ञ ही इसे लिखे तो बेहतर माना जाता है। आपने महसूस किया होगा कि स्क्रीन पर दिखनेवाले चन्द शब्द ही आपको चैनल देखने पर मजबूर कर देते हैं। ये चन्द शब्द, न सिर्फ आपको चौंकाते हैं, बल्कि पूरी खबर की भी जानकारी देते हैं। यही स्लग, टॉपिक या फिर टॉप बैंड की खासियत है। हाँ, तमाम चैनलों पर गौर करें तो फिर इनमें एक तरह का फर्क नजर आता है। ये फर्क सम्पादकीय सोच की वजह से पैदा होता है। मसलन, कहीं आपको खबर सपाट तौर पर लिखी हुई नजर आएगी तो कहीं एक सम्पादकीय लाइन ली गई होती है। सम्पादकीय लाइन का मतलब साफ है कि इसके पीछे एक सोच छिपी होती है। दूसरे तरह के जो वाक्य होते हैं, वो मुख्यतया एडिटोरियल कमेंट होते हैं। मसलन, अगर कॉमनवेल्थ प्रोजेक्ट को लेकर सरकार किसी काम को समय पर पूरा नहीं कर पाई हो तो आप दो तरह से स्लग लिख सकते हैं–

पहला तरीका

- कॉमनवेल्थ का काम समय पर पूरा नहीं
- सरकार काम पूरा कर पाने में नाकाम
- स्टेडियम तक के काम अधूरे
- कॉमनवेल्थ को लेकर सियासत तेज

दूसरा तरीका (एडिटोरियल लाइन के साथ)

- कॉमनवेल्थ को लेकर सरकार ने कराई किरकिरी
- देश की इज्जत धूल में मिलाई
- स्टेडियम का काम तक पूरा नहीं
- विपक्ष ने भी की सरकार की फजीहत

ऊपर के दोनों तरह के टॉपिक की भाषा देखें तो इतना तो समझ जाएँगे कि दोनों में खबर की पूरी जानकारी दे दी गई है लेकिन लिखने की शैली में अन्तर

टॉपिक में एडिटोरियल कमेंट या फिर तथ्य लिखे जा सकते हैं। यहाँ तथ्य के उदाहरण दिए गए हैं।

है। एक में महज खबर है तो दूसरे में सम्पादकीय कमेंट का भी पुट है। साफ है आपके चैनल में जो भी सम्पादकीय फैसले होंगे, उसके हिसाब से ही

आपको टॉपिक, स्लग या फिर टॉप बैंड बनाने होंगे। इस लेख में हम आपको बताएँगे कि किसी भी परिस्थिति में कैसे आप अपने टॉपिक को धारदार बना सकते हैं। चाहे खबर लिखें या फिर कमेंट लेकिन अगर आपके लिखने की शैली सही नहीं है तो फिर सब बेकार है। लोग देखेंगे नहीं। आइए, कुछ मोटी-मोटी जानकारी आपको दे दें।

1. स्लग या टॉपिक तभी दमदार माने जाते हैं, जब वो बेहद छोटे हों, किसी भी तरीके से तीन-चार शब्दों से ज्यादा नहीं। अगर एक शब्द में ही काम चल जाए तो भी बेहतर है। इसका सबसे बढ़िया तरीका ये है कि आप किसी भी शब्द को हटाकर देखें। अगर उसके बिना काम चल जाता है तो फिर उसे हटा दें। मसलन, प्रधानमंत्री मनमोहन सिंह ने विदेश राज्यमंत्री शशि थरूर को ट्विटर पर सरकारी नीतियों की आलोचना करने पर लताड़ लगाई है। तो इसके कुछ स्लग या टॉपिक देखें–

   –प्रधानमंत्री ने थरूर को लताड़ लगाई है

   –थरूर ने सरकारी नीतियों का ट्विटर पर किया है खुलासा

   अगर ऊपर के दोनों वाक्यों से 'है' शब्द हटा दें तो भी आपका काम चल जाता है। अर्थ भी पूरे निकलते हैं और कहीं कोई दिक्कत भी नहीं है।

2. स्लग या टॉपिक में पूर्ण विराम नहीं लगाएँ। खास तौर पर इसका अन्त पूर्ण विराम वाली स्थिति में नहीं होना चाहिए। इसका तरीका ये है कि वाक्य के अन्त में जो सहायक क्रिया होती है, उसे हटा दें। जैसे–

   है–प्रधानमंत्री ने पुल का उद्घाटन किया **है।**

   था–प्रधानमंत्री ने फटकारा **था।**

3. ऊपर आपने देखा कि किस तरह से स्लग या टॉपिक में पूर्ण विराम नहीं लगाते, बल्कि सहायक क्रिया भी हटा देते हैं लेकिन मेरे हिसाब से टॉपिक की भाषा में और भी कई बदलाव कर सकते हैं। मसलन, ऊपर के ही उदाहरण को लें तो–

   – प्रधानमंत्री ने पुल का उद्घाटन किया की जगह लिखें, **प्रधानमंत्री ने किया पुल का उद्घाटन**

   – प्रधानमंत्री ने फटकारा की बजाय लिखें, **प्रधानमंत्री ने लगाई फटकार**

इन वाक्यों में आप ये अन्तर महसूस करेंगे कि हमने सहायक क्रिया को अन्त में लगाने की बजाय बीच में ही लगा दिया। अगर ऐसा करेंगे तो आपका टॉपिक दमदार लगेगा।

4. स्लग या टॉपिक में ककहरा मिलाने या फिर अलंकार के इस्तेमाल की प्रवृत्ति खूब देखने को मिलती है। लाफ्टर चैलेंज में तीन लड़कियाँ खूब

टॉप बैंड का एक और उदाहरण, इसके अलावा जो सबसे नीचे लिखे शब्द हैं, वो लोअर टिकर और उसके ठीक ऊपर लिखा गया वाक्य अपर टिकर कहलाता है।

धमाल मचाती हैं। इसका जरा टॉपिक देखिए–हँसी के हँसगुल्ले, हँसी की हसीना, कॉमेडी की कुड़ियाँ या फिर कुछ और उदाहरण देखिए–गांधी की आँधी, रैम्प या रनवे।

5. स्लग या टॉपिक आपकी टैग लाइन होती हैं। ये पूरे टेलीविजन स्क्रीन का प्रतिनिधित्व करती हैं। इसलिए कोई विवादास्पद चीज लिखने के बाद उसके आगे प्रश्नवाचक चिह्न (?) या विस्मयादिबोधक चिह्न (!) जरूर लगा दें। मसलन, अगर लेह में बादल फटने की घटना पर आपका रिपोर्टर ये बता रहा है कि 700 से ज्यादा लोग अब भी मलबे में दबे हैं तो उसके आगे विस्मयादिबोधक चिह्न (!) जरूर लगा दें। बिहार में बाढ़ से मरने वालों की संख्या हजारों में बताई जा रही हो तो भी विस्मयादिबोधक चिह्न (!) लगा दें। इसकी वजह ये है कि एक तो इसकी अधिकारिक जानकारी नहीं मिल पाती। ऊपर से सरकारी आँकड़ों में उन्हीं लोगों को जोड़ा जाता है, जिनके शव मिलते हैं। इससे सरकारी आँकड़े और आपके आँकड़े में भारी फर्क हो जाता है।

टॉप बैंड और टॉपिक में खबर, जबकि अपर टॉपिक में एडिटोरियल कमेंट।

6. क्राइम की खबरों के स्लग या टॉपिक लिखने में थोड़ी सतर्कता बरतें क्योंकि आपके लिखे शब्द से किसी की जिन्दगी पर फर्क पड़ता है। मसलन, कोई अगर ये कह रहा है कि उसके भाई की हत्या किसी शख्स ने की है और उस पर पुलिस में शिकायत भी दर्ज करा दी गई है तो भी ये महज आरोप हैं क्योंकि दोषी या निर्दोष साबित करने का हक सिर्फ अदालत को है। इसलिए चाहें तो सवाल या फिर विस्मयादिबोधक चिह्न लगा दें या फिर आरोप कहकर अपनी बात कहें। आजकल अति उत्साहित पत्रकार ऐसा नहीं करते।
7. अदालत, जज, राष्ट्रपति, लोकसभा अध्यक्ष या फिर किसी बड़ी शख्सियत जैसे—महात्मा गांधी आदि के बारे में कभी अपनी तरफ से मसाला लगाने की कोशिश न करें। सीधा तथ्य ही लिखें। इनमें किसी भी तरह के एडिटोरियल कमेंट की गुंजाइश नहीं होती।
8. स्लग या टॉपिक में ये ध्यान रखें कि कहीं कोई नस्लभेदी, रंगभेदी कमेंट न चला जाए। ये अक्षम्य अपराध माना जाएगा।
9. स्लग या टॉपिक में अगर किसी फिल्म के नाम या किसी फिल्मी गाने की पंक्ति का इस्तेमाल करेंगे तो उससे गजब का आकर्षण पैदा होगा लेकिन

इसका ध्यान रखें कि आपकी खबर से उसका तालमेल हो। मसलन, अगर हॉकी टीम ने किसी टूर्नामेंट में बेहतरीन परफॉर्मेंस दी हो तो स्लग में लिख सकते हैं–'चक दे इंडिया'

इसी तरह से दिल्ली और चंडीगढ़ में कुछ रईसजादों ने नशे में चूर होकर कुछ लोगों को अपनी महँगी गाड़ियों से टक्कर मार दी और उलटा धौंस जमाते हुए वहाँ से चले गए तो उसका स्लग लिखा गया–दिल्ली के 'लफंगे परिन्दे' या चंडीगढ़ के 'लफंगे परिन्दे' (इस घटना के दौरान नई फिल्म 'लफंगे परिन्दे' चर्चा में रही थी।)। टीवी में क्राइम की खबरें खूब चलती हैं। इसी में अगर प्यार में धोखा और क्राइम जैसी कोई बात हो तो लोग सीधा फिल्म का नाम 'लव, सेक्स और धोखा' खूब लिखते हैं।

10. भाषा की कलात्मकता का चमत्कार तब देखने को मिलता है, जब किसी लोकप्रिय वाक्य, शब्द या फिर डायलॉग को उलटे रूप में पेश करते हैं। जरा ध्यान दीजिए–फिल्म 'तारे जमीन पर' के बाल कलाकार दर्शिल ने एक फिल्म में काम करने के लिए पचहत्तर लाख रुपए लिये तो उसका टॉपिक लिखा गया–'दर्शिल आसमान पर'
11. अगर स्लग या टॉपिक में किसी शख्सियत के लिए आम लोगों में प्रचलित शब्दों का इस्तेमाल करेंगे तो इससे आपकी कहानी दमदार होगी। मसलन, अगर ठाकरे बन्धुओं की बात को शाहरुख ने मानने से इनकार कर दिया तो आप लिख सकते हैं कि–'बादशाह ने ठाकरे को दिखाया अँगूठा' या फिर अमिताभ के बारे में लिखना हो तो आप 'सदी के महानायक' या फिर 'शाहंशाह' जैसे शब्द लिखकर अपनी बात कह सकते हैं। इसी तरह से गुलजार जब 75 साल के हो गए तो एक चैनल ने टॉपिक दिया–'75 में भी गुजलार।'

हेडलाइंस की भाषा

हेडलाइंस न सिर्फ न्यूज चैनलों के लिए, बल्कि खबरों की दुनिया का भी सबसे अहम हिस्सा है। किसी भी न्यूज चैनल में खबरों की शुरुआत करने के लिए हर आधे घंटे पर सबसे पहले हेडलाइंस ही दिखाई जाती हैं। हेडलाइंस देखकर ही आप अन्दाजा लगाते हैं कि इस समय पूरी दुनिया की सबसे बड़ी खबरें क्या हैं। हेडलाइंस ही सबसे पहला जरिया हैं, जिसके बाद आप दर्शकों को अपना चैनल देखने के लिए मजबूर करते हैं। हेडलाइंस सही मायने में अँगूठी में जड़े हुए नगीने के समान हैं। हेडलाइंस किसी भी स्टोरी का वो सारांश हैं, जिसे बेहद छोटे रूप में लिखा जाता है। जिनसे महज चन्द शब्दों में पूरी स्टोरी की थीम को समझा जा सकता है। हेडलाइंस ऐसी हों, जिससे लोगों को खबर भी पता चल जाए और आगे की कहानी जानने की उत्सुकता भी बची रहे। जरा नजर डालिए, बीसीसी के मुताबिक क्या है हेडलाइन[1]–

"The headline of a news story is the short summary which introduces the story at the beginning of a TV or radio news broadcast or which appears above articles in a newspaper or on a website."

हेडलाइन का उदाहरण, जो शब्द लिखे हुए हैं उसे फ्लायर कहते हैं।

अब आप समझ सकते हैं कि हेडलाइंस की क्या अहमियत है। हकीकत तो ये है कि आज का आम आदमी हर वक्त खबरों से जुड़ा रहना चाहता है। जो लोग सारी खबरें देख नहीं पाते, वो कम-से-कम हेडलाइंस तो जरूर ही देखना चाहते हैं। इन्हीं हेडलाइंस को देखने के दौरान, अगर कोई चीज किसी दर्शक को बहुत अच्छी लगती है तो वो आगे भी खबरों को देखता है। ऐसे में हेडलाइंस की भाषा बहुत अहम हो जाती है। हेडलाइंस को वही इनसान लिख सकता है, जिसे भाषा की अच्छी समझ हो। किसी भी न्यूज चैनल में हमेशा सीनियर ही हेडलाइंस लिखते हैं, बल्कि मेरा अपना अनुभव है कि हर चैनल में खुद सम्पादक ही हेडलाइंस में दिलचस्पी लेते हैं और कई बारगी तो खुद सम्पादक ही हेडलाइंस लिखते हैं।

वैसे अगर आप न्यूज चैनलों को देखें तो आपको एक खास चीज देखने को मिलेगी। हेडलाइंस दो तरह से लिखी जाती हैं। एक तो बिलकुल सीधी-सपाट खबर की तरह और दूसरी एडिटोरियल लाइन के साथ। मतलब कि एडिटोरियल कमेंट के साथ। इसे और भी बेहतर तरीके से समझाने के लिए मैं कुछ उदाहरण देता हूँ।

हैडलाइन का एक और उदाहरण।

पहला उदाहरण—एक खबर आई कि सरकार ने केन्द्रीय कर्मचारियों का डीए यानी महँगाई भत्ता आठ प्रतिशत बढ़ा दिया है। अब जरा आप खुद देखिए कि इसे हेडलाइन के तौर पर कैसे-कैसे लिख सकते हैं—

पहला तरीका–'महँगाई के जख्मों पर सरकार ने छिड़का डीए का नमक, पचास लाख केन्द्रीय कर्मचारियों का महँगाई भत्ता सिर्फ आठ फीसदी बढ़ा'।

दूसरा तरीका–'सरकार ने दिया पचास लाख केन्द्रीय कर्मचारियों को तोहफा, महँगाई भत्ता आठ फीसदी बढ़ा'।

इन दोनों तरीकों को देखकर आपको बहुत-कुछ समझ में आ गया होगा कि किस तरह से हेडलाइंस लिखी जा सकती हैं। दोनों ही तरीकों में खबर दी गई है लेकिन दूसरे में महज खबर तो पहले में एडिटोरियल कमेंट भी। हमने पहले तरीके में खबर लिखने के साथ ही, ये भी जता दिया कि महँगाई लगातार सुरसा की तरह मुँह फैला रही है। सरकार इस पर लगाम लगा पाने में बुरी तरह से नाकाम है। इसके बावजूद सरकार ने डीए के नाम पर महज आठ फीसदी की बढ़ोत्तरी की है। अब जरा दूसरा उदाहरण देखिए–

दूसरा उदाहरण–एक खबर आई कि IPL-3 के दौरान राजस्थान रॉयल्स लगातार तीसरा मैच हार चुकी है। बैंगलोर ने उसे दस विकेट से हरा दिया। अब जरा हेडलाइन लिखने के तरीके देखिए–

पहला तरीका–लगातार तीसरे मैच में राजस्थान रॉयल्स की हार, बैंगलोर ने दी दस विकेट से करारी शिकस्त।

दूसरा तरीका–राजस्थान रॉयल्स के पास अब नहीं बचा कुछ भी रॉयल, बैंगलोर ने दी दस विकेट से करारी शिकस्त।

इसमें पहले तरीके पर नजर डालें तो साफ हो जाएगा कि हमने खबर दे दी है। कम-से-कम शब्दों में और सधे हुए तरीके से लेकिन दूसरे तरीके पर नजर डालें तो उसमें भी पूरी खबर है लेकिन साथ ही एक कमेंट भी है। इसमें कमेंट ये है कि IPL-1 के दौरान राजस्थान रॉयल्स जहाँ विजेता बनकर रॉयल बन चुकी थी, वहीं IPL-3 में उसकी हालत बहुत ही खराब है और वह बैंगलोर से भी दस विकेट से हार चुकी है।

लिखने का ये तरीका बहुत-कुछ सम्पादकीय विभाग के फैसले पर निर्भर करता है। उपरोक्त उदाहरणों में तो फिर भी आप कुछ भी लिख सकते हैं लेकिन जहाँ तक राजनीतिक खबरों में कमेंट करने की बात है तो वो बहुत हद तक सम्पादकीय विभाग पर ही निर्भर करता है क्योंकि आपकी लाइन क्या है, ये वहीं से तय होती है।

वैसे हेडलाइंस लिखने के तरीके चाहे जो भी हों लेकिन भाषा सम्बन्धी बहुत सारी ऐसी जरूरतें हैं, जिनका पालन करना बेहद अनिवार्य है, वरना आपकी हेडलाइंस भाषा के मामले में सधी हुई नहीं रह पाएँगी और उनमें लिजलिजापन नजर आने लगेगा। आइए, आपको बताते हैं कि हेडलाइंस में भाषा सम्बन्धी क्या करें और क्या न करें।

क्या करें

1. हेडलाइन बेहद छोटी और गुँथी हुई हो।
2. हेडलाइन में शब्दों का कसाव बहुत जरूरी है।
3. कम-से-कम शब्दों का इस्तेमाल करें। शब्दों की कंजूसी जरूरी है।
4. बेहद सरल शब्दों का इस्तेमाल करें, चाहे वो दूसरी भाषा से ही क्यों न लेने पड़ें। हालाँकि ये ध्यान रहें कि उसका आम बोलचाल में इस्तेमाल किया जाता हो।
5. कारक के चिह्नों का इस्तेमाल भरपूर करें।
6. हेडलाइन ऐसी लिखें, जिससे अपनी बात पूरी हो जाए लेकिन साथ-ही-साथ उसे जानने की उत्सुकता भी बनी रहे—मसलन, अगर राजस्थान रॉयल्स वाली हेडलाइन लिखते हैं कि 'राजस्थान रॉयल्स के पास अब नहीं बचा कुछ भी रॉयल, बैंगलोर ने दी दस विकेट से करारी शिकस्त' तो इस हेडलाइन में खबर के साथ-साथ ये जानने की भी उत्सुकता जग जाती है कि आखिर क्या रॉयल नहीं बचा।
7. ऐसी चीज लिखें, जिससे लोगों का ध्यान आकर्षित हो। सिर्फ हेडलाइन देखकर ही लोग खबर देखने के लिए रुक जाते हैं। जैसे—दिल्ली में चोरी या मर्डर की कोई वारदात लगातार दूसरे दिन हो जाए तो आप लिखते हैं—'दिल्ली में फिर एक बुजुर्ग की हत्या, कल भी एक राहगीर को बदमाशों ने मारी थी गोली।' इसे आप दूसरी तरह से लिख सकते हैं—'दिल्ली बनी अपराध की राजधानी, दो दिन में दो हत्या', या फिर ये भी लिख सकते हैं कि—'दिल्ली में अपराधियों के हौसले बुलन्द, प्रीत विहार में एक बुजुर्ग की हत्या।'
8. हेडलाइन ऐसी लिखी जाए, जिससे पता चले कि घटना अभी-अभी हुई है। मतलब हमेशा वर्तमान काल में ही लिखा जाना चाहिए।
9. इस तरह के शब्दों का इस्तेमाल करें, मानो घटना घट ही रही हो। जैसे—'लेह में परसों बादल फटने के बाद राहत काम तेज, लाशों का मिलना जारी' इसी हेडलाइन को आप कुछ इस तरह से भी लिख सकते हैं—'लेह में तीन दिन बाद भी मिल रही हैं लाशें, सरकार ने राहत काम किए तेज'।
10. हेडलाइन में सीधे और सपाट तरीके से खबर को दें। भाषा की कारीगरी या लच्छेदार शब्दों के इस्तेमाल से बचें।

क्या न करें

1. जिन शब्दों को हटाने से आपके वाक्य पर कोई असर न पड़ता हो, उसे बिलकुल भी न डालें। मसलन, 'महँगाई पर संसद में गतिरोध खत्म करने

की कोशिश, प्रधानमंत्री मनमोहन सिंह करेंगे विपक्षी नेताओं से बातचीत' इस हेडलाइन में अगर आप मनमोहन सिंह हटा भी दें तो भी कोई फर्क नहीं पड़ेगा क्योंकि सबको पता है कि वर्तमान प्रधानमंत्री मनमोहन सिंह हैं।

2. सहायक क्रिया का इस्तेमाल बिलकुल न करें। इससे आपके वाक्य लम्बे हो सकते हैं। 'है', 'था', 'गा' जैसे शब्दों से बचें। मसलन, एक हेडलाइन देखें–'पूर्वी दिल्ली के लोगों को शीला ने दी है सौगात, मयूर विहार मेट्रो स्टेशन का थोड़ी देर पहले हुआ है उद्घाटन' इस हेडलाइन में आप सारे 'है' को हटा सकते हैं। अब कुछ इस तरह से हेडलाइन लिखी जाएगी– 'पूर्वी दिल्ली के लोगों को मुख्यमंत्री ने दी सौगात, मयूर विहार मेट्रो आम जनता के लिए शुरू'।
3. कभी भी वाक्य पूर्ण विराम की अवस्था में खत्म न हों।
4. एक शब्द को दोबारा एक ही हेडलाइन में बिलकुल भी इस्तेमाल न करें। इतना ही नहीं, अगर चार हेडलाइन लिखते हैं तो कोशिश कीजिए कि एक भी शब्द ऐसा न हो, जो किसी भी हेडलाइन में दोबारा आए। यही शब्दों की कलाकारी है।
5. भूतकाल या फिर भविष्यत्काल में कभी भी हेडलाइन नहीं लिखी जानी चाहिए।
6. हिन्दी के कठिन शब्दों का इस्तेमाल न करें।
7. हेडलाइन में कभी भी मुहावरों या फिर लोकोक्तियों का इस्तेमाल नहीं करना चाहिए।

सन्दर्भ

1. BBC World Service की साइट पर Learning English सेक्शन में जाएँ। लिंक है http://www.bbc.co.uk/worldservice

जबान सँभाल के

हिन्दी भाषा शिल्प और शैली के लिहाज से एक वैज्ञानिक भाषा है। इसकी सबसे बड़ी वजह है देवनागरी लिपि, जिसमें ये भाषा बोली और लिखी जाती है। देवनागरी लिपि की जो विशेषताएँ हैं, वो दुनिया की शायद ही किसी और भाषा में हों। देवनागरी लिपि की वैज्ञानिकता पर हम विशेष रूप से चर्चा करेंगे लेकिन इस लेख में हम खास तौर पर बात करेंगे उच्चारण दोष की, जिस पर ध्यान देना किसी भी टेलीविजन पत्रकार के लिए बेहद जरूरी है। दरअसल हिन्दी भाषा में जो कुछ बोला जाता है, वही लिखा जाता है। इसी तरह से जो लिखा जाता है, वही बोला जाता है। इस भाषा की वैज्ञानिकता का ये सबसे बड़ा और मजबूत आधार है लेकिन धीरे-धीरे ये विशेषता भी हम खत्म करते जा रहे हैं। चाहे अज्ञानतावश या फिर रूढ़ता की वजह से लेकिन इससे न सिर्फ हम भाषा का नुकसान कर रहे हैं, बल्कि अपनी अज्ञानता का भी प्रदर्शन कर रहे हैं। मैं कुछ ऐसे उच्चारण-दोषों को रेखांकित करूँगा, जो टेलीविजन पत्रकारिता के लिए ठीक नहीं कहे जा सकते। जो कभी भी टेलीविजन देखते समय दर्शकों का स्वाद खट्टा कर सकते हैं। यहाँ तक कि इससे नाखुश होकर कुछ लोग तो चैनल भी बदल देते हैं।

उच्चारण दोष

1. **महाप्राण को अल्पप्राण में बदलकर बोलना–**हर वर्ग (कवर्ग, चवर्ग, तवर्ग, टवर्ग) का पहला और तीसरा वर्ण 'अल्पप्राण' कहलाता है, जबकि दूसरा और चौथा वर्ण 'महाप्राण' कहलाता है। कई लोग महाप्राण को अल्पप्राण में बदलकर बोलते हैं, या तो क्षेत्रीयता के प्रभाव में या फिर भाषा के अलगाव की वजह से। खासकर दक्षिण भारत में महाप्राण जैसी कोई चीज ही नहीं होती। ऐसे लोग 'भ' को 'ब' बोलेंगे, जबकि 'ख' को 'क'। जैसे–
   आरम्भ–आरम्ब
   धोखा–दोखा, धोका
   भूख–बूक, भूक

2. **हलन्त का उच्चारण–**आप ध्यान देंगे तो पाएँगे कि बोलने के दौरान लोग कई शब्दों का उच्चारण हलन्त के साथ करते हैं, जबकि जहाँ हलन्त लगाना होता है, वहाँ नहीं लगाते हैं। जैसे–श्रीमान्, साक्षात् में आखिरी वर्ण में हलन्त लगता है लेकिन लोग इसमें हलन्त न लगाकर श्रीमान में 'न' और साक्षात् में 'त' का उच्चारण पूरा 'न' और 'त' के रूप में करते हैं। इसी तरह कभी आप अपनी बोली पर ध्यान दीजिए–राम, श्याम या दूसरे शब्दों का उच्चारण कीजिए, खुद पाएँगे कि आपने राम्, श्याम् का उच्चारण किया है, यानी आखिरी वर्ण 'म' को 'म्' बोलते हैं। ज्यादातर लोग 'अ' को खा जाते हैं।
3. **चन्द्रबिन्दु और अनुस्वार–**इनके फर्क को न समझनेवाले भी भयंकर भूल करते हैं। वैसे तो कम्प्यूटर या टेलीविजन में काम करनेवालों ने चन्द्रबिन्दु का इस्तेमाल करना बिलकुल ही बन्द कर दिया है। अब 'माँ' को 'मां' लिखते हैं, 'चाँद' को 'चांद' लिखते हैं लेकिन क्या उच्चारण में भी इसे हटा देंगे। कभी सोचा है, आखिर क्या होगा इसका अंजाम।[1] ऐसे में कहना हो 'हँस दिया' तो कहना पड़ेगा 'हंस दिया'। यहाँ हँसने की क्रिया का अर्थ समझा जाए या फिर हंस नामक पक्षी का, जो कि मानसरोवर में मिलता है। जाहिर है, उच्चारण से छेड़छाड़ ठीक नहीं। इसी तरह 'सँकरा' को 'संकरा' बोलते हैं। ऐसे में अगर हम चन्द्रबिन्दु का इस्तेमाल करना भी शुरू कर दें तो कितना बेहतर होगा।
4. **र के उच्चारण–**इसमें भी दोष सुने और देखे जा सकते हैं। सबसे बड़ी बात तो ये है कि लोगों को यही नहीं पता चलता कि 'र' कितने तरीके से लिखा जाता है। र का प्रयोग चार तरीके से होता है और सबके उच्चारण भी अलग–अलग होते हैं। जैसे–

   पहला प्रयोग–राम, रहीम–यहाँ र वर्ण पूरा होता है।

   दूसरा प्रयोग–क्रम, प्रकार–इसमें र वर्ण पूरा है, जबकि क और प आधा।

   तीसरा प्रयोग–कर्म, धर्म–इसमें र आधा है, जबकि म पूरा।

   चौथा प्रयोग–कृपा, कृष्ण–इसमें क भी आधा होता है और र भी।

   इसमें खास तौर पर चौथे वर्ण का जिक्र करना चाहूँगा। ये शब्द 'ऋ' से लिया गया है लेकिन इसका उच्चारण रि के जैसा नहीं होता। इसका सही उच्चारण आधा र (र्) के अर्थ में होता है। ऋतु शब्द तो आपने सुना ही होगा। खूबसूरत शब्द है लेकिन टेलीविजन न्यूज चैनलों में इस पर अघोषित पाबन्दी लगी हुई है। इसकी जगह हम मौसम या महीना बोल देते हैं लेकिन यहाँ अर्थ समझाने के लिए आपको बता दूँ

कि इसका उच्चारण रि + तु = रितु (RITU) के जैसा नहीं होगा, बल्कि र् + तु = (RTU)

इसी तरह कृष्ण के उच्चारण में गलतियाँ कर जाते हैं। कृष्ण बोलने का सही तरीका है क् + र् + ष्ण (Krshna), न कि क्रिष्ण (Krishna)

इतना ही नहीं, तीसरे और चौथे र के उच्चारण में फर्क बहुत महीन है, जिसको जानना बेहद जरूरी है। ये फर्क है क्र और कृ के कहने में। जरा एक बार फिर से गौर फरमाएँ क्र = क् + र (Kra) और कृ = क् + र् (Kr)।

5. **उर्दू का लफड़ा–**बहुत बड़ा है। इसमें कोई दो मत नहीं कि उर्दू के इस्तेमाल से भाषा का सौन्दर्य बढ़ जाता है। खासकर बोलने के क्रम में भाषा आकर्षक हो जाती है। हिन्दी ने उर्दू से शब्दों का आयात तो किया ही है, बल्कि उच्चारण के लिए पाँच चीजों को भी बहुत ही सम्मान से ग्रहण किया है। ये हैं–क़, ख़, ग़, ज़, फ़। यानी नुक़ता के साथ यही पाँच वर्ण। आप कई चैनलों में देख भी सकते हैं। ये अन्तर आप समझ सकते हैं–

   क–कलम, क़–क़रीब

   ख–खनक, ख़–ख़त

   ग–गुंडागर्दी, ग़–ग़रीब

   ज–जादू, ज़–ज़िंदगी

   फ–फल, फ़–फ़रमाइश

   नुक़ता और बिना नुक़ता के उच्चारण में बड़ा फर्क है। बिना नुक़ते के शब्द सीधे मुँह से निकलते हैं, जबकि नुक़तेवाले शब्द सीधे हलक से। हिन्दी के साथ एक सहूलियत ये है कि अगर आपको इसकी जानकारी नहीं है तो किसी में भी नुक़ता न लगाएँ, कोई दिक्कत नहीं होगी। लेकिन अगर आपकी जानकारी आधी-अधूरी है और आपने गलत जगह पर नुक़ता लगा दिया तो वो बहुत बड़ी भूल कही जाएगी, इसलिए कई चैनल नुक़ता लगाते हैं तो कुछ साफ तौर पर नहीं लगाते। हालाँकि कई जगह नुक़ता का उच्चारण बेहद जरूरी हो जाता है। जैसे–

   राज–रमण के राज में उसने खूब चाँदी काटी।

   राज़–इस फैसले के पीछे कोई-न-कोई राज़ जरूर छिपा है।

6. **श, ष और स–**ये तीनों वर्ण आपके बोलने का स्वाद किरकिरा कर सकते हैं। इसके उच्चारण की नासमझी घातक है। इसमें 'श' और 'ष' को लेकर उच्चारण में भेद करना काफी मुश्किल है, पर 'स' का उच्चारण तो बिलकुल अलग है। लेकिन कुछ बड़े पत्रकार तक इसकी भी धज्जियाँ उड़ा देते हैं। हर वर्ण का उच्चारण 'स' ही करेंगे।

7. **अंग्रेजी ने खूब कचरा किया है**–कई लोग ऐसे मिलेंगे, जो वैसे तो अंग्रेजी में पारंगत नहीं हैं लेकिन अंग्रेजी बोलने के चक्कर में खूब गड़बड़ी करते हैं। कभी 'लंडन' बोलेंगे तो कभी 'लंदन।' कनॉट प्लेस की एक बिल्डिंग में आग लगी तो लोगों ने 'दिल्ली' को 'डेल्ही' तक लिख दिया। भगवान बचाए ऐसे लोगों को। इतना ही नहीं, अब ब्रिटिश और अमेरिकन एक्सेंट की भी दिक्कत आन पड़ी है!
8. **स्थानीयता का प्रभाव**–उच्चारण में कई बारगी स्थानीयता का भी गलत प्रभाव बढ़ता जा रहा है। बंगाल, महाराष्ट्र, पंजाब या फिर दक्षिण भारत के लोगों के लिए यह कारण तो कुछ हद तक जायज है लेकिन हरियाणा, मारवाड़ी, बिहार के लोगों के लिए क्या कहेंगे! खास तौर पर हरियाणवी प्रभाव वाले लोगों के उच्चारण में 'न' को 'ण' बोलने की प्रवृत्ति कुछ ज्यादा ही होती है। जैसे–'जाने दे' को 'जाणे दे।' इसी तरह से 'खींचना' को कहेंगे 'खेंचना'।
9. **अर्ध चन्द्र**–इसको लेकर भी कई बार मुश्किलें आती हैं। ये तो सबको पता है कि हमने उच्चारण की दृष्टि से अर्ध चन्द्र को अंग्रेजी से आयात कर लिया है लेकिन अब भी कई लोग डॉक्टर को डाक्टर, कॉलेज को कालेज बोलने में ही शान समझते हैं।
10. **शुरुआती शब्दों को एकार लगाकर बोलना**–पता नहीं लोगों ने ये कला कहाँ से विकसित कर ली लेकिन अब किसी भी शब्द को बेहतर करने के लिए लोग शुरुआती वर्णों में एकार लगा देते हैं। ये आदत रेडियो से शुरू हुई लेकिन अब तो टेलीविजन न्यूज चैनलों में भी लोग धड़ल्ले से इसे इस्तेमाल करने लगे हैं। जैसे 'पहले' को 'पेहले', 'जनाब' को 'जेनाब' कहेंगे।
11. **मात्राओं की गलतियाँ**–बोलने के क्रम में ये गलती सबसे ज्यादा होती है। ऐसा नहीं कि लोग इसके भेद को नहीं जानते। बस रुकने में गलती करते हैं और फिर भाषा की ऐसी की तैसी कर देते हैं। 'जैसे' को 'जेसे' कहेंगे। इसी तरह से कि–की, ओर–और, क्युंकि–क्योंकि में इन गलतियों को आप पकड़ सकते हैं।
12. **ड ड़, ढ, ढ़**–की नासमझी भी बहुत बड़ी है। कई लोगों को तो इन वर्णों का फर्क भी नहीं मालूम। इसके उदाहरण देख लीजिए।

    ड–डमरू, डाल, डंडा, डगर, डर, डरपोक

    ड़–लड़का, घोड़ा, कड़ा, बड़ा, खड़ा

    ढ–ढुँढ़वाना, ढंग, गड्ढा, ढलना, ढोकला, ढोलक

    ढ़–चढ़ा, बढ़ा, टेढ़ा, ढूँढ़ना

13. **पूर्ण विराम और अल्प विराम–**इन दोनों का फर्क जानना जरूरी है। कुछ पत्रकार ऐसे होते हैं कि पता ही नहीं चलता, कब और कहाँ बोलते-बोलते रुक जाएँगे। हमेशा ध्यान रखें कि आपको बोलते-बोलते वहीं रुकना है, जहाँ वाक्य की समाप्ति होती हो या फिर एक अर्थ-सन्दर्भ पूरा होता हो। जैसे–हिन्दुस्तान अखबार की कुछ लाइनें उठा रहा हूँ–
    'राजधानी में हुए सीरियल ब्लास्ट मामले के मुख्य आरोपी समेत इंडियन मुजाहिद्दीन के दो आतंकियों को पुलिस ने शुक्रवार को जामिया नगर इलाके में हुई मुठभेड़ में मार गिराया। एक आतंकी को पुलिस ने गिरफ्तार किया है, जबकि उनके दो साथी पुलिस टीम पर गोली चलाते हुए फरार होने में सफल रहे।'
    वैसे तो अखबार की इस भाषा को टेलीविजन में लागू नहीं किया जा सकता। टेलीविजन के लिए ये एक बहुत ही खराब स्क्रिप्ट कही जाएगी लेकिन उदाहरण के लिए यहाँ ले रहा हूँ–पहले वाक्य में अगर आप कारक से पहले के किसी भी शब्द में रुक गए तो आपने भारी भूल कर दी। पहले वाक्य में आप 'हुए', 'को', 'ने' कारक चिह्न के साथ अल्प विराम की स्थिति में आ सकते हैं। लेकिन यहाँ भी अगर आप पूर्ण विराम वाली स्थिति में रुक गए तो ये ठीक नहीं होगा। इसी तरह से दूसरे वाक्य में जहाँ कौमा (,) लगा है, वहाँ तो आपको रुकना ही होगा। अगर आप एक्सप्रेस गाड़ी की तरह चले जा रहे हैं तो समझ लीजिए कि आप गलती कर रहे हैं।
14. **संयुक्ताक्षरों का गलत उच्चारण–**'क्ष', 'द्य' और 'ज्ञ' आदि संयुक्ताक्षरों को लोग आम तौर पर गलत तरीके से बोलते हैं। खासकर 'क्ष' को। जैसे–'कक्षा' को 'कछा' या 'कच्छा' बोलेंगे, 'क्षेत्र' को 'छेत्र'। इसी तरह से 'ज्ञ' को हमेशा गलत तरीके से बोला जाता है। इसे समझने का सबसे आसान तरीका है, संधि विच्छेद करके इनकी ध्वनि की पहचान की जाए। जैसे–क्ष = क् + ष, द्य = द् + य और ज्ञ = ज् + ञ।
15. **हर वर्ग के आखिरी वर्ण का उच्चारण–**हिन्दी की एक बहुत बड़ी परेशानी अनुस्वार पर आकर टिक गई है। लोगों को लगता है कि जहाँ अनुस्वार है, वो आधा 'न' वर्ण है। जैसे–गंगा, संचय, दंड, अन्त या फिर चम्बल में ज्यादातर लोग समझते हैं कि अनुस्वार आधा 'न' की जगह आया है लेकिन ऐसा है नहीं। सारे अनुस्वार अलग-अलग वर्णों के लिए आए हैं। जैसे[2]–
    गंगा में अनुस्वार 'ङ' की जगह आया है–सन्धि विच्छेद होगा ग + ङ् + ग + आ = गंगा

संचय में अनुस्वार 'ञ' की जगह आया है—सन्धि विच्छेद होगा स + ञ + च + य = संचय

दंड में अनुस्वार 'ण' की जगह आया है—सन्धि विच्छेद होगा द + ण् + ड = दंड

अन्त में अनुस्वार 'न' की जगह आया है—सन्धि विच्छेद होगा अ + न् + त = अन्त

चम्बल में अनुस्वार 'म' की जगह आया है—सन्धि विच्छेद होगा च + म् + ब + ल = चंबल

देवनागरी वर्णमाला को अगर आप ध्यान से देखें तो हर वर्ग के अन्त में नासिक ध्वनि के लिए वर्ण दिया गया है, जिसे प्रयोग में लाया जाता है। जाहिर है, इसके उच्चारण भी अलग होते हैं। जैसे[3]–

[क ख ग घ **ङ**] अङ्गद, पङ्कज, शङ्कर या अंगद, पंकज, शंकर

[च छ ज झ **ञ**] अञचल, सञजय, सञचय या अंचल, संजय, संचय

[ट ठ ड ढ **ण**] कण्टक, दण्ड, कण्ठ या कंटक, दंड, कंठ

[त थ द ध **न**] अन्त, मन्थन, चन्दन या अंत, मंथन, चन्दन

[प फ ब भ **म**] कम्पन, सम्भव, चम्बल या कंपन, संभव, चंबल

16. **तोतला होना–**ये दोष प्राकृतिक है लेकिन अभ्यास से इसे दूर कर सकते हैं। ऐसे लोग न चाहते हुए भी हर शब्द में त वर्ण जोड़कर उच्चारित करते हैं। जैसे–मैं तो बात तयना ताहता ता, लेतिन तापसे बात ही नहीं तुई। (मैं तो बात करना चाहता था लेकिन आपसे बात ही नहीं हुई।) इसके लिए किसी शख्स को दोषी नहीं ठहराया जा सकता क्योंकि ऐसा किसी के साथ भी बचपन से ही हो सकता है।

    उच्चारण को लेकर और भी कई धारणाएँ हो सकती हैं लेकिन अगर आप उपरोक्त गलतियों को सुधार लें तो आप हिन्दी के अच्छे वक्ता हो सकते हैं। खासकर वर्तनी और शब्दों के उच्चारण के लिहाज से तो जरूर।

सन्दर्भ

1. देखें–'हिन्दी की वर्तनी', सन्त समीर, पृ. 28
2. देखें ब्लॉग–'इधर उधर की', लिंक है
   http://kaulonline.com/chittha/2006/06/chandrabindu&anuswar/
3. " " "

एंकर की भाषा

एंकर की भाषा के लिए ऐसा कुछ खास नहीं है, जो ओवरऑल टीवी न्यूज की भाषा से अलग हो लेकिन टीवी न्यूज के लिए एंकर एक ऐसी स्थिति है, जहाँ उम्मीद की जाती है कि थोड़ा-सा फर्क दिखना चाहिए क्योंकि एंकर चैनल का चेहरा होता है। एंकर किसी भी चैनल का प्रतिनिधित्व करता है। एंकर ही चैनल को दर्शकों से जोड़ता है। वह जो बोलता है, उसे ही चैनल की आवाज माना जाता है। एंकर जो भी बात

IBN7 में एंकरिंग करते वरिष्ठ एंकर राजदीप सरदेसाई।

अपने दर्शकों को बताता है, उस पर देश के लाखों-करोड़ों दर्शक भरोसा करते हैं। एंकर जो कहता है, सिर्फ वही महत्त्वपूर्ण नहीं होता, बल्कि उसकी भाव-भंगिमा भी काफी प्रभाव डालती है। इतना ही नहीं, एंकर की भाषा रिपोर्टर की भाषा से बिलकुल

अलग होती है। एंकर की भाषा पैकेज की भाषा से भी अलग होती है। एंकर के शब्द वैसे नहीं हो सकते हैं, जैसा कि बाकी चीजों में होता है।

एंकर के साथ खास बात ये है कि उसकी ज्यादातर चीजें फिक्स होती हैं। अगर ब्रेकिंग न्यूज, रिपोर्टर से बातचीत या इंटरव्यू छोड़ दें तो टीवी के ज्यादातर कार्यक्रम पहले से तय होते हैं। पहले से ही प्रोड्यूसर तय कर देता है कि कब, कौन-सा कार्यक्रम जाएगा। इतना ही नहीं, एंकर भी तय होते हैं। एंकर क्या बोलेगा, ये भी पहले से ही लिखा जा चुका होता है। एंकर ज्यादातर समय जो कुछ भी बोलता है, वो स्क्रीन पर दिखता रहता है। इसे 'टेलीप्रॉम्पटर' कहते हैं। ऐसे में एंकर की भाषा में कई चीजें बड़ी अहम होती हैं–

IBN7 में एंकरिंग करते वरिष्ठ एंकर आशुतोष

– एंकर की भाषा सहज और सामान्य होनी चाहिए।
– एंकर की जुबान से हमेशा शुद्ध उच्चारण की अपेक्षा की जाती है।
– एंकर को मानकता का हमेशा ख्याल रखना चाहिए।
– एंकर का उच्चारण बेहद साफ-सुथरा होना चाहिए।

- एंकर के हाव-भाव भी स्टोरी के अनुरूप होने चाहिए क्योंकि दर्शकों के मन पर एंकर की हर हरकत का असर पड़ता है। इसलिए अगर कोई फनी स्टोरी हो तो वो उसके चेहरे से भी दिखना चाहिए। अगर कोई बुरी खबर हो तो चेहरे का एक्सप्रेशन भी वैसा ही होना चाहिए। कई नए-नवेले और अनाड़ी एंकर आपको ऐसे भी मिल जाएँगे, जो किसी दुर्घटना की बात कर रहे हों, जिसमें कई लोग मर गए हैं लेकिन एंकर मुस्कराता हुआ नजर आएगा।
- एंकर मुहावरों और लोकोक्तियों का प्रयोग न करें तो बेहतर है।
- एंकर से ये उम्मीद की जाती है कि वो सीधा खबर बताए, एडिटोरियल कमेंट न करे।
- वैसे तो टीवी में हमेशा छोटे-छोटे वाक्य ही बोलने चाहिए लेकिन एंकर चाहे तो सामान्य परिस्थिति में थोड़े लम्बे वाक्य बोल सकता है क्योंकि उसके सामने सारी चीजें लिखी होती हैं। उसमें अटकने की गुंजाइश कम होती है।

NDTV इंडिया में एंकरिंग करते मशहूर एंकर रवीश कुमार, रिचा और भोपाल की रिपोर्टर रूबिना खान शापू।

- भारत में एंकर को हिन्दी के अलावा अंग्रेजी और उर्दू की भी समझ होनी चाहिए। कम-से-कम अंग्रेजी में बातचीत का ज्ञान और उर्दू में कुछ शब्दों की जानकारी तो जरूर होनी चाहिए क्योंकि लाइव परिस्थितियों में उसे कई

बारगी सिर्फ अंग्रेजी समझनेवाले शख्स से बातचीत करने की जरूरत पड़ सकती है। जबकि पाकिस्तान की खबरों के लिए कई बारगी पड़ोसी देश के दिग्गज लोगों से भी बात करनी पड़ती है। ऐसे वक्त में ये जानकारी काम आती है।

– एंकर की भाषा जितनी महत्त्वपूर्ण होती है, उतना ही उसका हावभाव। इसलिए माना जाता है कि कैमरा एंकर का सच्चा साथी होता है। अच्छा एंकर कैमरे के जरिए दर्शकों की आँखों में आँखें डालकर उसे खबर सुना देता है। यही उसके लिए जरूरी होता है।

न्यूज 24 में एंकरिंग करते वरिष्ठ एंकर सईद अंसारी, जिन्होंने एक साथ 18 घंटे लगातार एंकरिंग करने का वर्ल्ड रिकॉर्ड बनाया है।

– एंकर भाषा के साथ ज्यादा एक्सपेरिमेंट नहीं कर सकता क्योंकि उसे हर हाल में खबर ही बतानी है। वो भी बिलकुल कम-से-कम शब्दों में। रिपोर्टर की तरह उसे छूट नहीं होती क्योंकि रिपोर्टर की लोकेशन बदल जाती है या फिर माहौल बदल जाता है।

– एंकर कभी भी आधी-अधूरी बात नहीं कहेगा क्योंकि जब भी किसी खबर की शुरुआत होती है तो उसे एंकर ही शुरू करता है। वो एक तरह से पूरी खबर को संक्षेप में बताता है। उसकी भाषा ऐसी नहीं होनी चाहिए, मानो वो कोई कनेक्टिंग लाइन बोल रहा हो, बल्कि उसकी बातों से पूरी खबर बाहर निकलनी चाहिए।

– एंकर हर पल की बड़ी खबरों से दो-चार होता है। ऐसे में उसकी भाषा में सहजता तभी होगी, जब उसे हर खबर के बारे में जानकारी हो। इसके लिए उसे होमवर्क करना पड़ता है। सुबह उठते ही वो कम-से-कम 15-16 अखबार पढ़ डालता है, ताकि अगर किसी विशेषज्ञ से बात करनी पड़े तो उसे खबर के बारे में अच्छे से पता हो।

– एंकर को ही समय का हिसाब-किताब रखना पड़ता है। ऐसे में उसकी भाषा ऐसी न हो कि वो शब्दों में ही उलझकर रह जाए, बल्कि सीधे-सादे ढंग से कहकर दर्शकों तक अपनी बात पहुँचा दें।

– एंकर के साथ एक दिक्कत है–शब्दों या वाक्यों का दोहराव। जिन लाइनों से स्क्रिप्ट खत्म होती है या फिर जो बातें विशेषज्ञ कहते हैं, उन्हीं लाइनों को एंकर दोहरा देता है। भाषा या खबर को लेकर मेहनत में कमी की वजह से भी आजकल ज्यादातर एंकर ऐसा करते हैं।

– एंकर के सवाल बिलकुल छोटे और सटीक होने चाहिए। सवाल कभी भी घुमा-फिराकर न पूछें। विषय से सम्बन्धित सवाल ही पूछें। इतना ही नहीं, एंकर को धैर्यपूर्वक जवाब भी सुनना चाहिए। हालाँकि, इनमें से कई बारगी

ई टीवी में एंकरिंग करते विजय कुमार

एंकर को ऐसा न करने की छूट मिल सकती है। कई एंकर काम के अनुभव, विषय की जानकारी और भाषा की समझ के चलते, घुमा-फिराकर सवाल पूछकर और छिपाए जा रहे पहलू या सँभलकर बोली गई बातों के पीछे का सच भी निकलवा लेते हैं। बहुत सारे जाने-पहचाने एंकरों की विशेषता भी यही मानी जाती है।

रिपोर्टर की बोली

रिपोर्टर की बोली सबसे अलग होती है। भाषा के मामले में सबसे ज्यादा छूट रिपोर्टर को ही मिलती है। आखिर कैसी होगी रिपोर्टर की बोली। इसे समझने से पहले ये जानना बेहद जरूरी है कि आखिर रिपोर्टर किन परिस्थितियों में काम करता है। रिपोर्टर का काम एंकर से बिलकुल अलग होता है। जहाँ एंकर बनी-बनाई परिस्थितियों में काम करता है। वहीं रिपोर्टर की स्थिति थोड़ी अलग है। एंकर के ज्यादातर काम पहले से तय होते हैं। वहीं रिपोर्टर को उसके ज्यादातर काम बिलकुल भी पता नहीं होते। उसे जगह और परिस्थिति के अनुरूप खुद को ढालना पड़ता है। ऐसे में उसको बोलचाल में थोड़ी छूट मिल सकती है।

स्टार न्यूज में रिपोर्टिंग करते वरिष्ठ रिपोर्टर दीपक चौरसिया।

– रिपोर्टर की भाषा थोड़ी स्वच्छन्द होती है।
– रिपोर्टर के लिए जरूरी नहीं कि वो मानकता का ख्याल रखे।
– रिपोर्टर की भाषा शुद्ध हो, ये जरूरी नहीं है। दरअसल इसके पीछे वजह ये है कि एक अच्छा रिपोर्टर वो है, जिसे खबरों की समझ हो। ऐसे में आपको उसकी भाषा के साथ समझौता करना पड़ सकता है। हो सकता है, उसकी हिन्दी टूटी-फूटी हो।
– रिपोर्टर की भाषा में स्थानीयता का पुट जरूर होना चाहिए। अगर बंगाल का रिपोर्टर बंगाली एक्सेंट के साथ बोले, चंडीगढ़ के रिपोर्टर में पंजाबी या हरियाणवी पुट हो तो भी कोई हर्ज नहीं माना जाएगा।
– कई बारगी संवेदनाओं में रिपोर्टर भटक जाता है। कभी किसी बड़ी घटना से रिपोर्टर को गुस्सा भी आता है। ये चीजें उसकी भाषा में भी देखने को मिल सकती हैं।

इंडिया टीवी पर रिपोर्टिंग की एक तसवीर।

– रिपोर्टर अपनी स्टोरी के अनुरूप भाषा का इस्तेमाल करता है। उसे हर बात भाषा या फिर शब्दों के माध्यम से बताने की जरूरत नहीं। मसलन, अगर मैंगलोर में किसी विमान हादसे की खबर बतानी हो तो जरा खुद देखिए, एंकर और रिपोर्टर की भाषा में क्या फर्क होगा–

एंकर की भाषा–मैंगलोर में आज भयंकर विमान हादसा हुआ। पहिये में खराबी की वजह से विमान सही से लैंड नहीं कर पाया और वो एक पहाड़ी से जा टकराया। इससे विमान के परखच्चे उड़ गए। इस घटना में कम-से-कम सौ से ज्यादा लोगों की जान गई। इस समय मैंगलोर मातम में डूबा हुआ है।

रिपोर्टर की भाषा–इन तसवीरों को देखकर ही आप अन्दाजा लगा सकते हैं कि किस तरह से ये विमान हादसा हुआ होगा। चारों तरफ बिखरे हुए ये मलबे विमान के ही हैं। आप देख सकते हैं कि राहत और बचाव का काम शुरू कर दिया गया है। हर शख्स मातम में डूबा हुआ।

– रिपोर्टर खबर के अनुरूप मुहावरों, लोकोक्तियों और शेर-ओ-शायरी का इस्तेमाल करे तो बेहतर है।

आज तक पर रिपोर्टिंग की एक तसवीर।

– स्टोरी के अन्त में जब रिपोर्टर पीटीसी[1] करता है तो वो सिवाय खबर पर ही अन्त करने के एडिटोरियल कमेंट भी कर सकता है। ये रिपोर्टर की समझ पर भी निर्भर करता है।

– रिपोर्टर हमेशा छोटे-छोटे वाक्यों का इस्तेमाल करे क्योंकि बड़े वाक्य बोलने की वजह से कहीं वो अटक न जाए या अपने अर्थ से भटक न जाए।

– रिपोर्टर की भाषा जितनी महत्त्वपूर्ण होती है, उतनी ही महत्त्वपूर्ण वो जगह भी जहाँ वो खड़ा होता है और रिपोर्टिंग करता है।

बारिश के दौरान रिपोर्टिंग की एक तसवीर।

– रिपोर्टर अपनी भाषा के साथ चाहे तो कितना भी एक्सपेरिमेंट कर सकता है। वो खबरों की बजाय लोकेशन को डेस्क्राइब कर दे और फिर उसे बाद में खबर से जोड़ दे।

– रिपोर्टर के लिए ये जरूरी नहीं कि वो भाषा के जरिए अपनी खबर पूरी करे। वो सिर्फ कनेक्टिंग लाइनें पढ़कर भी छोड़ सकता है। इसकी बड़ी वजह ये है कि जैसे ही रिपोर्टर आधी बात कहकर छोड़ेगा, उसे सपोर्ट करने के लिए हम वॉयस ओवर लगा देंगे।

सन्दर्भ

1. चैप्टर देखे–'न्यूज चैनलों के खास शब्द'।

भाषा का चमत्कार

टेलीविजन न्यूज चैनलों की संख्या जैसे-जैसे बढ़ती जा रही है, वैसे-वैसे 'चमत्कार' शब्द बहुत ही महत्त्वपूर्ण होता जा रहा है। हर पत्रकार चमत्कार पैदा करने की कोशिश कर रहा है। चाहे वो भाषा के स्तर पर हो, एडिटिंग के स्तर पर, चाहे वो ग्राफिक्स के स्तर पर या फिर आवाज के स्तर पर हो। इस लेख में हम बात करेंगे वाक्यों और शब्दों के चमत्कार की। वो चमत्कार, जो आपको न्यूज चैनल देखने के लिए मजबूर करता है। कई बारगी तसवीरें तो कई बारगी स्क्रिप्ट। चाहे वो पैकेज की स्क्रिप्ट हो, प्रोमो की या फिर टेलीविजन स्क्रीन पर दिखनेवाले चन्द शब्द भर।

तथ्यात्मक रूप से सही, लेकिन भाषा का अतिशयोक्तिपूर्ण तरीका देखिए।

टेलीविजन अतिरेक में जीता है। ये इसकी सबसे बड़ी बुराई समझें या फिर विशेषता लेकिन इसे झुठला नहीं सकते। घटना को बढ़ा-चढ़ाकर दिखाना एक बहुत बड़ी हकीकत बन चुकी है। चूँकि विजुअल के साथ बहुत ज्यादा छेड़छाड़ नहीं कर सकते, इसलिए भाषा में चमत्कार पैदा करने की ललक जुनून की हद तक पहुँच चुकी है। हाँ, एक बात और, भाषा के मामले में टेलीविजन की दुनिया बेहद छोटी होती जा रही है। इसमें शब्दों और वाक्यों की संख्या बहुत ही सीमित हो चुकी है। ऐसे में चमत्कार पैदा करनेवाले शब्द और वाक्य भी कम होते जा रहे हैं। सबसे पहले हम आपको बताएँगे ऐसे वाक्यों के बारे में, जो चमत्कार पैदा करने के लिए लिखे जाते हैं या फिर इस तरह के किसी भी वाक्य को लिखकर आप अपनी स्क्रिप्ट में वजन ला सकते हैं।

वाक्य सम्बन्धी चमत्कार
सामान्य घटना या परिस्थितियों के लिए

– आँखें बन्द मत कीजिए, वरना ये जिन्दगी में दोबारा नहीं देख पाएँगे।
– कान बन्द मत कीजिए, नहीं तो ये चीजें फिर कभी नहीं सुन पाएँगे।
– दुनिया की सबसे बड़ी पहेली है ये।
– अगर आपके घर में माँ है, बहन है, बेटी है, बहू है तो ये खबर आपके लिए बेहद जरूरी है।
– अगर आप अपने बच्चे को प्यार करते हैं तो ये खबर आपके लिए ही है।
– अगर आप दिल्ली (जगह का नाम खबर के हिसाब से डाल लें।) में रहते हैं या आपका कोई रिश्तेदार दिल्ली में रहता है या फिर आपका अकसर दिल्ली आना-जाना होता है तो हो जाइए सावधान।
– आपने न तो कभी देखा होगा, न कभी सुना होगा।
– आज टेलीविजन से दूर मत जाइएगा ।
– आज टेलीविजन से दूर ही रहिएगा।
– कृपया अठारह साल की उम्र से छोटे बच्चे न देखें।
– ये तसवीरें आपको विचलित कर सकती हैं।
– आपकी आँखें फटी-की-फटी रह जाएँगी।
– आज चाँद नहीं, टीवी देखिएगा।
– टीवी पर भगवान लाइव।
– इस बार नहीं देखा तो फिर कभी नहीं देख पाएँगे।
– लाइव एनकाउंटर

– मिलिए भगवान से।
– हैरान रह जाएँगे आप।
– हैरान कर देनेवाली तसवीरें।
– हिला देनेवाली तसवीरें।
– इस धरती पर पहली बार।
– बाहरी दुनिया की सबसे बड़ी खबर।
– मर्द बनेगा दुल्हन (समलैंगिकों के लिए)
– औरत बनेगी दूल्हा (समलैंगिकों के लिए)

क्राइम की घटनाओं के लिए

– देश की सबसे बड़ी मर्डर मिस्ट्री है ये
– दुनिया का सबसे खौफनाक कातिल
– दुनिया का सबसे घिनौना शख्स है ये
– सिहर जाएँगे आप
– दहल जाएँगे आप
– कृपया कमजोर दिलवाले इसे न देखें
– ये तसवीरें आपको विचलित कर सकती हैं
– कत्ल/मौत का लाइव वीडियो
– रोंगटे खड़े हो जाएँगे

हँसी के किसी कार्यक्रम में कुछ इस तरह के वाक्य लिख सकते हैं–

– हँसना मना है
– हँसी रोक के तो देखिए
– हँसी रोक नहीं पाएँगे

ये तो वाक्य सम्बन्धी बात हुई, जो सामान्य तौर पर कहीं भी इस्तेमाल कर सकते हैं। वैसे फिल्मी गानों की पंक्तियों को भी जब आप इस्तेमाल करते हैं तो वो एक तरह का आकर्षण पैदा करती हैं। अब बात शब्द या शब्दों के विन्यास की। हिन्दी के शब्दकोश में वैसे तो उन शब्दों की भरमार है, जो किसी भी वाक्य के रूप-सौन्दर्य में चार-चाँद लगा सकते हैं लेकिन टेलीविजन के लिए चमत्कार पैदा करनेवाले शब्दों की संख्या बहुत कम है, या फिर ये कहें तो ज्यादा सही होगा कि टेलीविजन ने अपने शब्दों की संख्या में बेहद कमी कर ली है। वैसे चमत्कार पैदा करनेवाले इन शब्दों की खासियत ये है कि इन्हें किसी भी वाक्य में लगाते ही उसमें पंच आ जाता है। लगता है कि कोई शब्दों को फेंक रहा है। अगर आपके विजुअल मजबूत न हुए तो ये शब्द तसवीर पर भारी हो जाते हैं।

चमत्कार पैदा करनेवाले चन्द शब्द

– सनसनीखेज दास्तान
– खौफनाक चेहरा
– अजीबोगरीब हरकतें
– न देखा, न सुना
– मनोरंजन का बाप
– पति या पिता
– 18 सेकेंड का रहस्य
– हत्या का लाइव वीडियो
– कैमरे में कैद कत्ल
– सच बोलेगा कैमरा
– सेक्स
– कमजोर दिलवाले न देखें
– क्रिमिनल
– सनसनी
– खूँखार
– सचिन के लिए लिखते हैं–**क्रिकेट के भगवान**
– अमिताभ के लिए–**सदी के महानायक**
– सानिया के लिए लिखना हो तो **टेनिस सनसनी** या **टेनिस सुन्दरी** या **टेनिस क्वीन**
– बवंडर
– तूफान
– एनकाउंटर
– टीवी पर पहली बार
– न्यूज चैनलों में पहली बार
– सबसे बड़ी सनसनी
– सबसे बड़ा घोटाला
– तड़का
– रोंगटे
– डॉक्टर कंस
– डॉक्टर ड्रैक्युला
– महाप्रलय
– महाविनाश

- महायुद्ध
- महाजंग
- तबाही
- सबसे बड़ी जंग
- क्रिकेट की महाजंग
- क्रिकेट का महायुद्ध
- नम्बरों का इस्तेमाल करेंगे तो आपकी कहानी में और भी वजन आएगा। मसलन, धोनी की पाँच गलतियाँ, धरती की दस तबाही, तीस सेकेंड का सच, पवार के पाँच झूठ, कॉमनवेल्थ के तीन गुनहगार। नम्बरों के इस्तेमाल में ऐसा कुछ आधिकारिक तौर पर आपको मिलता नहीं है, बल्कि डेस्क पर काम करनेवाले लोग अपनी सुविधा से नम्बर को लेकर वाक्य क्रिएट करते हैं।

अगर टेलीविजन देखें और इस तरह के शब्द या वाक्य आपको लिखे हुए दिखें या सुनाई पड़ेंगे, तब देखिएगा कि आप थोड़ी देर के लिए रुक गए हैं। दरअसल ये शब्द और वाक्यों की ताकत ही है, जो आपको किसी भी चीज को देखने के लिए मजबूर करती है। लेकिन अगर ये ही शब्द आपकी स्क्रिप्ट में भरे हों, मगर कहानी को सपोर्ट नहीं करती तो इस गलतफहमी में मत रहिएगा कि आपको लोग देखेंगे। साथ ही वाक्य की संरचना भी दुरुस्त होनी चाहिए। वैसे टेलीविजन चैनल में अब ये शब्द भी आउटडेटेड होते जा रहे हैं, समय के साथ इनमें भी बदलाव की जरूरत है और बदलाव की ये जरूरत हर दिन के साथ बदलती भी जा रही है और बढ़ती भी।

अंग्रेजी का प्रकोप

हिन्दी टेलीविजन न्यूज चैनलों की एक बड़ी समस्या अंग्रेजी भाषा के साथ तालमेल बिठाने में पैदा हो गई है। ये चैनलों की ही नहीं, बल्कि पूरे हिन्दी मीडिया की समस्या है। अंग्रेजी का प्रकोप इस कदर बढ़ गया है कि लगता है, सिर्फ कारक के चिह्न ही हिन्दी के नाम पर बचे रह जाएँगे और बाकी स्पेस पर अंग्रेजी का कब्जा हो जाएगा। ये अच्छी स्थिति नहीं कही जा सकती। जरा सोचिए, हिन्दी के पत्रकार काम तो हिन्दी के चैनल में कर रहे हैं लेकिन बात ज्यादातर अंग्रेजी में कहने की कोशिश करते हैं। ऐसे में भला लोगों की दिलचस्पी हिन्दी चैनलों में क्यों होगी। वो क्यों नहीं अंग्रेजी के ही चैनल देखेंगे। साफ है, टीवी के हिन्दी पत्रकार अपने ही पैरों पर कुल्हाड़ी मार रहे हैं।

हिन्दी की एक बड़ी खासियत ये रही है कि इसने बाकी भाषाओं के साथ खूब तालमेल बिठाया है। दूसरी भाषाओं को अपने शब्द दिए हैं तो उनसे शब्द लिये भी हैं। इस मामले में हिन्दी एक प्रगतिशील और प्रवाहशील भाषा है। समय, स्वभाव और समाज के हिसाब से इसने अपना स्वरूप बदला है लेकिन अपने आधारभूत ढाँचे को नहीं छोड़ा है। ऐसे में अंग्रेजी भाषा के साथ भी हिन्दी की कोई दुश्मनी नहीं है लेकिन जिस तरह से हम हिन्दी को *हिंग्लिश* बनाते जा रहे हैं, वह अपने-आप में अच्छी चीज नहीं है क्योंकि इससे हिन्दी के अस्तित्व पर ही खतरा पैदा हो गया है। इन दिनों कई ऐसी प्रवृत्तियाँ दिख रही हैं, जो हिन्दी न्यूज चैनलों के लिए घातक हैं।

1. वाक्यों के बीच-बीच में जबरन अंग्रेजी के शब्द डालने की आदत बढ़ती जा रही है। हालाँकि चैनलों की रेटिंग से ये स्पष्ट हो चुका है कि अंग्रेजी शब्दों के खूब इस्तेमाल से कोई फायदा नहीं होता, बल्कि एक तो हम भाषा के साथ घिनौना मजाक करते हैं। ऊपर से आपकी अधकचरी जानकारी की भी झलक मिल जाती है।

   जैसे–कोलम्बो में हल्की बारिश, **बैड लाइट** के चलते देरी की आशंका **फैशन और ग्लैमर** का शानदार **शो**।

2. कई चैनलों में राजनीतिक दलों के संक्षिप्त नाम केवल अंग्रेजी में लिखे जाते हैं। यहाँ BJP लिखा जाता है, भाजपा नहीं। SP लिखा जाता है, सपा नहीं। इसी तरह बसपा की जगह BSP, बीजद की जगह BJD लिखा जाता है। लेकिन सवाल ये है कि ऐसा लिखा जाना कहाँ तक जायज है। क्या वाकई BJP बोलना या लिखना आसान है भाजपा की जगह या फिर ऐसे ही दूसरे शब्दों का प्रयोग। जरा गौर करें तो ये साफ हो जाएगा कि हिन्दी के मिजाज के हिसाब से, न सिर्फ भाजपा लिखना BJP की तुलना में ज्यादा आसान है, बल्कि बोलना भी उतना ही सरल है। दूसरा ये कि BJP की तुलना में भाजपा ज्यादा लोकप्रिय है। खुद राजनीतिक दल के बड़े नेता भी भाजपाई अथवा कांग्रेसी ही कहलाते हैं। एक न्यूज चैनल की कुछ लाइनें उदाहरण के तौर पर दे रहा हूँ–
   'जीतेगी भाजपा हारेगा आतंक, भाजपा की वोट आतंक पर चोट।'–इस तरह के नारों से बीजेपी का चुनावी पोस्टर पटा पड़ा था। लेकिन जब वोटिंग मशीन से नतीजे सामने आने लगे तो बीजेपी मुँह के बल गिर पड़ी। उपरोक्त पंक्तियाँ भाजपा ने लोकसभा चुनाव, 2009 में स्लोगन के तौर पर इस्तेमाल की थीं। इस लाइन का तो एक चैनल के कार्यक्रम में भाजपा लिखकर ही इस्तेमाल कर लिया गया लेकिन जब आगे एंकर ने अपनी बात कहनी शुरू की तो उसमें बार-बार बीजेपी का जिक्र कर रहा था।
   वैसे क्यों बीजेपी की जगह भाजपा और बीजेडी की जगह बीजद आसान है। ये भी जरा देख लीजिए–
   भाजपा यानी भ + आ + ज + प + आ = 5 वर्ण
   बीजेपी यानी ब + ई + ज + ए + प + ई = 6 वर्ण
   सपा यानी स + प + आ = 3 वर्ण
   एसपी यानी ए + स + प + ई = 4 वर्ण
   बसपा यानी ब + स + प + आ = 4 वर्ण
   बीएसपी यानी ब + ई + ए + स + प + ई = 6 वर्ण
   बीजद यानी ब + ई + ज + द = 4 वर्ण
   बीजेडी यानी ब + ई + ज + ए + ड + ई = 6 वर्ण
   अब जरा खुद समझ लीजिए कि किस शब्द को बोलने में ज्यादा मेहनत की जरूरत है। यहाँ हिन्दी के शब्द ज्यादा आसान हैं या अंग्रेजी के।
3. बहुवचन शब्दों को लेकर भी हिन्दी का भारी नुकसान किया जा रहा है। जैसे–मैंने राजधानी ट्रेन के कई बर्थ्स बुक किए थे।
   सिंह इज किंग फिल्म के टिकेट्स ही नहीं मिल पा रहे हैं।

गर्ल्स हॉस्टल जा रहा हूँ।

इन तीन उदाहरणों में ध्यान देने योग्य बातें ये हैं कि कभी भी अंग्रेजी और हिन्दी के एकवचन और बहुवचन का रूप एक जैसा नहीं होता। खासकर जिस तरह से बर्थ्स, टिकेट्स या फिर गर्ल्स लिखे जाते हैं, उसमें व्याकरण सम्बन्धी भारी भूल है। पहली बात तो ये है कि कई के साथ भी बर्थ ही होगा। लेकिन अगर बर्थ को बहुवचन बनाना ही हो तो हिन्दी के मिजाज से ये बर्थों होगा, बर्थ्स नहीं। इसी तरह से कई टिकट या फिर टिकटों लिखेंगे, गर्ल्स की जगह लड़कियाँ या लड़कियों लिखेंगे।

4. कुछ जगह तो महज ककहरा मिलाने के लिए ही अंग्रेजी शब्दों का धड़ल्ले से इस्तेमाल करते हैं, जबकि न सिर्फ उसका हिन्दी शब्द उपलब्ध है, बल्कि वो आसान भी है। जैसे—मंकी की नौटंकी।
5. अंग्रेजी के आने की वजह से उच्चारण के मामलों में भी हिन्दी का बेड़ा गर्क हुआ है। हिन्दी की सबसे बड़ी विशेषता ये है कि इसमें जैसा लिखा जाता है, वैसा ही बोला जाता है। और जैसा बोला जाता है, वैसा ही लिखा जाता है। लेकिन अंग्रेजी में साइलेंट (PSHYCHOLOGY) रहने की प्रवृत्ति, उच्चारण में अलगाव (DO, GO) जैसी दिक्कतें सामान्य हैं। इसी का असर है कि हिन्दी के शब्द भी अलग-अलग तरीके से लिखे जाने लगे हैं। जैसे कहीं 'कालेज' लिखा जाता है तो कहीं 'कॉलेज'। इसी तरह 'पोस्टमार्टम' (पोस्टमॉर्टम) और 'फार्मूला' (फॉर्मूला, फॉर्म्यूला) को लेकर बहस है।

ये तो रही अंग्रेजी से दिक्कतवाली बात लेकिन कई बारगी अंग्रेजी हिन्दी की सहायक भाषा सिद्ध होती है। हिन्दी के जानकार इससे काफी-कुछ सीख सकते हैं। हिन्दी प्रवाहशील भाषा है, इसमें कोई दो मत नहीं। लेकिन जिस तरह से अंग्रेजी भाषा में आधुनिक ज्ञान-विज्ञान की चीजों का विकास हुआ है, इससे अंग्रेजी की दुनिया बड़ी हुई है। अंग्रेजी का शब्द-संसार भी व्यापक हुआ है। जाहिर है, हिन्दी या दुनिया की दूसरी भाषाओं को अंग्रेजी से काफी कुछ मिला है। जरा खुद देखिए कि क्यों आज के समय में बिना अंग्रेजी शब्दों की मदद लिये हिन्दी का काम नहीं चल सकता।

1. कई शब्द तो ऐसे हैं, जो अंग्रेजी में ही न सिर्फ अच्छे लगते हैं, बल्कि वो सरल हैं और उनका कोई विकल्प भी नहीं है। जैसे—कम्प्यूटर और आईटी की दुनिया से जुड़े ज्यादातर शब्द।
2. कई जगह मजबूरी में अंग्रेजी का इस्तेमाल करते हैं। जैसे Swim के लिए भले ही आप तैरना लिखें लेकिन स्वीमिंग पूल (Swimming pool) की जगह क्या लिखेंगे?

3. कई बारगी अंग्रेजी और हिन्दी के शब्द ऐसे घुल-मिल गए हैं कि कुछ भी लिख लें, एक ही जैसा लगता है। जैसे रोड या सड़क, हॉस्पिटल या अस्पताल। हालाँकि ऐसी स्थितियों में भी हमें हिन्दी के शब्द को ही तवज्जो देनी चाहिए।
4. कई शब्द ऐसे हैं, जिनके हिन्दी और अंग्रेजी दोनों रूप प्रचलन में हैं लेकिन समय के साथ अंग्रेजी रूप का इतना इस्तेमाल हुआ कि अब हिन्दी के शब्द ही भारी लगने लगे हैं। जैसे रिकॉर्ड और कीर्तिमान। अब तो कीर्तिमान भारी शब्द लगने लगा है, जबकि रिकॉर्ड सुनने में ज्यादा आसान लगता है।
5. कानून, कचहरी और संविधान से जुड़े ज्यादातर शब्द अंग्रेजी में ही लिखने चाहिए। इसकी सबसे बड़ी वजह हमारे देश का कानून है। सुप्रीम कोर्ट और हाई कोर्ट की आधिकारिक भाषा अब भी अंग्रेजी है। संविधान में किसी भी व्याख्या को लेकर कोई परेशानी होती है तो अंग्रेजी में लिखे हुए टेक्स्ट ही मानक माने जाते हैं।

साफ है, अंग्रेजी दोस्त है तो इससे ज्यादा दोस्ती घातक भी है। घातक इसलिए क्योंकि इसका ज्यादा इस्तेमाल आपके मातृभाषाहीन अस्तित्व पर ही सवाल खड़े कर देगा। इसलिए समझदारी ये है कि आप ज्यादा-से-ज्यादा हिन्दी के शब्दों को इस्तेमाल में लाने की कोशिश करें। एक बात और, कोई भी शब्द आसान या कठिन नहीं होता। बस इस्तेमाल करने की जरूरत है, वरना संस्कृत के एक-एक शब्द पर नाक-मुँह सिकोड़नेवाले ये क्यों नहीं सोचते कि संस्कृत ने एक मुकम्मल भाषा का रूप कैसे ले लिया।

पैकेज की शुरुआत कैसे करें

पैकेज की भाषा के बारे में बात करने से पहले बता दें कि टीवी न्यूज चैनलों में 'पैकेज' किसे कहते हैं। पैकेज एक मुकम्मल स्टोरी को कहते हैं, जिसे एक रिपोर्टर फील्ड में जाकर कवर करता है। फिर उसे ऑफिस में लाकर तैयार करता है। उस स्टोरी में रिपोर्टर की पीटीसी होती है, वॉयस ओवर होता है और लोगों के रिएक्शन भी शामिल होते हैं। वैसे, बिना पीटीसी और रिएक्शन के भी पैकेज बनते हैं लेकिन वो खास परिस्थितियों में ही। सामान्य शब्दों में कहें तो न्यूज रीडर के कहने के बाद, जो चीजें स्टोरी के तौर पर टीवी स्क्रीन पर चलती हैं, वही पैकेज है। एक पैकेज बनाने में प्रोडक्शन टीम का भी अहम रोल होता है।

इस किताब में मैंने भाषा सम्बन्धी जितनी भी बातें की हैं, वो सभी पैकेज के लिए भी लागू होती हैं। लेकिन इस लेख में खास तौर पर पैकेज की शुरुआत पर प्रकाश डालूँगा क्योंकि भाषा के लिहाज से ये एक खास चीज है। इससे आपकी स्टोरी पर असर पड़ता है, जिससे दर्शकों पर भी प्रभाव पड़ता है। पैकेज की शुरुआत करने के कई तरीके हैं। हर स्टाइल को आप इस्तेमाल कर सकते हैं लेकिन कई बारगी परिस्थितियाँ ऐसी होती हैं कि आप एक खास स्टाइल में ही अपने पैकेज की शुरुआत करें, तभी वो दमदार होता है।

पहला तरीका–पैकेज को शुरू करने का एक सामान्य तरीका ये है कि सीधे खबर बताते हुए ही लिखें, बिना किसी विशेषण और भाव के। मसलन, अगर मुम्बई में लोकल ट्रेन के दो हजार ड्राइवर आज हड़ताल पर हैं तो आप सीधा लिख सकते हैं कि 'आज मुम्बई में लोकल ट्रेनें नहीं चलेंगी। दरअसल लोकल ट्रेन के दो हजार ड्राइवर आज हड़ताल पर हैं।'

दूसरा तरीका–दूसरा तरीका थोड़ा सनसनीखेज है। इसमें विशेषण और भाव महत्त्वपूर्ण हो जाते हैं। इस तरीके में खबर से ज्यादा बड़ा हो जाता है उसका असर। मसलन, अगर ऊपर की ही खबर को लिखा जाए तो आप कुछ इस तरह से लिखेंगे–

– 'आज मुम्बई थम जाएगी, मायानगरी पर लगेगा ब्रेक, मुम्बई के लोग रहें होशियार क्योंकि आज लाइफ-लाइन पर लगेगा ब्रेक, लोकल रेल के 2000 ड्राइवर आज कर रहे हैं हड़ताल।'

तीसरा तरीका–पैकेज की शुरुआत का तीसरा तरीका है तसवीर। मसलन, अगर हड़ताल है तो जाहिर है, लोगों की भारी भीड़ जमा होगी और ट्रेनें कहीं भी नहीं चल रही हैं, सभी जगह खड़ी ट्रेनों की तसवीरें मिलेंगी। ऐसी स्थिति में आप तसवीरों को दिखाकर कह दीजिए, 'ये है दौड़ती-भागती मुम्बई की तसवीर, जिस पर आज ब्रेक लग चुका है।'

वैसे आपको एक बात बता दूँ कि इस तरीके का इस्तेमाल तभी करें, जब आपके पास बहुत ही बढ़िया तसवीरें हों। उदाहरण के तौर पर, कई ऐसी घटनाओं में आप तसवीरों के सहारे ही पैकेज की शुरुआत कर सकते हैं, जैसे–हंगामा प्रदर्शन की खबर, भूकम्प, बाढ़, मारपीट, गोलीबारी, युद्ध, संसद या विधानसभा में झड़प, पुलिस की कोई ज्यादती।

चौथा तरीका–पैकेज शुरू करने का चौथा तरीका है, बाइट से खोलना। मसलन, अगर ट्रेनें बन्द हैं तो लोग परेशान होंगे और गुस्से में लोगों की प्रतिक्रिया बहुत तीखी होगी। ऐसे में, कुछ लोगों की बाइटें बैक-टू-बैक लगाइए और फिर पैकेज की शुरुआत कीजिए। इसमें आप लिख सकते हैं, 'ये है आम मुम्बईकर का गुस्सा, जो सरकार के प्रति अपनी नाराजगी जता रहे हैं।'

पाँचवाँ तरीका–पैकेज शुरू करने का पाँचवाँ तरीका है, ग्राफिक्स से। इसमें मोटे-मोटे अक्षरों में किसी घटना की बड़ी-बड़ी बातें लिख दीजिए। मसलन–

– मुम्बई में लोकल ट्रेनें बन्द
– 2 हजार ड्राइवर हड़ताल पर
– 5 लाख मुम्बई के यात्री परेशान
– सरकार की तमाम कोशिशें नाकाम

लेकिन ये तरीका वहाँ बिलकुल भी इस्तेमाल न करें, जहाँ पर आपके पास बहुत अच्छी तसवीरें हों। इसका इस्तेमाल वहीं करें, जहाँ पर खबर बहुत बड़ी हो लेकिन आपके पास अच्छी तसवीरें न हों। इससे आपकी खबर में वजन आएगा और दर्शक बड़ी आसानी से इसे नोटिस करेंगे।

ये तो हुई पैकेज की शुरुआत करने की बात। इसी चैप्टर में मैं आपको पैकेज सम्बन्धी कई उदाहरण और भी दे रहा हूँ। इसे देखकर आप समझ सकते हैं कि पैकेज की भाषा कैसी होनी चाहिए। कैसे पैकेज की शुरुआत करनी चाहिए। राजनीतिक स्टोरी, क्राइम स्टोरी, फिल्मी स्टोरी और दूसरी तरह की स्टोरी में पैकेज की भाषा कैसी होनी चाहिए।

(नोट–आगे दिए जा रहे उदाहरणों में मैंने कई जगह बीच-बीच में पूर्ण विराम या कोमा लगाने की जगह कुछ बिन्दियाँ डाल दी हैं। इसका अर्थ ये हुआ कि उस दौरान आपको थोड़ी देर तक सिर्फ विजुअल दिखाने हैं, कोई वॉयस ओवर नहीं जाएगा। इसका एक पहलू ये भी हो सकता है कि उस दौरान ठहराव होने के बावजूद बात समाप्त नहीं होती है, बल्कि जारी है। इस चिह्न के माध्यम से हम यही दिखाते हैं।)

उदाहरण नम्बर-1

16 नवम्बर, 2008 को जब दिल्ली में विधानसभा चुनाव का समय था, उस समय बीजेपी की तरफ से मुख्यमंत्री पद के उम्मीदवार विजय कुमार मल्होत्रा पर आरोप था कि वो नामांकन दाखिल करते समय पूरी भीड़ को लेकर गए थे। ये चुनावी आचार-संहिता का उल्लंघन है। इस मामले में चुनाव आयोग ने उन्हें नोटिस भेजा था। इसका जवाब उन्होंने दिया, जिस पर आयोग सन्तुष्ट नहीं है। अब इसे जरा टीवी के पैकेज के तौर पर देखें।

स्टोरी–मल्होत्रा की मुश्किल

रिपोर्टर–कखग

लोकेशन–दिल्ली

फीड आईडी–1611 DELMALHOTRA RAW (विजुअल को जिस नाम से सर्वर में इंजेस्ट किया जाता है उसे 'फीड आईडी' कहते हैं। दरअसल जब रिपोर्टर किसी घटना को कवर करता है तो कैमरामैन उसी हिसाब से विजुअल को अपने कैमरे में कैद करता है। फिर एडिटिंग के लिए उसे जिस नाम से सर्वर के जरिए कम्प्यूटर में लाया जाता है, इसे ही 'फीड आईडी' कहा जाता है। फीड आईडी का नाम मुख्यतया लोकेशन और घटना से जुड़ा होता है। सबसे पहले इसमें तारीख लिखी होती है। इसके बाद महीना, फिर जगह को संक्षिप्त में लिखते हैं और उसके बाद स्टोरी को बहुत ही छोटे रूप में लिखते हैं। इसके बाद RAW लिखा जाता है। इसका मतलब ये हुआ कि अभी ये 'ओरिजिनल फुटेज' है। जब इसे एडिट कर दिया जाता है, तब इसी का नाम होगा 1611 DELMALHOTRA PKG)।

एंकर–दिल्ली बीजेपी की तरफ से मुख्यमंत्री पद के उम्मीदवार विजय कुमार मल्होत्रा की मुश्किलें बढ़ सकती हैं। खबर है कि चुनाव आयोग मल्होत्रा के जवाब से असन्तुष्ट है। दरअसल नामांकन दाखिल करते समय चार से ज्यादा लोगों के साथ रिटर्निंग ऑफिसर के कमरे में जाने पर, उन्हें जो नोटिस भेजा गया था, उसी मामले में उन्होंने सफाई दी थी।

पैकेज

ओपनिंग बाइट–वी.के. मल्होत्रा, नेता, बीजेपी (मैंने कोई कोड ऑफ कंडक्ट का उल्लंघन नहीं किया है–)

वॉयस ओवर–1...बीजेपी नेता वी.के. मल्होत्रा का ये जवाब है चुनाव आयोग को। आयोग उनकी सफाई से असन्तुष्ट हो तो हुआ करे, उन्हें कोई फर्क नहीं पड़ता। मल्होत्रा का कहना है कि नामांकन के वक्त उन्होंने, आचार संहिता का उल्लंघन नहीं किया। वो ये भी कहते हैं कि रिटर्निंग ऑफिसर के कमरे में उनके साथ सिर्फ तीन लोग थे।

बाइट–वी.के. मल्होत्रा, नेता, बीजेपी (मल्होत्रा बताते हुए कि उनके साथ कौन-कौन कमरे में गए थे।)

वॉयस ओवर–2...(टू विंडो बाइट फ्रेम के साथ नामांकन के विजुअल दिखाएँ।)

मगर अब हम दिखाते हैं, मल्होत्रा का सफेद झूठ। देखिए बाईं तरफ की ये तसवीरें। देखिए सुषमा स्वराज, अरुण जेटली, डॉक्टर हर्षवर्धन, विजय गोयल, ओम प्रकाश चौटाला, प्रकाश सिंह बादल। ये तो हुए छह बड़े नेता। इनके अलावा भी देखिए, कितनी भीड़ मल्होत्रा को नामांकन भरने पर बधाई दे रही है। मगर मल्होत्रा साहब अब भी इस बात पर डटे हुए हैं कि उनके साथ सिर्फ तीन लोग थे। तो क्या ये तसवीरें झूठ बोल रही हैं! कम-से-कम वी.के. मल्होत्रा को तो ये तसवीरें झूठी ही लग रही हैं।

रिपोर्टर की पीटीसी–(रिटर्निंग ऑफिसर के कमरे में चार से ज्यादा लोगों के ले जाने के मामले में भले ही चुनाव आयोग ने मल्होत्रा को नोटिस भेजा हो लेकिन आयोग इससे पहले ही ग्रेटर कैलाश के रिटर्निंग ऑफिसर, एक एसीपी और एक सब इंस्पेक्टर का तबादला कर चुका है। अब मल्होत्रा का क्या होता है, ये देखना दिलचस्प होगा।)

कखग, न्यूज चैनल का नाम, दिल्ली (पीटीसी के आखिर में रिपोर्टर, हमेशा अपना नाम, चैनल का नाम और जगह के बारे में बताएगा।)

उदाहरण नम्बर-2

जम्मू-कश्मीर में पहले चरण के वोट डाले जाने हैं। हुर्रियत कॉन्फ्रेंस ने चुनाव बहिष्कार का ऐलान किया है। उसके ठीक एक दिन पहले स्टोरी चलाई जानी है। ये 16 नवम्बर, 2008 की घटना है। जरा स्क्रिप्ट पर नजर डालिए।

स्टोरी–चुनाव आयोग की चुनौती

रिपोर्टर–कखग

लोकेशन–श्रीनगर

फीड आईडी–1611 SRIELECTION RAW

एंकर–जम्मू-कश्मीर में इस वक्त भले ही बर्फबारी हो रही हो, मगर चुनावी पारा चढ़ चुका है। यहाँ पहले चरण में दस विधानसभा सीटों के लिए वोट डाले जाएँगे। हालाँकि अलगाववादी हुर्रियत कॉन्फ्रेंस ने चुनाव बहिष्कार का ऐलान किया है।

पैकेज

ग्राफिक्स इन

जम्मू-कश्मीर में पहले चरण का चुनाव

10 सीटों के लिए होगी वोटिंग

102 उम्मीदवारों की किस्मत का फैसला

मगर अलगाववादियों ने किया है बहिष्कार

एक और परेशानी दे रही है दस्तक

चुनावी मौसम में जबर्दस्त बर्फबारी

डाल सकती है रुकावट

ग्राफिक्स आउट

वॉयस ओवर–1...क्या जम्मू-कश्मीर पहले चरण के चुनाव के लिए पूरी तरह तैयार है? ये सबसे बड़ा सवाल है...वजह साफ-सी है–ये तसवीरें देखिए–(बर्फबारी के विजुअल 10 सेकेंड) क्या ऐसे मौसम में मतदाता वोट डालने निकलेंगे। मान लीजिए, बर्फबारी थम भी जाए तो अलगाववादियों के बहिष्कार के आगे सिर उठाने की हिम्मत कितने लोग जुटा पाएँगे? इन सब सवालों के बावजूद प्रशासन का दावा है कि वो चुनाव के लिए पूरी तरह तैयार हैं।

बाइट–कुलदीप खुडा, डीजीपी, जम्मू-कश्मीर।

(दस विधानसभा क्षेत्रों में चुनाव होने हैं 17 नवम्बर को और हर जगह चुनाव प्रचार शान्ति से खत्म हुआ। हालाँकि मौसम कल बर्फबारी की वजह से ठीक नहीं रहा लेकिन हमारी पोलिंग पार्टी समय के मुताबिक हर जगह तैयार है।)

वॉयस ओवर–2...जिन 10 सीटों पर पहले चरण में वोट डाले जाने हैं।

मैप ग्राफिक्स इन

उनमें कश्मीर घाटी में–गुरेज, बाँदीपुरा और सोनवाड़ी

लद्दाख इलाके में–नोबरा, लेह, करगिल और जंस्कर

जम्मू इलाके में–सुरनकोट, मेंधार और पुंछ हवेली शामिल हैं–

मैप ग्राफिक्स आउट

रिपोर्टर मिड पीटीसी–कुल मिलाकर जम्मू-कश्मीर की चुनावी नब्ज पहले चरण के मतदान से ही नापी जाएगी क्योंकि एक तरफ अलगाववादी नेताओं का चुनावी बहिष्कार तो दूसरी तरफ मौसम की बेरुखी...देखा जाए तो चुनाव आयोग के लिए ये इम्तिहान की घड़ी है।

वॉयस ओवर–3...सबसे ज्यादा नजरें होंगी बाँदीपुरा और सोनवाड़ी पर, जो अलगाववादियों के गढ़ माने जाते हैं। यहाँ नेशनल कॉन्फ्रेंस और पीडीपी के बीच सीधी टक्कर है।

बाइट–महबूबा मुफ्ती, अध्यक्ष, पीडीपी

(जितने लोग भी निकलेंगे वोट डालने के लिए, वो पोटा टास्क फोर्स और जो ज्यादतियाँ हुई हैं, उसी के खिलाफ वोट डालेंगे और साथ ही पीडीपी ने जो समाधान दिया है कश्मीरियों के लिए, उसी के लिए हमारा साथ देंगे)

वॉयस ओवर–4...पुंछ की तीन सीटों पर नेशनल कॉन्फ्रेंस का कब्जा है लेकिन इस बार कांग्रेस उसे कड़ी चुनौती दे रही है।

पीटीसी–कुल मिलाकर जम्मू-कश्मीर के पहले चरण के चुनाव में कई जंग देखने को मिलेंगी। चुनाव आयोग की मौसम और अलगाववादियों से तो दूसरी तरफ नेशनल कॉन्फ्रेंस, पीडीपी और कांग्रेस के बीच की जंग। चुनाव चाहे जो भी पार्टी जीते...लेकिन सबकी यही इच्छा है कि कम-से-कम सूबे में लोकतंत्र जीते।

कखग, न्यूज चैनल का नाम, श्रीनगर।

उदाहरण नम्बर-3

छत्तीसगढ़ विधानसभा चुनाव की तैयारियाँ चल रही हैं। कांग्रेस की तरफ से मुख्यमंत्री पद के उम्मीदवार अजीत जोगी अकेले मैदान में डटे हैं। बाकी कांग्रेसी नेता उनसे किनारा कर चुके हैं। इस समय जोगी घायल होने की वजह से चल नहीं पा रहे थे और बैसाखी या फिर व्हील चेयर के सहारे मतदाताओं तक जाते थे। 2008 में विधानसभा चुनाव के दौरान की एक स्क्रिप्ट देखिए–

स्टोरी का नाम–अजीत जोगी पड़े अकेले

रिपोर्टर का नाम–कखग

लोकेशन–मुंगेली, कोटा

फीड आईडी–1311 MUNGELIJOGI RAW

एंकर–छत्तीसगढ़ में दूसरे दौर के चुनाव में सबसे ज्यादा नजरें, अजीत जोगी पर टिकी हैं...जो इन दिनों बस एक ही गाना गुनगुना रहे हैं...अकेले हैं तो क्या गम है...

कांग्रेस की तरफ से मुख्यमंत्री पद के सबसे बड़े दावेदार वही हैं...लेकिन चुनाव प्रचार में एकदम अकेले...साथ मिल रहा है तो बस पत्नी का, जो खुद कोटा से अपनी किस्मत आजमा रही हैं।

पैकेज

ओपनिंग बाइट–अजीत जोगी–(स्थानीय भाषा में भीड़ को सम्बोधित करते हुए–मशीन का बटन दबाओगे तो बोलेगी पेंएंएंएंएंएंएएंएंएंएंएं और लबरा राजा (रमन सिंह) का राज गेंएंएंएंएंएं)

वॉयस ओवर–1...सियासी दुश्मन रमन सिंह को अपने खास अन्दाज में लताड़ते ये हैं, अजीत जोगी। वो जल्द-से-जल्द अपने पैरों पर खड़े होना चाहते हैं और उनके मुताबिक इसका इलाज है–छत्तीसगढ़ चुनाव में फतेह। जीत के लिए छत्तीसगढ़ का ये पहला मुख्यमंत्री, अपनी व्हील चेयर पर प्रचार में जुटा है–लेकिन अकेला–

(गाने का एम्बिएंस लगाएँ–कयामत से कयामत तक फिल्म के गाने का–'अकेले हैं तो क्या गम है' की चार लाइनें...चाहे तो हमारे बस में क्या नहीं–बस एक जरा साथ हो तेरा–(यहाँ तक गाना लगाइए)

लेकिन छत्तीसगढ़ में कांग्रेसी साथ नहीं...छिटके हुए हैं...उनके बीच खिंचाव साफ दिखता है...पर जोगी इस पर ज्यादा बात नहीं करना चाहते।

बाइट–अजीत जोगी–(कल राजशेखर रेड्डी आए थे...कई मंत्री आए थे... **सवाल–**लेकिन राज्य के कांग्रेसी नेता नहीं दिखते आपके साथ...**जवाब–**सबको अपना-अपना काम मिला है–)

वॉयस ओवर–2...सूबे में कांग्रेस के दूसरे बड़े नेता प्रचार तो कर रहे हैं...पर अपने इलाके में या अपने रिश्तेदारों के इलाकों में...।

ग्राफिक्स इन

दिग्गज कांग्रेसी नेता मोती लाल वोरा सिर्फ अपने बेटे अरुण वोरा की चुनावी सीट 'दुर्ग' तक ही सिमटे रहे, वहीं छत्तीसगढ़ विधानसभा में विपक्ष के नेता महेन्द्र कर्मा अपनी सीट 'दंतेवाड़ा' तक। इन दोनों इलाकों में चुनाव 14 नवम्बर को हो चुके हैं...लेकिन अब भी ये नेता बाकी इलाकों में प्रचार नहीं कर रहे हैं।

ग्राफिक्स आउट

खास बात ये है कि दिन भर में 10-10 सभाएँ कर रहे जोगी भी, इनके प्रचार में नहीं गए। वैसे कांग्रेसी दिग्गजों की बेरुखी झेल रहे मुख्यमंत्री पद के दावेदार अजीत जोगी को साथ मिल रहा है अपनी पत्नी रेनु जोगी का...(यहाँ फिर आगे का गाना लगाइए...'तेरे तो हैं हम, कब से सनम–अकेले हैं तो क्या गम है।')

रेनु जोगी ने अपने पति की सीट मरवाही और अपनी सीट कोटा पर प्रचार की कमान खुद सँभाल ली है।

बाइट–रेनु जोगी, अजीत जोगी की पत्नी–लोगों के एक गुट से बात करते हुए (ये अजीत जोगी का घर है। वो कहते हैं कि बाकी 88 सीटों पर काम है, इसलिए यहाँ नहीं आ पाएँगे। आप लोगों को जीत पक्की करनी है।)

वॉयस ओवर–4...छत्तीसगढ़ में जोगी की लड़ाई अब दोहरी हो चुकी है...जोगी वर्सेस रमन सिंह और जोगी वर्सेस कांग्रेस के दिग्गज नेता...ऐसे में अगर जोगी सूबे में कमल को मुरझाने में सफल रहे तो सिर्फ अजीत जोगी के हाथ मजबूत होंगे–यानी मुख्यमंत्री पद की दावेदारी में वो सबसे आगे होंगे।

पीटीसी–(जोगी कांग्रेस की दौलत भी हैं और गले पड़ा ढोल भी। दौलत इसलिए कि छत्तीसगढ़ में उनके बराबर भीड़ जुटानेवाला नेता दूसरा नहीं और ढोल इसलिए कि वो खुद को कभी-कभी पार्टी से बड़ा समझने लगते हैं। जो भी हो लेकिन मौजूदा चुनाव में तो नैया पार लगाने के लिए कांग्रेस को, इसी विवादित और लोकप्रिय नेता का आसरा है।)

कखग, न्यूज चैनल का नाम, सांगली।

उदाहरण नम्बर-4

फरवरी के मध्य में 2009 की बात है, जब लोकसभा चुनाव की तैयारियाँ बड़ी जोर-शोर से चल रही थीं। उसी समय कांग्रेस और समाजवादी पार्टी के बीच गठबन्धन की चर्चा भी जोरों पर थी। उस समय दोनों पार्टी के नेता अपने लिए ज्यादा सीटें लेने के लिए पहले से ही बयानबाजी में लगे हुए थे। एक दिलचस्प राजनीतिक स्क्रिप्ट देखिए–

स्टोरी–अमर और दिग्विजय की सियासी जंग

रिपोर्टर–कखग

लोकेशन–लखनऊ, दिल्ली

फीड आईडी–1202 LKOAMAR RAW

1202 DELDIGVIJAY RAW

एंकर–ये कहानी है, अमर सिंह और दिग्विजय सिंह की। बिना एक-दूसरे को कोसे इनका खाना हजम नहीं होता। साथ हैं भी और दूर होने का बहाना भी ढूँढ़ लेते हैं। कभी कल्याण सिंह के मुद्दे पर तो कभी सीट शेयरिंग पर। आज तो अमर सिंह का पारा फिर चढ़ गया। दिग्विजय पर बरस पड़े। कहा, कांग्रेस और एसपी के बीच तालमेल में सबसे बड़ा विलेन कोई है तो वो दिग्विजय हैं।

पैकेज

वॉयस ओवर–1...अमर सिंह एक बार फिर से दिग्विजय सिंह पर फट पड़े। सीटों के बँटवारे पर आज-कल में मामला सुलट जाना था, मगर इस मुद्दे पर दोनों पार्टियों के बीच तनातनी बरकरार है। अमर सिंह की मानें तो कांग्रेस और एसपी के तालमेल में सबसे बड़ा रोड़ा दिग्विजय सिंह हैं।

बाइट–अमर सिंह (अगर ये रिश्ते खराब हुए तो इसके लिए दिग्विजय सिंह जैसे नेता ही जिम्मेदार होंगे)

वॉयस ओवर–2...दरअसल कांग्रेस और समाजवादी पार्टी के बीच इस तल्खी की खास वजह कुछ चुनिन्दा सीटें हैं...जिन पर दोनों ही पार्टियाँ अपना-अपना हक जता रही हैं।

ग्राफिक्स इन

यूपी की कुल 80 सीटों में एसपी ने एकतरफा तौर पर 58 सीटों पर उम्मीदवारों का ऐलान कर दिया है लेकिन एसपी कांग्रेस को पन्द्रह सीटों से ज्यादा नहीं देना चाहती। इसमें 9 पर कांग्रेस के सिटिंग एमपी हैं और पिछले चुनाव में 6 सीटों पर कांग्रेस दूसरे स्थान पर थी। लेकिन कांग्रेस कुछ वो सीटें भी माँग रही है, जिस पर एसपी अपने उम्मीदवार उतार चुकी है। ये सीटें हैं–सलेमपुर, रामपुर, गोंडा, फतेहपुर सीकरी, उन्नाव, बाराबंकी और इलाहाबाद। इसके अलावा कांग्रेस प्रतापगढ़ और फर्रूखाबाद भी माँग रही है, जिस पर एसपी के सिटिंग एमपी हैं लेकिन अब तक एसपी ने ये सीटें खाली छोड़ रखी हैं।

ग्राफिक्स आउट

वैसे दिग्विजय तो कह ही चुके हैं कि कांग्रेस कटोरा लेकर सीटें नहीं माँगेंगी, यानी कांग्रेस भी अपनी माँगों पर समझौता करने के मूड में नहीं।

बाइट–दिग्विजय सिंह (अमर सिंह के बारे में कुछ नहीं कहूँगा। उनका विशेषाधिकार है, जो चाहें, कहें।)

वॉयस ओवर–3...कांग्रेस कुछ सीटों पर दोस्ताना मुकाबले के लिए भी पूरी तरह से तैयार है। इसके लिए उसने अपने कई उम्मीदवारों को प्रचार की हरी झंडी भी दे दी है। यानी, अब आएगा मजा।

पीटीसी–(आप यूँ समझ लीजिए कि कांग्रेस और एसपी दोनों ही एक रस्से को अपनी-अपनी दिशा में खींच रहे हैं। दोनों को मालूम है कि अगर रस्सा टूटा तो दोनों ही धड़ाम से गिर पड़ेंगे। अब यही रणनीति है कि एक-दूसरे के करीब आने से पहले अपने हिस्से की पूरी मलाई बटोर ली जाए।)

लखनऊ से कखग के साथ कखग, न्यूज चैनल का नाम, दिल्ली।

उदाहरण नम्बर-5

लोकसभा चुनाव के वक्त फरवरी, 2009 में जब लोकसभा का आखिरी सत्र चल रहा था तो सभी राजनीतिक दल के नेता अपनी ही बात रखने में लगे थे। ऐसे में कोई भी काम ढंग से नहीं हो पा रहा था। इस पर एक बार गुस्से से लोकसभा स्पीकर सोमनाथ चटर्जी बिफर पड़े। उस समय की एक स्क्रिप्ट देखिए–

स्टोरी–भड़क गए सोमनाथ

रिपोर्टर–कखग

लोकेशन–लोकसभा, दिल्ली

फीड आईडी–0202 LOKSABHA RAW

एंकर–लोकसभा स्पीकर सोमनाथ चटर्जी को गुस्सा क्यों आता है। पिछले पाँच सालों में ये सवाल बार-बार उठा लेकिन लोकसभा में सांसदों के रवैये को देखकर हमेशा ये ही लगा कि सोमनाथ दा का गुस्सा जायज है। अपने सियासी करियर के आखिरी पड़ाव पर सोमनाथ दा अपने को काफी बेबस पाते हैं। मौजूदा लोकसभा के आखिरी सत्र में भी कुछ सांसद अपने हेडमास्टर की गुड-बुक्स में नहीं आ पाए।

पैकेज

वॉयस ओवर–1...प्रश्न काल शुरू ही हुआ था...स्पीकर सोमनाथ चटर्जी ने अपनी कुर्सी सँभाली ही थी कि तभी टीडीपी सांसद येरन नायडू ने अचानक सत्यम का मुद्दा छेड़ दिया। स्पीकर सोमनाथ चटर्जी ने बहुत समझाया कि प्रश्न काल के बाद आपको समय दिया जाएगा, मगर नायडू अड़े रहे। सोमनाथ दा से बर्दाश्त नहीं हुआ। वो बमक पड़े।

बाइट–सोमनाथ चटर्जी (भड़ककर बोलते हुए–शान्त होकर बैठ जाइए, सदन का समय खराब मत कीजिए, पूरा देश आपको देख रहा है।)

वॉयस ओवर–2...सदन में सोमनाथ दा की छवि स्कूल हेडमास्टर जैसी है। उनके सामने सांसद स्कूली बच्चों जैसे हैं। हाथ में छड़ी नहीं तो क्या...संसद के इस पुराने योद्धा को सदन की गरिमा बनाए रखने का पुराना तजुर्बा है और यही पाठ वो अपने स्टूडेन्ट्स को भी सिखाते रहते हैं। गुरुवार को भी तो कुछ ऐसा ही हुआ था। सदन में हल्ला कटा था। कुछ सांसद वेल में घुस आए थे। सोमनाथ दा ने बहुत समझाया। फिर भी जब शोर बन्द नहीं हुआ तो उनके गुस्से का बाँध टूट गया और उन्होंने सांसदों की क्लास ले ली।

बाइट–सोमनाथ चटर्जी की कल की बाइट लगाइए। (भगवान करे आप हार जाओ।)

वॉयस ओवर–3...सदन में पिछले पाँच सालों में ऐसे दर्जनों मौके आए, जब सरकार और विपक्ष के टकराव के चलते सदन की कार्यवाही ठप पड़ी रही। कभी-कभी तो कई दिनों तक सदन एक घंटे से ज्यादा नहीं चला। स्थगित पर स्थगित होता रहा। स्पीकर की डांट-फटकार का सांसदों पर कोई असर नहीं पड़ा।

ग्राफिक्स इन

–पिछले पाँच सालों में लोकसभा के कुल तेरह सत्र हुए, यानी घंटों में बात करें तो एक हजार सात सौ बत्तीस घंटों की बैठक लेकिन सांसदों के हो-हल्ले की वजह से करीब चार सौ सोलह घंटे बर्बाद हुए...लोकसभा के एक मिनट की बैठक में छब्बीस हजार रुपए खर्च होते हैं...यानी सांसदों के हो-हल्ले की वजह से आम जनता के करीब पैंसठ करोड़ रुपए बर्बाद हुए।

ग्राफिक्स आउट

बाइट–सोमनाथ–पब्लिक मनी वेस्ट हुआ–आपको एलाउंस नहीं मिलना चाहिए।

वॉयस ओवर–4...ये मौजूदा लोकसभा का आखिरी सत्र है। अगले हफ्ते सोमनाथ दा आखिरी बार स्पीकर की कुर्सी पर नजर आएँगे और शायद सदन में भी...क्योंकि वो अब इलेक्शन न लड़ने का ऐलान कर चुके हैं। लेकिन उनके दिल में ये टीस बनी रहेगी कि कोशिशों के बावजूद, उनके स्टूडेंट्स संसदीय मर्यादा का पाठ नहीं सीख सके।

कखग, न्यूज चैनल का नाम, दिल्ली।

उदाहरण नम्बर-6

हर साल पन्द्रह अगस्त को स्वतंत्रता दिवस मनाया जाता है। आतंकी हमलों के खतरे को देखते हुए सुरक्षा के कड़े इन्तजाम किए जाते हैं। ऐसे समय में देर रात रिपोर्टर दिल्ली के अलग-अलग हिस्सों में जाकर सुरक्षा स्थिति को देखता है और बिना बाइट के एक स्टोरी फाइल करता है। ये स्टोरी 15 अगस्त की सुबह चलनी है, जब प्रधानमंत्री का भाषण न हुआ हो। तब की एक स्क्रिप्ट देखिए–

स्टोरी–आसमान से जमीन तक कड़ी सुरक्षा

रिपोर्टर–कखग

लोकेशन–दिल्ली

फीड आईडी–1508 DELSECURITY RAW

एंकर–स्वतंत्रता दिवस, यानी आज के लिए दिल्ली पुलिस ने सुरक्षा के पुख्ता इन्तजाम किए हैं...पुलिस ने राजधानी के साथ-साथ दिल्ली की सीमाओं के आसपास भी सुरक्षा के खास इन्तजाम किए हैं। साथ ही, आज लाल किले की तरफ जानेवाले रास्तों को भी बदला गया है।

पैकेज

वॉयस ओवर–1...दिल्ली के हर कोने में हथियारबन्द, चौकस और सतर्क सुरक्षाकर्मी... किसी भी खतरे से निपटने के लिए तैनात...हर सन्दिग्ध पर इनकी कड़ी नजर है। 14 तारीख की रात जब हमारी टीम दिल्ली की सड़कों पर निकली तो हर जगह यही नजारा दिखाई दे रहा था। दिल्ली की सीमा में घुसते ही हमारी गाड़ी को भी रोक लिया गया–

रिपोर्टर पीटीसी–इस समय हम हैं दिल्ली-यूपी की सीमा पर। यहाँ आनेवाली हर गाड़ी की गहन तलाशी ली जा रही है। हर शख्स से उसकी पहचान पूछी जा रही है...किसी सन्दिग्ध को देखकर, बिना तलाशी और जाँच के आगे नहीं जाने दिया जा रहा है।

वॉयस ओवर–2...यही हाल दिल्ली से सटे दूसरे राज्यों की सीमाओं पर है। हर जगह पुलिसकर्मी तैनात हैं और सघन चेकिंग की जा रही है। यही नहीं, दिल्ली में हर सन्दिग्ध पर नजर रखने के लिए तमाम भीड़-भाड़वाले बाजारों में सीसीटीवी कैमरे लगाए गए हैं। प्रमुख स्थानों से लेकर बाजारों तक में स्वतंत्रता दिवस पर राजधानी की सड़कों पर एक लाख से ज्यादा जवान सुरक्षा के लिए तैनात हैं। दिल्ली की सड़कों पर पूरी रात ये जैमर घूमते रहे...जबकि पुलिस और अर्धसैनिक बलों के जवानों से लेकर खुफिया विभाग के लोग पूरी रात चौकसी करते नजर आए। दिल्ली के अलग-अलग इलाकों का दौरा करने के बाद हम पहुँचे लाल किला–

रिपोर्टर पीटीसी–ये लाल किला है, जहाँ प्रधानमंत्री मनमोहन सिंह तिरंगा फहराएँगे...अब हम आपको दिखाते हैं, यहाँ की सुरक्षा व्यवस्था...कैसे हजारों की संख्या में यहाँ पुलिस के जवान मौजूद हैं, किसी भी स्थिति से निपटने के लिए...यहाँ दिल्ली पुलिस के जवानों सहित, अर्धसैनिक बलों को भी लगाया गया है।

वॉयस ओवर–3...लाल किले की प्राचीर से प्रधानमंत्री के भाषण के दौरान हवाई सुरक्षा के लिए एंटी एयरक्राफ्ट गन लगाए गए हैं। ये एंटी एयरक्राफ्ट गन दरियागंज और लाल किला के आसपास ऊँची इमारतों पर लगे हैं, यानी जमीन से लेकर आसमान तक सुरक्षा की ऐसी व्यवस्था की गई है, जिससे परिन्दा भी पर ना मार सके।

कखग, दिल्ली, चैनल का नाम।

उदाहरण नम्बर-7

ये कहानी है, साल 2010 में 15 अगस्त से कुछ दिनों पहले की। जब तीन आतंकियों को सुरक्षा बल ने राजौरी में घेर लिया था। ये सभी आतंकी 15 अगस्त के मौके पर हमला करने के इरादे से पहुँचे थे। पिछले एक दिन से एनकाउंटर जारी है। जरा स्क्रिप्ट पर नजर डालिए–

स्टोरी–आतंकियों के साथ एनकाउंटर

रिपोर्टर–कखग

लोकेशन–राजौरी, जम्मू

फीड आईडी–1108 JAMENCOUNTER RAW

एंकर–जम्मू के राजौरी इलाके में आतंकियों के साथ सुरक्षा बलों का एनकाउंटर जारी है। 15 अगस्त के मौके पर हमला करने के इरादे से पहुँचे इन आतंकियों को, कल सुबह ही सुरक्षा बल ने घेर लिया था। सुरक्षाकर्मियों को उम्मीद है कि इस एनकाउंटर में दो आतंकी घायल हो चुके हैं और आज शाम तक ये एनकाउंटर खत्म हो जाएगा।

पैकेज

(गोलीबारी के बढ़िया मोंटाज से शुरू करें। स्क्रिप्ट के बीच-बीच में एम्बिएंस लगाएँ।)

वॉयस ओवर–1...ये है राजौरी के शाहदरा इलाके की तसवीरें...तसवीरें देखकर आप अन्दाजा लगा सकते हैं कि इस समय इलाके में किस तरह की गोलीबारी चल रही है...कल दोपहर से ही यहाँ जमकर गोलीबारी हो रही है...एक तरफ तीन आतंकी और दूसरी तरफ उन्हें घेरे हुए सुरक्षाबल...कभी ये इलाका अचानक शान्त पड़ जाता तो कभी अचानक गोलियों की आवाज गूँजने लगती है...दरअसल यहाँ पर सुरक्षाबल ने तीन आतंकियों को घेर रखा है...जो 15 अगस्त के मौके पर अपने नापाक इरादों को अंजाम तक पहुँचाने और हमला करने के लिए श्रीनगर तक पहुँचना चाहते थे... लेकिन जैसे ही सुरक्षा बल को इस बात की भनक लगी...उन्होंने उन्हें घेर लिया...और फिर रह-रहकर गोलीबारी हो रही है...ध्यान से देखिए, पहाड़ी के बीच बने इस घर को...आशंका है कि इसी घर में तीनों आतंकी छिपे हुए हैं...सुरक्षाबल को उम्मीद है कि एक या दो आतंकी घायल हो चुके हैं...लेकिन अब भी उनकी तरफ से लगातार गोलीबारी हो रही है।

बाइट–शब्बीर चौधरी, एडिशनल एसपी (कुछ दिनों पहले से ही हमें सूचना थी कि कुछ आतंकी स्वतंत्रता दिवस पर हमले के इरादे से आनेवाले हैं। ये इलाका घने जंगलों से घिरा है, जबकि पहाड़ी क्षेत्र होने की वजह से आतंकी इस ओर से ही शहर जाते हैं, इसलिए पहले से ही हमने तैयारी कर रखी थी।)

वॉयस ओवर–2...दरअसल ये आतंकी शनिवार सुबह चार बजे के करीब ही पहाड़ी के बीच बने इस घर में घुस आए...बड़े आराम से खाना खाया और फिर हमला करने की योजनाएँ बनाने में लग गए...इस बीच सुरक्षा बलों को खबर मिली और फिर उन्होंने इलाके को घेर लिया...उसके बाद से दोनों तरफ से जमकर गोलीबारी हो रही है...।

बाइट–शब्बीर चौधरी, एडिशनल एसपी (सुबह खूब गोलीबारी हो रही थी लेकिन लगता है एक या दो आतंकी घायल हो चुके हैं...इसलिए उधर से रुक-रुककर फायरिंग हो रही है।)

वॉयस ओवर–3...हालाँकि राहत की बात ये है कि सुरक्षा बलों और पुलिस ने आसपास के घरों को खाली करवा लिया है और लोगों को सुरक्षित जगहों पर भेज दिया गया है...चार दिन पहले भी इसी जगह पर आतंकियों ने सेना के एक काफिले पर हमला किया था...इसमें एक यात्री बस फँस गई थी, जिसमें दो लोगों की मौत हो गई और 17 लोग घायल हो गए थे...

रिपोर्टर पीटीसी–(खुफिया विभाग की तरफ से लगातार 15 अगस्त के मौके पर आतंकी हमले की आशंका जताई जा रही थी। ऐसे में समय रहते जिस तरह से सुरक्षा बलों को आतंकियों को घेरने में सफलता मिली है, उससे साफ है कि आनेवाले कुछ दिनों तक जवानों को और चौकन्ना रहने की जरूरत है।)

कखग, दिल्ली, चैनल का नाम।

उदाहरण नम्बर-8

अप्रैल, 2010 में जब IPL-3 टूर्नामेंट चल रहा था तो शाहरुख की टीम 'कोलकाता नाइट राइडर्स' लगातार खराब प्रदर्शन कर रही थी। उस समय शाहरुख ने अपने दर्द को सोशल नेटवर्किंग साइट 'ट्विटर' पर बयान किया था। जरा स्क्रिप्ट देखिए–

स्टोरी–हार से दुखी बादशाह

रिपोर्टर–कखग

लोकेशन–मुम्बई

फीड आईडी–0804 FILESHAHRUKH RAW (शाहरुख के पुराने फुटेज)

एंकर–शाहरुख खान दर्द में हैं...उनके दर्द की दो वजहें हैं...पहला उनके कन्धे की सर्जरी...जिसके चलते उनको अकसर दर्द उठता रहता है और दूसरा दर्द उनको अपने नाइट राइडर्स से मिला...जिसके चलते शाहरुख को हर बार हार का मुँह देखना पड़ता है...शाहरुख से जब बार-बार हार बर्दाश्त नहीं हुई तो अपना दर्द बाँटने के लिए उन्होंने ट्विटर का सहारा लिया–

पैकेज

(गाने पर शाहरुख का मोंटाज बनाएँ–दुखी मन मेरे, मान मेरा कहना)

वॉयस ओवर–1...जी हाँ शाहरुख दुखी हैं...उन्हें एक पल का भी चैन नहीं... उनका ये दुख फिल्मों से जुड़ा नहीं है...वहाँ के तो वो बादशाह हैं...उनके इस दर्द की

वजह तो है क्रिकेट...उनकी IPL की टीम 'कोलकाता नाइट राइडर्स'...इसलिए वो रातों को उठ-उठकर ट्विटर पर अपना दुख बाँट रहे हैं...अपनी टीम के खराब प्रदर्शन ने उन्हें अन्दर से तोड़ दिया है...ट्विटर पर उनकी भाषा ऐसी थी, मानो वो अब बेबस हो गए हैं...कल रात भर वो ट्विटर पर अपना दर्द लिखते रहे...उन्होंने लिखा...

(ग्राफिक्स में शाहरुख के रिएक्शन लिखें।)

मैं दुखी हूँ, कोलकाता नाइट राइडर्स के लिए और कुछ नहीं कर सकता, माफी चाहता हूँ...अगले सीजन के लिए झूठा दिलासा नहीं दूँगा, साथ देने के लिए शुक्रिया। शाहरुख खान, मालिक, कोलकाता नाइट राइडर्स।

ग्राफिक्स आउट

किंग खान इतने हताश हो चुके हैं कि अभी से अगले सीजन की माफी भी माँग ली है। शायद अब उन्हें भी समझ में आ गया है कि ये टीम अगले सीजन में भी कुछ खास कमाल नहीं दिखा पाएगी...शाहरुख के सारे सपने जैसे टूट से गए–

(शाहरुख के विजुअल पर फिल्म के गाने लगाएँ...छन से जो टूटे कोई सपना...)।

किंग खान ने आगे लिखा–

(ग्राफिक्स में शाहरुख के रिएक्शन लिखें)

–कोलकाता के लोगों के लिए और अपने स्पॉन्सर्स के लिए मुझे बहुत बुरा लग रहा है...अब और वादे नहीं करूँगा।

शाहरुख खान, मालिक, कोलकाता नाइट राइडर्स।

ग्राफिक्स आउट

वैसे किंग खान ने अपनी टीम को चीयर करने के लिए क्या-क्या नहीं किया...खुद मैदान में आकर अपने खिलाड़ियों को प्रोत्साहित किया...बीच में उनके कन्धे की सर्जरी भी हुई...लेकिन दर्द में भी उन्होंने अपनी टीम का साथ कभी नहीं छोड़ा...अपनी टीम को प्रमोट करने वो हर जगह और हर हाल में पहुँच जाते...लेकिन उसके बाद भी ये प्रदर्शन...? शाहरुख कितने दुखी हैं, ये उनके इस ट्वीट से साफ पता चलता है...।

ग्राफिक्स इन

–कोलकाता नाइट राइडर्स के खराब प्रदर्शन की जिम्मेदारी पूरी तरह मेरी है। लोगों ने हमें इतना प्यार दिया और बदले में हम उन्हें जीत की खुशी नहीं दे पाए।

शाहरुख खान, मालिक, कोलकाता नाइट राइडर्स।

ग्राफिक्स आउट

किंग खान का कभी अपने खिलाड़ियों के ऊपर से भरोसा नहीं उठा...उन्होंने अपनी जर्सी का रंग भी बदल दिया...पर किंग खान ये नहीं जानते थे कि रंग में नहीं

खिलाड़ियों के प्रदर्शन में ही कोई कमी है...इससे पहले शाहरुख ने आईपीएल जीतने पर कपड़े उतारकर डांस करने का भी ऐलान कर दिया था–

पुरानी बाइट–शाहरुख (मैं 6 पैक एब्स दिखाकर डाँस करूँगा–)

(फिल्मी गाने का एम्बिएंस लगाए–दर्द-ए-डिस्को)

रिपोर्टर पीटीसी–(पिछले 20 सालों से बॉलीवुड पर अपनी बादशाहत कायम रखनेवाले किंग को उनकी टीम ने क्रिकेट की दुनिया में सबसे पीछे कर दिया... इतना पीछे कि वो आजकल अपने-आप को बादशाह नहीं, बल्कि गुलाम समझ रहे हैं...)।

उदाहरण नम्बर-9

2010 के अगस्त महीने में झारखंड में कम बारिश की वजह से भयंकर सूखा पड़ा। झारखंड को सूखाग्रस्त राज्य घोषित कर दिया गया। यहाँ तक कि हजारों लोग भुखमरी की कगार पर पहुँच गए। इसके बाद दो हजार लोगों ने राज्यपाल और राष्ट्रपति के सामने इच्छामृत्यु की गुहार की। इसी समय आमिर खान की फिल्म 'पीपली लाइव' रिलीज हुई थी और उसमें भी कहानी कुछ-कुछ इसी तरह से है। नत्था नाम का गरीब किसान मुआवजा पाने के लिए आत्महत्या की घोषणा कर देता है। अब जरा इस कहानी की स्क्रिप्ट देखिए–

स्टोरी–झारखंड में 2000 नत्था

रिपोर्टर–कखग

लोकेशन–राँची

फीड आईडी–0508 RNCFARMER RAW

एंकर–झारखंड में लगातार दूसरे साल कम बारिश की वजह से किसान भुखमरी की कगार पर पहुँच गए हैं। एक तो पुराना कर्ज और ऊपर से लगातार दूसरे साल सूखे की स्थिति ने हालात को और विकट कर दिया है। सरकार ने भले ही झारखंड को सूखाग्रस्त राज्य घोषित कर दिया हो लेकिन किसानों की स्थिति में सुधार न होने की वजह से दो हजार किसानों ने इच्छामृत्यु की इजाजत देने की गुहार लगाई है।

पैकेज

ओपन विद एम्बिएंस–फिल्म 'पीपली लाइव' के किसी सीन से शुरू करें, जिसमें 'नत्था' के मरने का कोई डायलॉग हो।

वॉयस ओवर–1...आमिर खान की फिल्म 'पीपली लाइव' का अहम किरदार 'नत्था' सरकार से मुआवजा पाने के लिए आत्महत्या की घोषणा करता है। कर्ज में पूरी तरह से डूबे हुए नत्था के इस ऐलान से सरकारी अमला अचानक हरकत में आकर, उसे बचाने की कोशिश में जुट जाता है। 'पीपली लाइव' का ये किरदार भले ही काल्पनिक हो...लेकिन झारखंड में ऐसे 2000 नत्था हैं, जो भुखमरी के शिकार होकर सरकार से इच्छामृत्यु की गुहार लगा रहे हैं।

बाइट–1...बिरसा करमाली, ग्रामीण (सारा अनाज नष्ट हो गया है तो जिएँगे कैसे...हम लोगों ने राज्यपाल से गुहार लगाई है...हमें अनाज दिया जाए नहीं तो सामूहिक मरने की इजाजत दी जाए।)

वॉयस ओवर–2...बिरसा ही नहीं, इनसे मिलिए...ये हैं राँची के पास रगा गाँव के रहनेवाले चन्द्र किशोर...पिछले दो साल से लगातार कम होती बारिश की वजह से इनका पूरा परिवार भुखमरी की कगार पर है...इस बार भी इनके जिन खेतों में धान की फसल लहलहानी चाहिए थी, उस जमीन में दरारें पड़ी हैं...इतना ही नहीं, इन्हें इस बात का भी डर सता रहा है कि पिछले दो साल से जो कर्ज लिये हैं...वो कैसे चुकाएँगे...ऐसे में इन्होंने भी राज्यपाल और राष्ट्रपति को खत लिखकर इच्छामृत्यु की माँग की है।

बाइट–2...चन्द्र किशोर, ग्रामीण (पिछले दो साल से सूखे की स्थिति है–इस बार भी यही हाल है, सरकार कोई व्यवस्था नहीं करती है तो मर जाना ही अच्छा है, हमने अपनी बात राज्यपाल और राष्ट्रपति तक पहुँचा दी है, कोई मदद नहीं मिलती है तो मरने की अनुमति मिल जाए।)

वॉयस ओवर–3...इतना ही नहीं, झारखंड की राजधानी राँची से सटे इन गाँवों के कई घरों में ताले लटक रहे हैं...दरअसल ये लोग अपने जीवन-यापन के लिए दूसरे राज्यों में पलायन कर गए हैं और जो लोग बचे हैं...उन्हें समझ में नहीं आ रहा कि कैसे उनके पेट की आग बुझेगी।

रिपोर्टर की मिड पीटीसी–हालाँकि राज्य सरकार ने सूबे को सूखाग्रस्त राज्य घोषित कर दिया है। सूखे की स्थिति का जायजा लेने के लिए केन्द्र की टीम भी इन दिनों झारखंड के दौरे पर है, जबकि राज्यपाल भी भरोसा दिलाने में पीछे नहीं हैं। लेकिन जमीनी स्तर पर सब कुछ नदारद–

बाइट–3...एम.ओ.एच. फारुख, राज्यपाल, झारखंड (राज्य के अधिकांश भाग में इस वर्ष मानसून अच्छा नहीं है। स्थिति की प्रतिदिन समीक्षा की जा रही है। मैं अपने किसान भाइयों को भरोसा दिलाना चाहता हूँ कि उनकी समस्या का सरकार निदान करेगी।)

वॉयस ओवर–4...पिछले साल राज्य में सूखे की स्थिति होने से पलामू और चतरा जिले में खुदकुशी करने की कई खबरें आई थीं। वैसे इस साल भी हालात किसानों

के लिए ठीक नहीं हैं। ऐसे में समय रहते अगर सरकार ने कदम नहीं उठाया तो राज्य के कई नत्थाओं के लिए भूखे मरने की नौबत आ सकती है।

कखग, राँची, चैनल का नाम।

उदाहरण नम्बर-10

दो, तीन दिसम्बर, 1984 को भोपाल में एक भयानक हादसा हुआ। यूनियन कार्बाइड प्लांट से जहरीली मिथाइल आईसोसाइनाइड गैस निकली और हजारों लोग इसकी चपेट में आ गए। इस हादसे का असर आज भी भयानक रूप में दिख रहा है। लोगों में कई तरह की शारीरिक विकृतियाँ शुरू हो गईं। इसी मौके पर कई बच्चों का जन्म भी हुआ था। लेकिन ये लोग कभी जन्मदिन नहीं मनाते हैं। इसी कहानी पर एक मार्मिक स्क्रिप्ट देखिए–

स्टोरी–जन्मदिन का गम

रिपोर्टर–कखग

लोकेशन–भोपाल

फीड आईडी–0212 BHOBIRTHDAY RAW

एंकर–बच्चे के जन्म पर उसके माँ-बाप खुशियाँ मनाते हैं...और जब बच्चा समझदार होता है...तो वो भी अपनी सालगिरह पर जश्न मनाता है। लेकिन भोपाल में कई ऐसे बदनसीब हैं, जो चाहकर भी अपना जन्मदिन नहीं मना पाते...क्योंकि उनका जन्म 25 साल पहले उस काली रात को हुआ था, जब मिथाइल आइसोसाइनाइड गैस भोपाल पर मौत बनकर बरसी थी।

पैकेज

(दीपिका के रोने के एम्बिएंस से शुरू करें।)

वॉयस ओवर–1...अपने जन्मदिन पर लोग हँसते-खिलखिलाते हैं...लेकिन जैसे-जैसे सालगिरह करीब आती है, दीपिका बिलखने लगती है। भोपाल के बैरागढ़ में रहनेवाली पच्चीस साल की दीपिका अपने जन्मदिन को हमेशा के लिए भूल जाना चाहती है क्योंकि इसे लगता है कि इसका जन्मदिन भोपाल का सबसे मनहूस दिन है।

बाइट–1...दीपिका, गैस पीड़ित (मन नहीं होता, इसलिए नहीं मनाते हैं। गैस कांड हुआ था। जब से समझ आई है, बड़े हुए तो पता चला कि गैस हादसे के दिन हमारा जन्म हुआ था। इसलिए मन नहीं करता मनाने को।)

वॉयस ओवर–2...दीपिका ने दुनिया में जब पहली बार आँखें खोलीं, उस वक्त मौत शहर में तांडव कर रही थी। दो और तीन दिसम्बर, 1984 की उस रात यूनियन कार्बाइड फैक्टरी से निकली जहरीली मिथाइल आइसोसाइनायड गैस की शिकार दीपिका भी हुई। जन्म के साथ ही इसके जिस्म में जहरीली गैस घुल गई। अंजाम ये हुआ कि दीपिका का कद आम लड़कियों की तरह नहीं बढ़ सका।

बाइट–2...रेनु, दीपिका की माँ (भगवान को जिम्मेवार मानेंगे और किसे...या फिर उस फैक्टरी को, जिनकी गलती है या फिर जो किस्मत में लिखा था, यही समझेंगे।)

वॉयस ओवर–3...तीन दिसम्बर को, 'जहरलाल' और 'गैस देवी' का भी जन्मदिन पड़ता है...जी हाँ जहरलाल और गैस देवी...माँ ने किसी तरह अपनी जान बचाते हुए इन्हें जन्म दिया...माँ-बाप के जेहन में भी उस वक्त जहर और गैस के अलावा कुछ और आया ही नहीं...लिहाजा इनका नाम पड़ गया जहरलाल और गैस देवी...दोनों उड़िया बस्ती में रहकर मजदूरी करके पेट पालते हैं।

बाइट–जहरलाल, गैस पीड़ित (बर्थडे नहीं मनाते क्योंकि ये दिन बर्थडे मनाने के लायक नहीं है। ये दिन आता है तो गम याद आते हैं। कई लोगों की जानें गईं। इसे मातम के दिन के रूप में मनाते हैं।)

बाइट–पानबाई, जहरलाल की माँ (जन्मदिन नहीं मनाते...हमको क्या खुशी है कि जन्मदिन मनाऊँगी। रोना गाना...आँख से नहीं दिख रहा था। हाथ में चवन्नी नहीं थी, कहाँ से जन्मदिन मनाऊँगी।)

वॉयस ओवर–4...हजारों बेकसूर लोगों का दम घोंटनेवाली उस काली रात में भी जिन्दगी थमी नहीं थी...एक तरफ लोग मर रहे थे तो दूसरी तरफ कुदरत नई जिन्दगियों को जन्म दे रही थी...लेकिन जिन्दगी और मौत की इस आपाधापी में कुछ लोगों से हमेशा-हमेशा के लिए सालगिरह की खुशियाँ छिन गईं।

रिपोर्टर पीटीसी–तुम जियो हजारों साल, साल के दिन हों पचास हजार। लेकिन जहरलाल और गैस देवी की जिन्दगी में इस गाने का कोई मतलब नहीं है...क्योंकि उनके लिए तीन दिसम्बर का दिन खुशी की नहीं, गम की यादें ताजा करता है।

कखग, भोपाल, चैनल का नाम।

उदाहरण नम्बर-11

सैफ अली खान और करीना कपूर की फिल्म 'कुर्बान' रिलीज हो रही थी। उस दौरान करीना कपूर खुलकर अपने प्यार का इजहार करने में लगी थीं, जबकि इस मुद्दे पर पहले हमेशा चुप्पी साध लेती थीं। ऐसे में माना जा रहा था कि करीना अपनी फिल्म

का प्रचार करने के लिए खुलेआम अपने प्यार का इजहार कर रही हैं। जरा स्क्रिप्ट देखिए–

स्टोरी–करीना ने किया प्यार का इजहार

रिपोर्टर–कखग

लोकेशन–गुड़गाँव

फीड आईडी–0503 GURKAREENA RAW

एंकर–करीना सैफ के साथ इन दिनों बेहद खुश हैं...इतनी खुश कि अपने प्यार का इजहार आजकल खुलेआम करने लगी हैं...एक वक्त था जब करीना सैफ के बारे में पूछे जाने पर मुँह बिचका देती थीं...लेकिन अब वो अपने ऑफ-स्क्रीन लव को खुलेआम जता देती हैं...कैसे? चलिए देखते हैं–

पैकेज

गाने के एम्बिएंस से शुरू करें...('खुल्लम-खुल्ला प्यार करेंगे' गाने पर)

वॉयस ओवर–1...मिलिए एक नई करीना कपूर से...जो बिन्दास हैं...बेबाक हैं...और अपने प्यार की पब्लिसिटी करने से भी नहीं डरतीं।

बाइट–1...करीना कपूर (मैं भी अपने प्यार के लिए कुछ भी कर सकती हूँ।)

वॉयस ओवर–2...सुना आपने...ये वही करीना हैं, जिन्हें कुछ दिनों पहले तक 'सैफीना' के नाम से चिढ़ थी, यानी सैफ का नाम अपने साथ जोड़ने से बेबो को होती थी प्रॉब्लम। तो क्या वजह है कि अचानक करीना अपने प्यार की दीवानगी को यूँ सरेआम कर रही हैं। यही सोच रहे हैं ना आप...

एम्बिएंस गाने का...

दरअसल, बेबो आजकल अपनी फिल्म कुर्बान को प्रोमोट करने में लगी हुई हैं और इसीलिए जो किरदार वो पर्दे पर निभा रही हैं, उसे अपनी रीयल लाइफ के काफी करीब बता रही हैं।

बाइट–2...करीना कपूर (ये मेरा रोल मेरी जिन्दगी से बहुत मेल खाता है क्योंकि मैं भी अपने प्यार के लिए कुछ भी कर सकती हूँ।)

एम्बिएंस...('लव के लिए कुछ भी करेगा' गाने पर सैफ-करीना के विजुअल्स लगाएँ।)

वॉयस ओवर–2...प्रोमोशन के लिए कुछ भी करने को तैयार हो गई हैं करीना... फिर चाहे इसके लिए उन्हें अपने प्यार का ही सहारा क्यों ना लेना पड़े।...पहले तो करीना ने प्रेस कॉन्फ्रेंस में कुछ नहीं कहा...मगर जब उनसे दो शब्द बोलने के लिए कहा गया तो सुनिए क्या कहा मैडम ने–

बाइट–3...करीना (जब सैफ बोलते हैं तो वो मेरे Behalf पर बोलते हैं...करीना की ये बात दो बार सुनाएँ)।

वॉयस ओवर–3...फिल्म 'कुर्बान' में पहली बार सैफ और करीना का रीयल लाइफ रोमांस, फिल्मी पर्दे पर नजर आएगा। जाहिर है, इसका प्रोमोशन भी जरूरी है। जब सैफ से पूछा गया कि उन्होंने करीना के लिए क्या कुर्बान किया तो सैफ ने क्या कहा, आप खुद ही सुनिए–

बाइट–4...सैफ अली खान (क्या कुर्बान किया, ये सब मैं गुड़गाँव में क्यों बताऊँ...personal है यार, अच्छा टाइम कुर्बान किया है)।

वॉयस ओवर–4...सैफ, टाइम तो शायद करीना भी आपके लिए कुर्बान कर रही हैं...रोमांस को 'हाँ' मगर शादी को 'नो नो' करती हैं। इस बार भी जब दोनों से शादी के बारे में पूछा गया तो इस जोड़े ने इस सवाल का जवाब टालना ही बेहतर समझा।

कुर्बान फिल्म का कोई रोमांटिक गाना लगाइए।

रिपोर्टर पीटीसी–(कौन किस पे है ज्यादा कुर्बान, ये तो पता नहीं लेकिन अगर सुर्खियाँ फिल्म की कहानी से ज्यादा...सैफ और करीना की जोड़ी की वजह से मिलें...तो चौंकिएगा मत क्योंकि ऑफ-स्क्रीन केमिस्ट्री...ऑन-स्क्रीन भी काम आनी चाहिए।)

कखग, गुड़गाँव, चैनल का नाम।

उदाहरण नम्बर-12

अमेरिका में मर्दों की एक पत्रिका FHM ने दिसम्बर 2008 में सबसे सेक्सी महिला का सर्वे कराया। इस सर्वे में कैटरीना कैफ को नम्बर एक का खिताब मिला। यही नहीं, इस सर्वे में दस टॉप सेक्सी महिलाओं में से आठ बॉलीवुड की थीं। अब जरा देखिए कि कैसे बिना किसी के रिएक्शन और पीटीसी के इस स्टोरी की स्क्रिप्ट कैसे लिखी जा सकती है–

स्टोरी–सबसे सेक्सी कैटरीना कैफ

रिपोर्टर–कखग

लोकेशन–फाइल या फिल्म का गाना

फीड आईडी–1212 FILEHEROINE RAW (सभी अभिनेत्रियों के पुराने विजुअल इस्तेमाल होंगे।)

एंकर–कैटरीना के सितारे इन दिनों बुलन्दी पर हैं...उनके जलवे सभी पर भारी पड़ रहे हैं। पिछले दिनों मशहूर मैगजीन FHM ने कैटरीना को दुनिया की सबसे

सेक्सी महिला के खिताब से नवाजा...यानी सिर्फ बॉलीवुड में ही नहीं, कैटरीना के हुस्न के दीवाने हॉलीवुड में भी बड़ी तादाद में मौजूद हैं।

पैकेज

गाने का एम्बिएंस दें–'एक ऊँचा लम्बा कद, दूजा सोणी भी तू हद, तीजा रूप तेरा चम-चम करदा।'

वॉयस ओवर–1...कैटरीना कैफ वाकई तारीफ के काबिल हैं...पर्फेक्ट फिगर, दिलकश मुस्कान और कातिल अदा...भला कौन न दीवाना बन जाए। एक मैगजीन के मुताबिक कैटरीना कैफ आज दुनिया की सबसे सेक्सी महिला हैं। FHM नाम की मर्दों की इस मैगजीन में कैटरीना के सेक्सी फिगर के हजारों मुरीद हैं। हो भी क्यों ना, कैटरीना खुद ही तो कहती हैं।

(गाने का एम्बिएंस दें–ओ जरा-जरा टच-मी टच-मी)

ग्राफिक्स इन

FHM की तरफ से भारत में कराए गए पहले ऑनलाइन ओपीनियन पोल के मुताबिक बॉलीवुड और हॉलीवुड की बड़ी हीरोइनों को पछाड़ते हुए कैटरीना कैफ ने बाजी मार ली। इस ओपीनियन पोल में कैटरीना को पाँच लाख मर्दों ने वोट दिया।

ग्राफिक्स आउट

FHM पोल के मुताबिक

ग्राफिक्स इन

कैटरीना के बाद दूसरे नम्बर पर हैं, हॉलीवुड सुन्दरी मेगान फॉक्स

तीसरे नम्बर पर हैं सेक्सी करीना कपूर

चौथा नम्बर मिला है...ओम शान्ति ओम से मशहूर हुई दीपिका पादुकोण को

पाँचवें नम्बर पर हैं–बिपाशा बसु

नीली आँखोंवाली पूर्व मिस वर्ल्ड ऐश्वर्या राय को मिला है, छठा नम्बर

ऐश के बाद सातवें नम्बर पर हैं, एंजलीना जोली

वोटिंग में प्रियंका चोपड़ा को आठवाँ नम्बर मिला है

नवें नम्बर की सेक्सी महिला का खिताब मिला है लारा दत्ता को

और दसवीं पायदान पर हैं पूर्व मिस यूनिवर्स सुष्मिता सेन।

ग्राफिक्स आउट

FHM मैगजीन की इस लिस्ट में दस में से आठ बॉलीवुड की हीरोइन हैं–साफ है खूबसूरती और फिगर के मामले में बॉलीवुड हॉलीवुड पर भारी पड़ा है और इन सब पर भारी हैं कैटरीना कैफ–

(गाना लगाएँ–रेस–ख्वाब देखे झूठे-मूठे बतियाँ बनाए ऐसे सजना अनाड़ी बलमा)

कैटरीना के सितारे इन दिनों बुलन्द हैं...जिस फिल्म में भी काम कर रही हैं, हिट हो रही है...निर्माता-निर्देशक उन्हें साइन करने के लिए बेकरार हैं...अब सबसे सेक्सी हीरोइन का जो खिताब कैटरीना को मिला है तो उसके बाद चाहनेवाले तो यही कहेंगे...

(यहाँ रेस फिल्म के गाने का अन्तरा लगाएँ...तेरी हर अदा ने दिल पे ये कैसा जादू किया रे–)

कखग, मुम्बई, चैनल का नाम।

उदाहरण नम्बर-13

इस देश में प्यार के दुश्मनों की कमी नहीं। हमेशा ये खबरें आ जाती हैं कि प्यार करनेवाले किसी जोड़े को उसी के घरवालों ने मौत के घाट उतार दिया। इसी तरह की एक खबर आई, मई 2010 में, यूपी के मुजफ्फरनगर से। यहाँ बहन के प्रेमी को भाई ने काट दिया। ये बात खुद बड़े शान से एक भाई स्वीकार करता है। जरा देखिए क्राइम की इस खबर की स्क्रिप्ट–

स्टोरी–बहन के प्रेमी की हत्या

रिपोर्टर–कखग

लोकेशन–मुजफ्फरनगर

फीड आईडी–0105 MZFLOVEKILLING RAW

एंकर–इज्जत के लिए कत्ल...एक और मोहब्बत झूठे मान-सम्मान की बलि चढ़ गई। मुजफ्फरनगर में एक प्रेमी को प्रेमिका के भाई ने ही मौत के घाट उतार दिया। खुद प्रेमिका के भाई ने हत्या की बात कुबूली है। प्रेमी की लाश पुलिस ने टुकड़ों में बरामद की है। बहन का कोई सुराग नहीं मिला है–पुलिस को शक है कि उसका भी कत्ल कर दिया गया होगा।

पैकेज

वॉयस ओवर–1...मोहब्बत करनेवालों को यहाँ सिर्फ एक सजा मिलती है–मौत। एक गोत्र में शादी...अलग जाति में शादी...यहाँ गुनाह है–

बाइट–अनुज, अंशु का भाई–(काट दिया...सम्मान के लिए मार दिया)

वॉयस ओवर–2...सुना आपने, न कोई डर और न ही कोई पछतावा...इसकी नजर में मोहब्बत से बड़ा और कोई गुनाह नहीं...क्योंकि इसकी नजर में जाति, मान-सम्मान और झूठी मर्यादा सबसे अव्वल है...इसलिए इसने सुना दिया मौत का

फरमान। मुजफ्फरनगर के श्रीराम कॉलेज से बीबीए कर रहे अजीत सैनी को अपनी ही क्लासमेट अंशु तोमर से मोहब्बत हो गई...लड़के के परिवारवालों के मुताबिक दोनों ने गुपचुप तरीके से शादी भी कर ली...अजीत और अंशु दोनों अलग-अलग जाति के हैं। दोनों का रिश्ता लड़की के घरवालों को पसन्द नहीं था...अचानक 28 अप्रैल को अजीत लापता हो गया...एक दिन बाद शुक्रवार की शाम मंडी इलाके में अजीत की लाश मिली...लाश के तीन टुकड़े किए गए थे...

बाइट–शशि शेखर, सी ओ सिटी मुजफ्फरनगर (दोनों श्रीराम कॉलेज से बीबीए कर रहे थे। एक-दूसरे से प्यार करते थे और लड़की के घरवालों ने अजीत को मार दिया है।)

वॉयस ओवर–3...अजीत की लाश शायद कभी नहीं मिलती...कत्ल के बाद अजीत की लाश को खेत में दबा दिया गया था...ताकि लाश का पता न चले...लेकिन शुक्रवार को अचानक हुई बारिश से लाश के ऊपर से मिट्टी हट गई और कत्ल का खुलासा हो गया...अंशु का अभी तक कोई अता-पता नहीं है...अंशु के भाई ने अजीत की हत्या की बात कुबूल कर ली है...लेकिन अंशु कहाँ है इस बात की जानकारी होने से वो इनकार कर रहा है।

बाइट–अनुज–अंशु का भाई–(इज्जत खराब हो रही थी, इसलिए काट डाला–अंशु कहाँ है, ये हमें नहीं पता है।)

वॉयस ओवर–4...पुलिस को शक है कि अंशु को भी मार दिया गया है...हालाँकि पुलिस को अंशु की लाश का कोई सुराग नहीं मिला है...बीमारी का बहाना बनाकर अस्पताल में भर्ती अंशु के पिता और भाई को पुलिस गिरफ्तार कर सख्ती से पूछताछ कर रही है। अजीत के घरवालों का कहना है कि अजीत की ही तरह अंशु की हत्या कर लाश गायब कर दी गई है।

बाइट–राम किशोर, अजीत का चाचा (जैसे ही गायब हुआ था...हमें शक हो गया था, अजीत को उन्होंने काट डाला और लड़की का भी यही हश्र किया होगा)

वॉयस ओवर–5...पुलिस ये भी पता करने की कोशिश कर रही है कि अजीत की हत्या में सिर्फ अंशु के भाई और पिता शामिल हैं या इसमें किसी और ने भी मदद की है।

रिपोर्टर की पीटीसी...(प्यार करने की सजा अजीत को अपनी जान देकर चुकानी पड़ी लेकिन सवाल यहाँ अंशु की सुरक्षा को लेकर है...क्योंकि पश्चिमी उत्तर प्रदेश का इतिहास रहा है कि प्यार करनेवाले जोड़ों को खतरनाक सजा दी जाती है और वो सजा होती है, सजा-ए-मौत...अब पुलिस के सामने भी यही सवाल है कि अंशु जीवित है भी या नहीं)।

कखग, मुजफ्फरनगर, चैनल का नाम।

उदाहरण नम्बर-14

एक महिला के साथ बलात्कार की ये कहानी तीन-चार साल पहले की है। ऑस्ट्रिया में एक बाप चौबीस साल तक अपनी ही बेटी का बलात्कार करता रहा और अपनी बेटी के छह बच्चों का पिता भी बना। जब ये कहानी पूरी दुनिया के सामने आई तो सनसनी फैल गई। चूँकि ये कहानी एक महिला के बलात्कार से जुड़ी है, इसलिए सभी किरदारों के नाम बदल दिए गए हैं।

स्टोरी–बेटी का बलात्कार

रिपोर्टर–कखग

लोकेशन–ऑस्ट्रिया

फीड आईडी–0405 AUSTRIAFATHER RAW

एंकर–दुनिया का सबसे बड़ा गुनाह क्या हो सकता है...इस सवाल के जवाब में जो पहला ख्याल दिमाग में आता है, वो है, किसी का कत्ल कर देना...यकीनन किसी की जिन्दगी छीन लेने से बड़ा गुनाह दुनिया में कोई दूसरा नहीं हो सकता लेकिन अगर कोई बाप अपनी ही बेटी को हवस का शिकार बना डाले...वो अपनी बेटी के छह बच्चों का बाप हो तो क्या कहेंगे...शायद दिमाग काम करना बन्द कर दे–शायद दिमाग से बस एक ही बात निकले...ये ही है, दुनिया का सबसे बड़ा गुनाह।

पैकेज

ग्राफिक्स इन

दुनिया का सबसे बड़ा गुनहगार

अपनी ही बेटी के साथ चौबीस साल तक बलात्कार

अपनी ही बेटी के छह बच्चों का बाप

ग्राफिक्स आउट

वॉयस ओवर–1...इस शख्स को जरा गौर से देखिए...ये है ऑस्ट्रिया का एक आम नागरिक जोसेफ...एक बेटी का बाप...लेकिन अब इसकी पहचान सिर्फ इतनी भर नहीं है...अब ये पूरी दुनिया में बदनाम है और वजह है...इस शैतान ने अपनी ही बेटी को अपनी हवस का शिकार बनाया–एक या दो बार नहीं, अनगिनत बार–पूरे चौबीस साल तक...अपनी ही बेटी को इसने अपने बच्चों की माँ बना डाला...चौबीस साल में इसकी बेटी इसके छह बच्चों की माँ बनी...सोच में पड़ गए न...वैसे जो भी सुनता है...यकीन ही नहीं होता...और यकीन हो भी तो कैसे...भला जो बाप अपनी ही बेटी को चौबीस साल तक कालकोठरी में कैद करके रखे...हर

वक्त उसके जिस्म पर बेड़ियाँ पड़ी हों...वो बाप, जो अपनी ही बेटी को बेटी नहीं, बच्चा पैदा करने की मशीन समझे तो ऐसे बाप को क्या कहा जाए...।

बाइट–पड़ोसी (German) To me it is incomprehensible. For 24 years. He had to bring in food, other things. It is unbelievable. अनुवाद लगाएँ (मेरे लिए ये समझ के बाहर है। चौबीस साल तक मैं खाना और दूसरी चीजें घर में पहुँचाता रहा। ये यकीन से परे है।)

वॉयस ओवर–2...और आइए, अब आपको दिखाते हैं, दहशत और खौफ का वो मकान, जहाँ चौबीस साल तक इनसानियत शर्मसार होती रही...ऑस्ट्रिया के एम्सटेटेन शहर का वो मकान, जिसमें तिहत्तर साल का जोसेफ अपनी बयालीस साल की बेटी एलिजाबेथ के साथ बलात्कार करता रहा...और ये है इस मकान में बना वो तहखाना, जहाँ एलिजाबेथ चौबीस साल तक कैद रही–इस तहखाने में कई बेहद छोटे-छोटे कमरे बने हुए थे...उन कमरों में सोने से लेकर खाना पकाने और हर चीज का पक्का इन्तजाम था। –यहीं कैद रही एलिजाबेथ ने चौबीस साल तक, न तो बाहर की दुनिया देखी और न ही किसी बाहरी ने उसे देखा। इतना ही नहीं, एलिजाबेथ के तीन बच्चों ने भी उसके साथ बाहर की दुनिया नहीं देखी थी...

बाइट–2...Franz Polzer, head of Lower Austrian Bureau of Criminal Affairs: (German)

It is one of the most remarkable criminal cases in Austria, of which details came to light towards midnight. We now know that a mother did not abandon her child, which was brought in a critical condition to hospital, but we know that she herself was held captive for 24 years in a cellar by her father, and furthermore, was also the victim of sexual assault, sexual abuse that led to this woman, who is today 42 years of age, bringing six children into the world in captivity. They all apparently share the same father.

(ऑस्ट्रिया में अपने तरीके का ये पहला केस है। अब हमें पता चला कि माँ ने बच्चे को नहीं छोड़ा था। उसके पिता ने 24 सालों तक उसे एक तहखाने में बन्द कर रखा था। उसके पिता उसके साथ जिस्मानी ताल्लुकात बनाते थे। अभी वो 42 साल की है। उसके छह बच्चे हैं और उसका पिता ही बच्चों का पिता है।)

वॉयस ओवर–3...वैसे इस सबसे घिनौने जुर्म के दुनिया के सामने आने की दास्तान भी कम दिलचस्प नहीं है

(आगे की दास्तान के लिए स्केच लगाएँ।)

हुआ यूँ कि एलिजाबेथ की सबसे बड़ी बेटी एक दिन बीमार पड़ गई...उसके इलाज के लिए जोसेफ को उसे अस्पताल ले जाना पड़ा...वहाँ डॉक्टर ने जोसेफ को कहा कि वो लड़की की माँ को लेकर आए, ताकि उसकी मेडिकल हिस्टरी के बारे

में पड़ताल की जा सके...अब जोसेफ की मजबूरी थी...चौबीस साल बाद उसे एलिजाबेथ को तहखाने से बाहर निकालना ही पड़ा। उधर अस्पताल पहुँचते ही उसने डॉक्टरों को सबकुछ बता दिया...और उसके बाद तो जोसेफ की गर्दन तक पुलिस के हाथ पहुँचने में देर नहीं लगी। वैसे यहाँ ये बात बड़ी ही अहम् है कि जोसेफ के साथ उसकी बीवी भी इसी घर में रहती थी...लेकिन कभी उसने भी इस बारे में पुलिस को नहीं बताया...इतना ही नहीं, जोसेफ ने पुलिस में अपनी बेटी की गुमशुदगी की रिपोर्ट दर्ज करा रखी थी। वो एलिजाबेथ से झूठे खत लिखवाता कि उसे ढूँढ़ने की कोशिश न की जाए। हालाँकि जब जोसेफ के पड़ोसी उसके घर के पास घूमते हुए बच्चों के बारे में पूछते तो वो उनसे झूठ बोलता कि वो बच्चे अनाथ बच्चे हैं। खैर, देर से ही सही लेकिन इस शैतान का असली चेहरा दुनिया के सामने आ ही गया।

ब्यूरो रिपोर्ट, चैनल का नाम।

प्रोमो (Promo); कमिंग अप (Coming Up) की भाषा

प्रोमो (Promotion का संक्षिप्त रूप promo) या कमिंग अप (Coming Up) किसी भी न्यूज चैनल का एक बेहद अहम हिस्सा है। दोनों के जरिए चैनल के किसी कार्यक्रम को प्रमोट किया जाता है। अब आप जानना चाहेंगे कि टीवी न्यूज में 'प्रोमो' या फिर 'कमिंग अप' है क्या? जब किसी खास कार्यक्रम के प्रचार के लिए कोई छोटी-सी स्टोरी बनाकर दिखाते हैं और बताते हैं कि ये कार्यक्रम इस खास समय में दिखाया जाएगा तो वो 'प्रोमो' है। प्रोमो दस से बीस सेकेंड के बीच होता है।

प्रोमो की आखिरी प्लेट

प्रोमो की आखिरी प्लेट

कमिंग अप का उदाहरण

इसमें बाकायदा विजुअल की एडिटिंग होती है। **वॉयस ओवर** भी होता है या फिर ग्राफिक्स टेक्स्ट लगे होते हैं। जब टीवी स्क्रीन पर नीचे चन्द शब्दों में लिखकर हम बताते हैं कि फलाँ कार्यक्रम, फलाँ समय पर देखिए तो वो कमिंग-अप है, यानी कुछ समय बाद प्रसारित होनेवाले कार्यक्रम की पूर्व सूचना।

सवाल ये है कि प्रोमो में महज कुछ सेकेंड में या फिर कमिंग अप में महज चन्द शब्दों में, कैसे आप घंटे भर के कार्यक्रम को देखने के लिए दर्शक को मजबूर कर सकते हैं। अगर कोई ऐसा कर पाने में सक्षम है तो उसका प्रोमो जानदार है और अगर नहीं तो समझ लीजिए कि वो घटिया है, इसलिए हर चैनल में प्रोमो के लिए एक अलग डिपार्टमेंट होता है। आप समझ लीजिए कि प्रोमो लिखनेवाला 'शब्दों का जादूगर' होना चाहिए। आइए, प्रोमो या फिर कमिंग अप की कुछ विशेषताओं पर नजर डाल लेते हैं।

1. प्रोमो में सूत्र की भाषा होनी चाहिए। उदाहरण के तौर पर, कुछ सूत्रों के बारे में बताऊँ तो आपने कई प्रचार सूत्र रूप में देखे या सुने होंगे। मसलन, फेना के प्रचार का 'फेना ही लेना', या फिर कोका-कोला के प्रचार में, 'ठंडा मतलब कोका कोला'। सूत्र हमेशा ही आम लोगों की जुबान पर आसानी से चढ़ जाते हैं। टीवी न्यूज की बात करें तो स्टार न्यूज में, 'सास, बहू और साजिश' छोटे पर्दे की हर शख्सियत और दर्शकों की जुबान पर चढ़ा हुआ है। IBN7 के एक कार्यक्रम का नाम कोई भी बता देगा, 'डंके की चोट पर।' इसी तरह से आज तक चैनल में रात दस बजे जो कार्यक्रम आता है उसका नाम 'दस तक' है। साफ है सूत्र, प्रोमो या कमिंग अप की पहली विशेषता है।
2. प्रोमो लिखनेवाले को शब्दों के मामले में कंजूस होना चाहिए, यानी कम-से-कम शब्दों में ज्यादा-से-ज्यादा बातें कह सके। यहाँ ज्यादा लिखने और कहने का स्कोप कम होता है क्योंकि चन्द सेकेंड या फिर चन्द शब्दों में ही अपनी बात कहनी होती है।
3. आलंकारिक भाषा का इस्तेमाल करें। ककहरा मिलाने की प्रवृत्ति भी खूब देखने को मिलती है। जैसे—दाम्बुला में दम निकला, कोलम्बो में किरकिरी, रैम्प या रनवे, ठाकरे की ठकुराई, बादशाह की भड़ास।
4. प्रोमो या कमिंग अप में खबर पूरी तरह से कभी भी नहीं बतानी चाहिए। मसलन, आप सिर्फ ये लिख दें—सबसे बड़ी पहेली, सबसे बड़ा एनकाउंटर, खुलेगा तीस सेकेंड का सच, आरुषि के राज, आज होगा चमत्कार...ये तो कुछ उदाहरण हैं। हर स्टोरी के हिसाब से अलग-अलग चीजें लिखी जा सकती हैं, जिसमें पूरी खबर भी न हो और दर्शकों को आकर्षित भी कर सकें।

सिर्फ शब्दों के सहारे प्रोमो–पहली प्लेट

सिर्फ शब्दों के सहारे प्रोमो–दूसरी प्लेट

सिर्फ शब्दों के सहारे प्रोमो—तीसरी प्लेट

सिर्फ शब्दों के सहारे प्रोमो—चौथी और आखिरी प्लेट

5. प्रोमो में सिर्फ ऐसे हिस्से को उभारना चाहिए, जिससे कि उत्सुकता बनी रहे। मसलन, दिल्ली में किसी बुजुर्ग की हत्या हो गई हो और आप उसका प्रोमो या कमिंग अप बनाना चाहते हैं तो सिर्फ ये भी लिख सकते हैं कि 'दिल्ली में आप पर खतरा', 'अगर आप बुजुर्ग हैं तो देखिए', 'खतरे में आपके बुजुर्ग पिता'।
6. प्रोमो में संगीत का भी बहुत महत्त्वपूर्ण योगदान होता है।
7. प्रोमो में ज्यादातर समय भाषा ही महत्त्वपूर्ण होती है लेकिन अगर कभी तसवीर बहुत ही महत्त्वपूर्ण हो तो फिर उसमें भाषा या शब्दों की कलाकारी दिखाने की ज्यादा जरूरत नहीं है, बल्कि सीधा तसवीर दिखाकर ही आप लिख सकते हैं, देखिए, फलाँ समय पर।
8. प्रोमो की भाषा हमेशा अतिश्योक्तिपूर्ण होती है। मसलन, सबसे बड़ी तसवीर, सबसे बड़ी जंग, पहली बार टीवी पर, पहली बार लाइव, सबसे बड़ी लड़ाई, महाजंग, महा-मुकाबला।
9. प्रोमो की भाषा का महत्त्व तभी तक है, जब कम-से-कम शब्दों में अपनी बात सामने रखी जा सके।
10. प्रोमो में कभी भी भारी-भरकम शब्द का इस्तेमाल न करें।

कमिंग अप का उदाहरण

11. प्रोमो में मुहावरे या लोकोक्ति का इस्तेमाल बिलकुल न करें।
12. प्रोमो में चूँकि कम शब्द लिखने होते हैं, इसलिए सहज शब्दों का इस्तेमाल करें।
13. प्रोमो को आम आदमी से जोड़ने की कोशिश करनी चाहिए।
14. प्रोमो का आखिरी शब्द भी काफी मायने रखता है। ये खास तौर पर वो शब्द होता है, जिससे न सिर्फ प्रोमो की पहचान होती है, बल्कि पूरे प्रोग्राम की पहचान भी यही बन जाता है, इसलिए उस खास शब्द के लिए भी मेहनत करने की जरूरत है।

रंगों की भाषा

रंगों की अपनी भाषा है, इसलिए टेलीविजन न्यूज चैनलों में रंगों का खास महत्त्व है। क्या कभी आपने अन्दाजा लगाया है कि टेलीविजन न्यूज चैनलों में अकसर लाल रंग का इस्तेमाल क्यों किया जाता है। हर तरफ लाल रंग, ब्रेकिंग न्यूज की पट्टी आखिर गहरे लाल रंग की ही क्यों होती है। आखिर क्या वजह है कि न्यूज चैनलों में रंगों को इतनी प्रमुखता दी जाने लगी है। आपने अकसर देखा होगा कि अच्छे विजुअल होने के बावजूद ग्राफिक्स लगाए जाते हैं। हर स्टोरी में ग्राफिक्स की प्रधानता होती है। वो भी गहरे रंग में। साफ है कि इसका मतलब भी रंगों से जुड़ा ही है।

टीवी न्यूज में रंगों के इस्तेमाल का उदाहरण देखिए

आखिर रंग हैं क्या? रंग को फिजिक्स या केमिस्ट्री के सन्दर्भ में समझना और उससे तटस्थ रहना सही नहीं है क्योंकि भाषा का इनसानी भावों से गहरा सम्बन्ध है। भाषा या चित्र भी आखिर क्या हैं? रंगों का हिस्सा ही तो हैं, रंगों से उकेरे हुए शब्द। मैंने टेलीविजन की भाषा से जुड़े जितने भी लेख लिखे, वो भी भले ही शब्दों के तौर पर अलग-अलग हों लेकिन आखिरकार हैं तो रंग ही। ये तो हम सबको पता है कि शुरू-शुरू में इनसान चित्रात्मक भाषा का इस्तेमाल करता था। दूर क्यों जाएँ, जब देश आजाद हुआ तो पचासी फीसदी लोग निरक्षर थे। ऐसे में लोगों के लिए वोट देना एक बहुत बड़ी समस्या थी। तब चुनाव आयोग ने चित्रात्मक भाषा का इस्तेमाल किया। बजाय कुछ लिखने के पार्टियों को निरूपित करने के लिए आम जिन्दगी के कुछ चित्र उठा लिये। लालटेन, बैलगाड़ी, घोड़ा आदि। अलग-अलग पार्टियों के लिए अलग-अलग बैलेट बॉक्स और सबकी पहचान चित्र और रंग के रूप में। इतना ही नहीं, टेलीविजन में भी हमारी सफलता सबसे ज्यादा तब है, जब हम चित्रों या रंगों के माध्यम से अपनी बात ज्यादा-से-ज्यादा कह सकें।

रंग इनसान के भावों की अभिव्यक्ति है। रंग चीजों का मूर्त रूप है। क्या आप इस बात की कल्पना कर सकते हैं कि अगर इस दुनिया में सिर्फ एक ही रंग होता तो आप चीजों को कैसे पहचानते। आकार के हिसाब से। फिर क्या होता...जरा दोपहर या रात के समय खुले मैदान या छत पर पीठ के बल लेटिए और आसमान की तरफ देखिए। कैसी है ये दुनिया? बस ये समझ लीजिए कि रंगों के अभाव में ये दुनिया वैसी ही होगी। जाहिर है, टेलीविजन में रंगों का महत्त्व इसी से जुड़ा है। अगर रंग न हों तो टेलीविजन और रेडियो में फर्क ही क्या रहेगा।

आप भाषा के बहुत बड़े कारीगर हों लेकिन अगर आपको रंगों की तमीज नहीं तो आप बहुत कुछ खो देते हैं। रंगों का सही चयन आपको बहुत दूर तक ले जा सकता है। अगर आपके रंगों का चयन ठीक नहीं रहा तो वो आपको पीछे भी धकेल सकता है। जरा सोचिए, आखिर लाल और पीले रंगों को देखकर जानवर क्यों चिढ़ जाते हैं। देवानन्द जब व्हाइट और ब्लैक रंग का कॉम्बिनेशन पहनकर निकलते थे तो क्यों लड़कियाँ पागलपन की हद तक दीवानी हो जाती थीं। जाहिर है, रंग एक ऐसा सच है, जिसके बिना दुनिया में कोई कल्पना नहीं की जा सकती। रंगों का वैविध्य आनन्द है। रंग ही सौन्दर्य है। सच तो ये है कि रंग ही किसी पदार्थ की अस्मिता है।

हर रंग का अपना महत्त्व है। ये बात हर तरफ लागू होती है, टेलीविजन के लिए भी। रंगों से जुड़ाव के लिए ये जरूरी है कि इसके धार्मिक महत्त्व को समझा जाए। ओल्ड टेस्टामेंट में लाल, नीले, बैंगनी और सफेद रंगों को क्रमशः अग्नि, वायु, जल और पृथ्वी तथा इन सब रंगों के समूह को 'ईश्वर' का प्रतीक माना गया है। भारत में नीले रंग को भगवान कृष्ण से, हरे को इस्लाम से, लाल को शादी के रंग के तौर

पर, जबकि सफेद को शोक के रंग के तौर पर माना जाता है। इसी तरह से द्वारिकाधीश के ध्वज में भी हर रंग को प्रमुखता दी गई है और हर रंग का आधार भी अलग-अलग है। ध्वज में विद्यमान लाल, हरा, पीला, नीला, सफेद, गुलाबी और गेरुए रंग विशेष महत्त्व लिये हैं।

टेलीविजन न्यूज चैनल का विशेष अभिप्राय, न सिर्फ न्यूज प्रसारित करना है, बल्कि समाज के रंग को आइने की तरह दिखाना भी है। समाज के भावों को निरूपित करना है, जबकि इसका सबसे बड़ा जरिया रंग हैं। मानवीय भावनाओं, जुड़ाव या संकेतों को संप्रेषित करने का सबसे सशक्त माध्यम रंग हैं। रंगों की शुद्धता में भावों की सूचना मिलती है। प्रत्येक रंग का एक विशिष्ट भाव होता है, जो मानसिक भावनाओं के उद्वेलन का कारण भी है।

– टेलीविजन न्यूज के सन्दर्भ में बात करें तो अगर आप खबर में कंटेंट को हाइलाइट करना चाहते हैं तो न सिर्फ लाइट कलर का इस्तेमाल करें, बल्कि कम-से-कम कलर कॉम्बिनेशन रखें।

टेक्स्ट के साथ रंगों का बेहतरीन कॉम्बिनेशन

– इसी तरह से अगर आपकी खबरों में कंटेंट कमजोर हो तो डार्क कलर का इस्तेमाल करें। साथ ही ज्यादा-से-ज्यादा रंगों का कॉम्बिनेशन बना सकते

हैं। हाँ, ये ध्यान देना जरूरी है कि सारे रंग मिलकर खिचड़ी न बन जाएँ और आपके कंटेंट को न छिपा लें।

– इसी तरह से जब व्यक्तित्व को महत्त्व देना हो तो उसे ब्राइट रखें, बाकी बैकग्राउंड को सिंगल कलर में लाइट शेड में रखें या फिर बैकग्राउंड को ब्लैक एंड व्हाइट के कॉम्बिनेशन में रखें।

– कोई शख्सियत महत्त्वपूर्ण न हो लेकिन उसे दिखाना जरूरी हो तो फिर बैकग्राउंड को डार्क शेड में रखकर उसे हाइलाइट कर दें। अपने-आप सेंट्रल प्वाइंट कमजोर पड़ जाएगा और शख्सियत पर रंग हावी हो जाएगा।

ये तो कुछ ऐसे पहलू हैं, जिनका टेलीविजन न्यूज चैनल में खबर दिखाते समय कहीं भी इस्तेमाल कर सकते हैं, जिनसे आपका हर वक्त पाला पड़ता है लेकिन रंगों की दुनिया इससे बहुत बड़ी है। हर रंग का अपना महत्त्व है। हर रंग, हर खबर के

रंगों का खूबसूरत इस्तेमाल

साथ अपना तारतम्य नहीं बिठा सकता, ये भी एक सत्य है। ऐसे में ये जानना जरूरी है कि किन रंगों को प्राथमिकता दी जाए। किस रंग का, कहाँ इस्तेमाल किया

जाए। अब बात कुछ खास रंगों के महत्त्व की और उससे जुड़े अभिप्राय को समझने की करते हैं।

लाल रंग–इस रंग का इस्तेमाल पारम्परिक तौर पर भारत में शुभ अवसरों पर किया जाता है। ये शौर्य का सूचक है। इस रंग में आक्रामकता है। इसका असर सबसे ज्यादा होता है। इस रंग को बाकी रंगों की अपेक्षा दूर से ही देखा जा सकता है। किसी व्यक्ति में प्रेरणा भरने के लिए इस रंग का इस्तेमाल किया जाता है। टीवी न्यूज के हिसाब से बात करें तो इस रंग का इस्तेमाल सबसे ज्यादा होता है। अगर कोई खबर आक्रामक तरीके से दिखाना चाहते हैं तो इसका इस्तेमाल करें। न्यूज में 'ब्रेकिंग न्यूज' जैसी स्थिति में, सिर्फ यही रंग बेहतर माना जाएगा। इसके अलावा कुछ खास खबरों के लिए स्लग, टॉपिक या टॉप बैंड[1] में भी इस रंग का इस्तेमाल कर सकते हैं।

हरा रंग–ये रंग प्रकृति और हरियाली का प्रतीक है। शान्ति और प्रगति की भावनाओं को प्रदर्शित करता है। यह मनुष्य की बौद्धिक शक्ति को बढ़ाता है। अब आप समझ लीजिए कि न्यूज में कहाँ-कहाँ इस रंग का इस्तेमाल कर सकते हैं। मसलन, अगर पर्यावरण से जुड़ी खबर हो तो ग्राफिक्स में इसका उपयोग करें। हरे रंग का इस्तेमाल बैकग्राउंड में भी कर सकते हैं। बिजनेस चैनलों में भी इस रंग का इस्तेमाल प्राथमिकता से कर सकते हैं।

पीला रंग–पीला रंग अनुराग, उत्तेजना, काम, क्रोध और संकट का रंग है। यह रंग ज्ञान का भी प्रतीक होता है। ये निष्ठा को दर्शाने का भी रंग है। इस रंग का इस्तेमाल न्यूज चैनल में कम-से-कम होता है। बस धार्मिक कार्यक्रमों में इस रंग को महत्त्व दें। ज्यादातर इस्तेमाल धार्मिक चैनलों में होता है।

नीला रंग–ये रंग धैर्य, असीम विस्तार और शान्ति का सूचक होता है। ये शक्ति का प्रतीक है। आकाश भी नीले रंग का है। इस रंग का इस्तेमाल भी टीवी न्यूज चैनलों में सबसे ज्यादा होता है। ग्राफिक्स या चैनल के लुक के हिसाब से बैकग्राउंड कलर के तौर पर इसी रंग का ज्यादातर इस्तेमाल किया जाना चाहिए। स्लग, टॉपिक या फिर टॉप बैंड के लिए, यही बैकग्राउंड में फेवरेट कलर होता है।

सफेद रंग–सफेद रंग सात रंगों के मेल से बना है। ये रंग एकता, सत्यता, शुद्धता, शान्ति, पवित्रता, स्वच्छन्दता और उज्ज्वलता का प्रतीक होता है। इस रंग का इस्तेमाल ग्राफिक्स टेक्स्ट, यानी शब्दों को लिखने के लिए सबसे ज्यादा होता है।

गेरुआ रंग–ये रंग शौर्य का प्रतीक है। गेरुआ रंग इनसान के भीतर लड़ने की प्रेरणा देता है। धार्मिक कार्यक्रमों या फिर साहस के किसी भी कार्यक्रम के लिए इस रंग का इस्तेमाल करें तो बेहतर है।

गुलाबी रंग–ये रंग कोमलता और सुन्दरता को निरूपित करता है। इस रंग का इस्तेमाल त्योहारों में ग्राफिक्स या बैकग्राउंड के तौर पर कर सकते हैं। प्यार या फिर बॉलीवुड के किसी कार्यक्रम को बनाने के लिए भी, इस रंग का इस्तेमाल करें तो बेहतर है।

काला रंग–काले रंग को अन्धकार, निद्रा, अज्ञान और विरोध का रंग माना जाता है। ये रंग भय को भी निरूपित करता है। इस रंग का भी टीवी न्यूज में खूब इस्तेमाल होता है। इस रंग को आप ग्राफिक्स टेक्स्ट लिखने में भरपूर इस्तेमाल करें। इसके अलावा क्राइम से जुड़ी खबरों में सिर्फ डार्क ब्लैक कलर का ही इस्तेमाल करें। कभी वॉल या वर्चुअल बनाने में भी डार्क ब्लैक कलर बढ़िया माना जाता है। बैकग्राउंड के लिए इस रंग का खास महत्त्व है।

रंगों को लेकर आम लोगों में प्रचलित और पारम्परिक तौर पर चली आ रही मान्यताएँ भी हैं और इसका कुछ-कुछ वैज्ञानिक आधार भी। लेकिन कुल मिलाकर रंग दुनिया की सबसे बेहतरीन चीज हैं। हर रंग अपने-आप में महत्त्वपूर्ण है। कहीं भी, किसी भी रंग का इस्तेमाल कर सकते हैं। बस, ऊपर की चन्द बातों का ध्यान रखें तो आपकी खबरों को उससे सहारा मिल सकता है क्योंकि रंग टीवी न्यूज की सबसे बड़ी भाषा है।

सन्दर्भ

1. चैप्टर देखें–'न्यूज चैनलों के खास शब्द'।

टेलीविजन और भाषा

बदल गई भाषा की परिभाषा

इस पूरी किताब में मैंने टीवी की भाषा के ही अलग-अलग पहलुओं को समझाने की कोशिश की है लेकिन इस लेख में, मैं आपके सामने एक नई चीज रखने की कोशिश कर रहा हूँ कि कैसे टेलीविजन में भाषा की पारम्परिक परिभाषा पूरी तरह से बदल गई है। कैसे टीवी ने अपने लिए नई भाषाओं को गढ़ा है। इन बातों को समझने से पहले ये जानना जरूरी है कि आखिर भाषा क्या है और टेलीविजन के सन्दर्भ में भी क्या भाषा का वही मतलब है या फिर कुछ अलग है। टीवी की भाषा बताने से पहले मैं भाषा से जुड़ी परिभाषाओं के बारे में बताना चाहूँगा, जिसे भाषा वैज्ञानिकों ने सामने रखा है–

– 'ध्वन्यात्मक शब्दों द्वारा विचारों का प्रकटीकरण ही भाषा है।'

–स्वीट

– 'मनुष्य ध्वन्यात्मक शब्दों द्वारा अपने विचार प्रकट करता है। मानव मस्तिष्क वस्तुतः विचारों के प्रकाशन के लिए ऐसे शब्दों का सदैव उपयोग करता है। इस प्रकार के कार्यकलाप को ही भाषा की संज्ञा दी जाती है।'

–येस्पर्सन

– 'भाषा एक प्रकार का चिह्न है। चिह्न से तात्पर्य उन प्रतीकों से है, जिनके द्वारा मनुष्य अपने विचार दूसरों तक सम्प्रेषित करता है। ये प्रतीक भी कई प्रकार के हैं–एक वो, जिसे आँखों से समझा जाए। एक वो, जिसे कानों से सुना जाए और तीसरा, जिसे स्पर्श से महसूस किया जाए। भाषा की दृष्टि से वास्तव में कान से सुननेवाला प्रतीक ही वास्तव में श्रेष्ठ है।'

–ब्रान्द्रिए

– 'ध्वन्यात्मक शब्दों द्वारा हृदयगत भावों तथा विचारों का प्रकटीकरण ही भाषा है।'

–गुणे

– 'अर्थवान कंठोद्रीर्ण ध्वनि समष्टि ही भाषा है।'

–सुकुमार सेन

इन परिभाषाओं को पढ़कर आपको कुछ समझ में आया? इन परिभाषाओं से एक बात तो साफ है कि भाषा की पहली जरूरत ध्वनि है। इसका मतलब ये हुआ कि सार्थक ध्वनियों के माध्यम से एक व्यक्ति, जब दूसरे व्यक्ति से अपने विचार प्रकट करता है तो यही भाषा है। इसके अलावा भाषा वैज्ञानिक लिपियों को भी इसी में शामिल करते हैं, यानी भाषा के दो प्रकार हुए—एक जो ध्वनि है और दूसरा, इसे शब्दों में लिखने के लिए लिपि।

क्या आज के सन्दर्भ में ये पूरी तरह सही है? कम-से-कम टेलीविजन के सन्दर्भ में ऐसा कह सकते हैं? क्या इशारों से आपस में कुछ कहना भाषा नहीं है? क्या ट्रैफिक पुलिसमैन चौराहे पर खड़ा होकर, जो इशारा करता है, वो भाषा नहीं है? क्या ट्रेन के लिए सिग्नल का हरा या लाल होना भाषा नहीं है? युद्ध के दौरान सायरन का बजना भाषा नहीं है? कहने का मतलब ये है कि भाषा सिर्फ ध्वनियों या लिपि तक सीमित नहीं होती। सिर्फ ध्वनियों और लिपि को ही भाषा कहना ज्यादती है। कम-से-कम टेलीविजन के सन्दर्भ में। इसे साबित करने के लिए मैं रीतिकाल के एक मशहूर कवि बिहारी के एक दोहे की याद दिलाना चाहूँगा—

कहत नटत रीझत खिझत, मिलत खिलत लजियात
भरे भौन में करत है, नैनन ही सौं बात

इसका मतलब ये हुआ कि सदियों पहले जब परिवार काफी बड़ा होता था और पति-पत्नी को आपस में बातचीत करने के लिए भी वक्त नहीं मिलता था। उस समय एक नया जोड़ा भरी महफिल में भी, बिना बोले आपस में, न सिर्फ बातचीत कर लेता था, बल्कि एक-दूसरे से गुस्सा, मनौव्वल और प्यार का इजहार भी कर लेता था। वो भी सिर्फ आँखों के इशारों से। इस सन्दर्भ में **बिहारी** आगे ये भी लिखते हैं कि किस तरह से अपने भावों के जरिए राधा और कृष्ण आपस में बात करते थे—

लखि गुरुजन बिच कमल सों सीस छुवायो स्याम
हरि सम्मुख कर आरसी हिये लगाई बाम

कुल मिलाकर मेरे कहने का तात्पर्य ये है कि टेलीविजन के लिए भाषा का मतलब बदला है। दरअसल, इसकी सबसे बड़ी वजह है, नए-नए आविष्कार। पहले कम्युनिकेशन का कोई साधन नहीं था। फिर रेडियो का दौर आया। टेलीफोन भी आया। उस समय ये कहा जाने लगा कि इशारों का क्या करेंगे। क्या अँधेरे में इशारों का कोई मतलब है। इतना ही नहीं, अगर आपसे कोई पूछे कि संसद में महँगाई के मुद्दे पर प्रधानमंत्री ने क्या कहा तो आप इशारों में क्या कहेंगे? आप किसी से गुस्सा हैं तो इशारों में अपने गुस्से का इजहार कर सकते हैं लेकिन अगर कुछ कहना हुआ तो क्या करेंगे? आप किसी को इशारों में बुला तो सकते हैं लेकिन अगर उसका नाम-पता पूछना हुआ तो क्या करेंगे? यानी साफ है कि ध्वनि को ही भाषा की संज्ञा

दी गई। लेकिन क्या अब टेलीविजन के आने के बाद ऐसा कह सकते हैं? क्या स्क्रीन ब्लैक कर दें और फिर सिर्फ आवाज ही सुनाई पड़ती रहे तो क्या इसे भाषा कहेंगे? क्या एक पिक्चर को स्टिल कर दें और सिर्फ सार्थक ध्वनि निकालते रहें तो भी इसे भाषा कहेंगे? साफ है, टीवी की भाषा कई सारी चीजों से मिलकर बनती है।

टीवी की भाषा तीन मुख्य चीजों से मिलकर बनती है। पहली, सार्थक ध्वनि, दूसरी लिपि और तीसरी तसवीर। टीवी के लिए तीनों ही माध्यम बहुत अनिवार्य हैं। हालाँकि टीवी की अपनी विशेषता तसवीर है, जो सबसे अलग है, इसलिए टीवी की भाषा के लिहाज से ज्यादातर समय ये सबसे महत्त्वपूर्ण होती है।

पारम्परिक और आधुनिक तौर पर भी भाषा में कई अन्तर हैं। पारम्परिक तौर पर भाषा में सबसे पहले ध्वनि को स्थान दिया गया लेकिन बाद में जब लगा कि एक इनसान जब मर जाता है, तब फिर उसकी कोई चीज बची नहीं रह जाती। ऐसे में कोई भी साहित्य या संस्कृति कैसे आगे बची रहे। ऐसे में लिपि का आविष्कार हुआ क्योंकि अगर आपको आज कबीर, तुलसी की कृति को समझना हो तो लिपि ने ही उसे बचाकर रखा है। लेकिन टेलीविजन की खासियत ये है कि अगर आपको ये जानना हो कि गांधी कैसे थे, गांधी ने क्या-कुछ जीवन दर्शन दिए हैं, तो ये सारी चीजें आपको टीवी के माध्यम से मिल सकती हैं। वो भी खुद गांधी जी कहते हुए नजर आते हैं, यानी एक तरह से टीवी की भाषा ने इनसान को भी समय से परे, यानी अमर कर दिया है।

यहाँ मैं आपका इस ओर भी ध्यान दिलाना चाहूँगा कि आखिर भाषा की उत्पत्ति कैसे हुई। हालाँकि टेलीविजन के सन्दर्भ में हो सकता है कि पल भर के लिए आपको लगे कि ये पुरानी चीजें जानकर क्या करेंगे लेकिन आपको बता दूँ कि जब इनसे जुड़ी हुई थ्योरी जानेंगे तो भाषा की सही-समझ पैदा होगी।

भाषा की उत्पत्ति

अब तक ऐसा कोई भी ऐतिहासिक प्रमाण नहीं मिला है, जिससे ये पता चल सके कि भाषा की उत्पत्ति कैसे हुई। भारतीय आचार्यशास्त्री दंडी ने अपने ग्रन्थ 'काव्यादर्श' में लिखा है–

इदमन्धन्तमः कृत्स्नं जायेद भुवनत्रयम।
यदि शब्दाहृदयं ज्योतिरासंसारं न दीप्यते॥

इसका मतलब ये हुआ कि सृष्टि के पैदा होने के समय ही अगर भाषा की शुरुआत न हुई होती तो ये ब्रह्मांड ही अन्धकार में डूब जाता, यानी भाषा को लेकर यही धारणा आम है लेकिन इसके बावजूद भी कई विद्वान ऐसे हैं, जिन्होंने तर्क के जरिए भाषा की उत्पत्ति को साबित करने की कोशिश की है। इसमें यास्क, द्वैपायन,

व्यास, भर्तृहरि, मैक्समूलर, ब्लूमफील्ड, बेन्द्रिए, जेस्पर्सन, मेरियो पेई, ऐर ए विल्सन आदि प्रमुख हैं। तमाम किताबों को खंगालकर हम ऐसी ही कुछ थ्योरी और तर्क आपके सामने रख रहे हैं।

1. दिव्योत्पत्ति सिद्धान्त–इस सिद्धान्त के तहत इनसानों की तरह ही भाषा को भी भगवान ने पैदा किया है। मैक्समूलर के मुताबिक, धर्मभीरू परम्परावादी व्यक्ति के अनुसार भाषा के प्रणेता ईश्वर हैं। ऋग्वेद में कहा गया है कि–

   देवीं वाचमजनयन्त देवाः
   तां विश्वरूपाः पशवो वदन्ति।

   यानी वाणी को देवों ने उत्पन्न किया।

2. संकेत सिद्धान्त–इसके तहत शुरू में पशुओं के समान ही इनसान भी हाथ, पैर, सिर, आँख आदि अंगों को हिला-डुलाकर अपने मन की बात दूसरे के सामने रखते थे लेकिन समय गुजरने के साथ जब उन्हें परेशानी होने लगी। तब लोगों ने बातचीत के लिए भाषा को ईजाद करना शुरू किया। भामह ने भी कहा है–

   इयन्त ईदृशा वर्णा ईदृगर्याभिधायिनः
   व्यवहाराय लोकस्य प्रागित्यं समयः कृतः

   अर्थात् इतने, ऐसे वर्ण, ऐसे अर्थ का बोध कराएँ। इस प्रकार पहले-पहल लोक व्यवहार के लिए संकेत किया गया।

3. श्रमध्वनि संकेत–इसके मुताबिक जब इनसान काम करता है तो उसके साँस लेने की गति तेज हो जाती है। उसके बाद उसकी मांसपेशियों का ही नहीं, बल्कि उसकी स्वरतंत्रियों का भी आकंचन और प्रसारण होने लगता है और फिर उसके कम्पन में बढ़ोत्तरी होने लगती है। ऐसे में अचानक कुछ ध्वनियाँ मुँह से निकलने लगती हैं।

4. भावावेग सिद्धान्त–इस सिद्धान्त को माननेवालों का कहना है कि इनसान खुशी, शोक, क्रोध, आश्चर्य और घृणा आदि भावों की अभिव्यक्ति के लिए खास समय में जो ध्वनियाँ निकालता है, उसी से भाषा की उत्पत्ति हुई है। मारियो पेई ने अपनी किताब Story of Language में डार्विन के एक इसी प्रकार के मत को उद्धृत किया है–

'One hypothesis' [originally sponsored by Darwin] is to the effect that speech was in origin nothing but mouth pantomime in which the vocal organs unconsciously attempted to mimic gestures by the hands'

इस थ्योरी का समर्थन जेस्पर्सन ने भी किया है। इसके अलावा भी कई सिद्धान्त हैं। मसलन, अनुकरण सिद्धान्त, रणन, इंगित, सम्पर्क, समन्वय आदि। कुल मिलाकर

ये है कि भाषा की उत्पत्ति को लेकर कोई भी ठोस जानकारी कहीं भी उपलब्ध नहीं है। लेकिन जिस तरह से भाषा वैज्ञानिकों ने अपने सिद्धान्त दिए हैं, वो बड़े काम के हैं। कम-से-कम इससे ये तो पता चलता है कि कहीं-न-कहीं भाषा का विकास एक क्रमिक प्रक्रिया है। ये जड़ नहीं है, बल्कि समय के साथ इसका विकास होता रहा है। विकास की इसी प्रक्रिया का नया हिस्सा है, टेलीविजन की भाषा, जिसने भाषा को अपने आधार पर गढ़ने का काम शुरू कर दिया है।

टीवी की भाषा को लेकर खतरे भी बड़े हैं। अंग्रेजी को छोड़ दें तो हिन्दी या दूसरी भाषाओं के लिए अस्तित्व का ही खतरा पैदा हो गया है। हिन्दी के टेलीविजन न्यूज चैनल ही हिन्दी को कमजोर करने का काम कर रहे हैं, इसलिए भाषा के क्रमिक विकास की प्रक्रिया यहाँ बाधित हुई है लेकिन थोड़ी समझदारी से काम करें तो टीवी हिन्दी भाषा के विकास में एक बड़ा स्तम्भ बन सकता है क्योंकि टीवी की दुनिया में न सिर्फ भाषा के अर्थ बदले हैं, बल्कि इसका दायरा भी बढ़ा है।

भाषा के दो अहम तत्त्व ध्वनि और लिपि को सपोर्ट करने के लिए अब विजुअल माध्यम भी साथ दे रहा है। बिना कहे और बिना लिखे भी सिर्फ तसवीर दिखाकर आप बहुत-कुछ कह सकते हैं। कमल हासन की फिल्म 'पुष्पक' में तो एक भी शब्द नहीं बोला गया है लेकिन फिल्म देखकर सब कुछ समझ में आ जाता है। इसी तरह अगर आप देखें तो ज्यादातर चैनल किसी स्टोरी को दिखाने की बजाय चलते-चलते कुछ तसवीरें दिखाकर छोड़ जाते हैं। मसलन, अक्षय तृतीया के दिन मुम्बई और दिल्ली में अस्सी हजार शादियाँ हईं तो एंकर कहता है–'बुलेटिन में चलते-चलते दिखाते हैं कि किस तरह से मुम्बई और दिल्ली में अक्षय तृतीया के दिन शादियों का बाजार गर्म रहा और इसकी वजह से लोगों को घंटों ट्रैफिक जाम में फँसना पड़ा।' बस तसवीरें दिखा दीजिए, सब समझ में आ जाएगा। इसी तरह से कहीं आतंकी हमला हुआ हो और आप सिर्फ रोते-कराहते लोगों के विजुअल दिखा दीजिए तो लोगों का दर्द सामने आ जाएगा।

कुल मिलाकर टीवी की भाषा को सिर्फ, ध्वनि और लिपि के आधार पर समझेंगे तो भारी गड़बड़ी करेंगे। टीवी की भाषा इससे कहीं अधिक तसवीरों पर निर्भर है, जिसे न समझना, टीवी पत्रकारों के लिए आत्मघाती हो सकता है।

न्यूज चैनलों के खास शब्द

Std/Anc–जब आप स्क्रिप्ट लिखते हैं तो उसकी शुरुआत उस लाइन से होती है, जिसे स्टूडियो में बैठा एंकर बोलता है। इसे ही शॉर्ट फॉर्म में Std (Studio) या Anc (Anchor) कहते हैं।

Package–जब किसी स्टोरी में बाइट, पीटीसी लगाकर और वॉयस ओवर करके उसे एडिट करवाते हैं तो उसे पैकेज कहते हैं। पूरी कहानी पैकेज में होती है।

Std Vo–इसका मतलब है, स्टूडियो वॉयस ओवर, यानी कि जिस खबर पर स्टोरी या पैकेज न बनाना हो, उसके लिए सिर्फ छोटी-सी जानकारी लिख दीजिए और एंकर विजुअल के हिसाब से बोलता चला जाता है।

Std Bite/Byte–अगर किसी शख्सियत की सिर्फ बाइट, यानी रिएक्शन सुनाना हो तो उसके बारे में दो-चार लाइनें स्टूडियो में बैठा एंकर बोलेगा और फिर रिएक्शन सुना दें।

Sot/Bite–किसी के रिएक्शन को बाइट या सॉट कहते हैं।

Walkthrough–जब कोई बड़ी घटना होती है और रिपोर्टर लोकेशन पर जाकर घूम-घूमकर घटना के बारे में बताता है। मसलन, कहीं पर विस्फोट हुआ हो और रिपोर्टर घटनास्थल पर विस्फोट के बाद की तसवीरें दिखा रहा हो। जैसे–'किस तरह से विस्फोट के बाद खतरनाक मंजर है। लोग चीख रहे हैं...राहत कर्मी अपने बचाव अभियान में लगे हुए हैं'–Walkthrough में लोगों के साथ बातचीत भी शामिल की जा सकती है।

Boatthrough–जब रिपोर्टर पानी के जहाज या स्टीमर में बैठकर नदी, झील या बाढ़ के पानी के हालात के बारे में बताता है। ये जरूरत बाढ़ के समय ज्यादातर देखने को मिलती है।

Airthrough–जब रिपोर्टर हवाई जहाज में बैठकर हालात के बारे में बताता है। जैसे, महाकुंभ के दौरान कुछ रिपोर्टर विमान में बैठकर हरिद्वार की तसवीरें दिखा रहे थे या फिर बिहार में भयंकर बाढ़ के दौरान भी कुछ रिपोर्टरों ने विमान में बैठकर हालात का वर्णन किया था।

Ptc–इसका फुल-फॉर्म है, Piece to Camera...जब कोई रिपोर्टर घटनास्थल पर जाकर घटना के बारे में बताता है। इसका इस्तेमाल स्टोरी में किया जाता है।

IBN7 पर पीटीसी की एक तसवीर

आज तक पर पीटीसी की एक तसवीर

News room–चैनल का सबसे बड़ा और अहम हिस्सा। यहीं पर मुख्य काम होता है। यहीं पर सारी चीजें आकर मिलती हैं। रिपोर्टर से लेकर प्रोड्यूसर, ग्राफिक्स से लेकर इंजेस्ट, पीसीआर से लेकर एसाइनमेंट, सभी डिपार्टमेंट न्यूज रूम में ही आकर एक-दूसरे से मिलते हैं। यहीं पर चीजें फाइनालाइज होती हैं और उसे मूर्त रूप दिया जाता है।

Tictac–जब किसी खास शख्स से, किसी मुद्दे पर बातचीत की जाती है तो उसे टिकटैक कहते हैं। इसमें हमेशा एक ही रिपोर्टर बात करेगा, यानी टिकटैक हमेशा एक्सक्लूसिव ही होगा। मसलन, अगर रेल मंत्री ने अपना रेल बजट पेश किया और उसके बाद उनसे अकेले में बातचीत की जाए तो उसे टिकटैक कहेंगे।

Interview–टिकटैक का बड़ा रूप। इंटरव्यू बाकायदा पूरी तैयारी के साथ लिया जाता है। इंटरव्यू किसी बड़ी शख्सियत का ही लिया जाता है या फिर उस शख्स का, जिसने किसी फील्ड में कोई बड़ा काम किया हो। लेकिन टिकटैक खास और आम दोनों का हो सकता है। मसलन, कोई रेल एक्सीडेंट हो गया हो तो वहाँ मौजूद आम लोगों से बात करें या फिर रेल मंत्री से, वो टिकटैक ही होगा। लेकिन अगर वहीं रेल मंत्री से स्टूडियो में बात करें, पूरी तैयारी के साथ तो वो इंटरव्यू कहलाएगा।

IBN7 पर श्रीश्री रविशंकर का इंटरव्यू लेते संजीव पालीवाल

स्टार न्यूज पर बाबा रामदेव का इंटरव्यू लेते उपेंद्र राय

Reaction–किसी मुद्दे पर किसी शख्स की बाइट।

Voice over–पैकेज में जो आवाज ऊपर से डाली जाती है, मसलन विजुअल के हिसाब से जो आवाज ऊपर से चलती रहती है। तसवीरों का विवरण देने के लिए डाली गई आवाज। Voice over एक कला है। पैकेज में हर इनसान Voice over नहीं कर सकता। नियम ये है कि जिस रिपोर्टर की स्टोरी है, वही Voice over करे लेकिन आवाज अच्छी न होने पर रिपोर्टर से Voice over नहीं भी करवाया जाता। कई बारगी कोई अच्छी और बड़ी स्टोरी होने पर प्रोफेशनल लोगों से Voice over करवाया जाता है। इसके लिए काफी पैसे चुकाने पड़ते हैं।

Rundown–किसी भी न्यूज चैनल के लिए एक अहम शब्द, रन डाउन के जरिए ही तय होता है कि कौन-सी स्टोरी कब चलती है। चैनल में स्टोरी का सीक्वेंस क्या होगा। स्टोरी का क्रम तय करता है रनडाउन।

Duration–टीवी में ड्यूरेशन का खास महत्त्व है क्योंकि हमेशा घंटे के शुरू में हेडलाइन चलती है। हर चीज पहले से तय होती है कि कब, क्या जाना है। ऐसे में एक-एक सेकेंड का महत्त्व होता है। इसलिए हर पैकेज, स्क्रिप्ट या फिर दूसरी चीजों की ड्यूरेशन जरूर देखी जाती है।

PCR-Prodution Control Room–आप टीवी में जो भी देखते हैं, उसे जहाँ से कंट्रोल किया जाता है, उसे पीसीआर कहते हैं। यहाँ पर कई लोग बैठते हैं। जैसे–Pcr Director, Switcher, Audio Controller और दूसरे टेक्निकल स्टाफ।

पीसीआर की एक तसवीर

पीसीआर डायरेक्टर के साथ बाकी सहकर्मी

Switcher–आप देखते होंगे कि टीवी पर कभी विजुअल चलता है, कभी एंकर होता है या फिर गेस्ट। इसे बदलनेवाला स्विचर होता है।

MCR–जब टीवी पर कार्यक्रम नहीं चलता और उसमें प्रोमो या फिर दूसरे एड चलते हैं तो उसे कंट्रोल करनेवाला डिपार्टमेंट।

Graphics–पैकेज के बीच-बीच में चलनेवाले ग्राफिक्स। इसका इस्तेमाल तब होता है, जब हम कोई बड़ा तथ्य लोगों के सामने रखते हैं या फिर अगर विजुअल न हो और खबर बड़ी हो तो उसे ग्राफिक्स के माध्यम से रखते हैं। किसी भी चैनल के लिए एक अहम डिपार्टमेंट।

ग्राफिक्स का एक उदाहरण

Editing–टीवी के लिए Editing दो तरह की होती है। पहली कॉपी यानी स्क्रिप्ट की एडिटिंग और दूसरी वीडियो एडिटिंग। अगर सीधे एडिटिंग कहें तो टीवी में सामान्यतया लोग दूसरी वाली एडिटिंग समझेंगे, जिसके तहत विजुअल की एडिटिंग होती है। इसमें वॉयस ओवर लगाया जाता है और फिर बीच-बीच में बाइट लगाते हैं। आखिर में रिपोर्टर की पीटीसी।

Editing machine–जिस मशीन में वीडियो की एडिटिंग की जाती है, उसे एडिटिंग मशीन कहते हैं।

एडिटिंग मशीन जिसमें स्टोरी एडिट की जाती है

Vt editor–जो शख्स मशीन में विजुअल की एडिटिंग करता है, पूरी स्टोरी तैयार करता है।

स्टोरी को एडिट करते वीडियो एडिटर

Intern–अगर कोई शख्स कहीं पर पत्रकारिता का कोर्स कर रहा हो और कोर्स करने के दौरान ही टीवी की व्यावहारिक जानकारी लेने के लिए किसी न्यूज चैनल में काम करता है तो उसे इंटर्न कहते हैं। इंटर्न को ज्यादातर चैनल पैसे नहीं देते, बल्कि काम करने के बदले उसे एक्सपीरिएंस का सर्टिफिकेट मिलता है।

Trainee–किसी भी न्यूज चैनल में शुरुआती तौर पर काम करने के लिए ज्वाइन करनेवाला शख्स।

Producer–न्यूज चैनल में काम करनेवाला एक शख्स। किसी भी प्रोग्राम के लिए जिम्मेदार व्यक्ति। चैनल के DESIGNATION की बात करें तो इंटर्न के बाद Assistant producer, Associate Producer और फिर Producer। साफ है कि एक प्रोड्यूसर की टीम में Assistant producer और Associate Producer भी होते हैं।

Package producer–किसी भी न्यूज चैनल का अहम हिस्सा होता है उसकी पैकेजिंग टीम। इस टीम का काम होता है कि जो भी चैनल में प्रोग्राम चलते हैं, उसकी स्टोरी को देखना और एडिट करवाना। पहले वो स्क्रिप्ट राइटर से स्क्रिप्ट लेते हैं। फिर रिपोर्टर से विजुअल और बाकी इनपुट। इसके बाद वीडियो एडिटर के पास जाकर उसे एडिट करवाते हैं। इसके लिए जो जिम्मेदार शख्स होता है, उसे ही Package producer कहते हैं।

Script writer–जब रिपोर्टर कोई स्टोरी करके लाता है तो उसकी भाषा को दुरुस्त करने का काम करता है, स्क्रिप्ट राइटर। इसके अलावा अगर रिपोर्टर फील्ड में फँसा हो तो खुद भी न्यूजरूम में बैठकर स्टोरी लिखता है।

Executive producer–किसी भी चैनल में जिम्मेदारी भरा पद। पूरे एक महकमे का इंचार्ज होता है। इसके अंडर में कई प्रोग्राम होते हैं। Designation wise समझाएँ तो Producer के बाद Senior producer और फिर Executive producer होता है।

Camera man–जो शख्स तसवीरों को खींचता है, वीडियोग्राफी करता है, उसे कैमरामैन कहते हैं। इसकी भूमिका काफी अहम होती है क्योंकि टीवी का मुख्य काम विजुअल दिखाना ही है। इस काम में उसे रिपोर्टर मदद करते हैं। कैमरामैन स्टूडियो के भीतर भी काम करते हैं, जिससे एंकर बुलेटिन पढ़ता है।

Panel producer–टीवी में जो भी दिखता है, उसे सही तरीके से अमल में लाने की जिम्मेदारी Panel producer की होती है। ये शख्स पीसीआर यानी Production Control Room में बैठता है। इसकी मदद के लिए

स्विचर और ऑडियो इंजीनियर के अलावा और कई लोग होते हैं, जबकि इसे रनडाउन प्रोड्यूसर के मुताबिक काम करना होता है।

Editor, Managing Editor, Editor In Chief–किसी भी चैनल का सबसे अहम और सबसे बड़ा पद। इस शख्स के ऊपर ही पूरे चैनल की जिम्मेदारी होती है। यही तय करता है कि चैनल की एडिटोरियल लाइन क्या होगी। पूरा चैनल कैसा दिखेगा। कब, क्या और कौन-सी खबर दिखाई जाएगी।

Reporter–फील्ड में काम करनेवाला शख्स। रिपोर्टर ही किसी स्टोरी को लेकर आता है, जिसे चैनल में दिखाया जाता है। चैनल में किसी भी खबर को दिखाने का सबसे अहम माध्यम यानी Source।

Correspondent–Reporter की तरह ही काम, पद में थोड़ा ऊँचा।

Stringer–Stringer का काम भी रिपोर्टर की तरह ही होता है लेकिन ये चैनल का employee नहीं होता, बल्कि हर स्टोरी के लिए इसे एक खास रकम दी जाती है।

Anchor/News Reader–वो शख्स जो स्टूडियो के भीतर बैठकर न्यूज पढ़ता है। ये शख्स किसी भी चैनल का मुख्य चेहरा होता है।

Bureau chief–जो भी शख्स नेशनल, दिल्ली, मुम्बई या फिर किसी दूसरे ब्यूरो का हेड होता है, उसे ब्यूरो चीफ कहते हैं।

Sketch–न्यूज चैनल का एक अहम हिस्सा। अपनी बात को और वजनदार तरीके से कहने के लिए आजकल स्केच का खूब इस्तेमाल किया जाता है, बल्कि जहाँ विजुअल न हो लेकिन आपको स्टोरी दिखानी हो तो फिर स्केच का सहारा लेते हैं। जैसे कोर्ट रूम के भीतर की बात हो या फिर बीसीसीआई की मीटिंग में कोई लड़ाई की बात दिखानी हो या फिर मंत्रिमंडल की मीटिंग की कोई अहम बात बतानी हो तो स्केच के जरिए अपनी कहानी कह सकते हैं। ऐसे में हर चैनल स्केच आर्टिस्ट रखते हैं।

Graphic designer–किसी भी चैनल की एक अहम जरूरत। चैनल का रंग क्या होगा, उसकी डिजाइन, लेआउट बनाने की जिम्मेदारी ग्राफिक डिजाइनर की होती है। इसके लिए बाकायदा एक बड़ी टीम (दस से पन्द्रह लोगों की) काम करती है।

Animation–ग्राफिक्स का एक अहम हिस्सा। मान लीजिए कि कहीं पर कोई विमान दुर्घटनाग्रस्त हो गया हो, तो उसे दिखाने के लिए आपके पास विजुअल तो होंगे नहीं लेकिन आप एनिमेशन के जरिए पूरी घटना बता सकते हैं। इतना ही नहीं, अगर कोई बच्चा बोर-वेल में गिर गया हो तो गिरने से लेकर बचाने की पूरी तकनीक को एनिमेशन के जरिए बताया जा सकता है। ये काम ग्राफिक्स डिपार्टमेंट का होता है।

Cartoon–आजकल न्यूज चैनलों में कार्टून का खूब इस्तेमाल होता है। इसका विशेष उद्देश्य है, व्यंग्य करना। इसका इस्तेमाल ज्यादातर चुनाव के दौरान होता है। कार्टून के जरिए पत्रकार काफी-कुछ कहने की छूट ले लेते हैं, जो अन्यथा सीधे ये नहीं कह सकते।

Edit bay–जहाँ पर मशीन में किसी स्टोरी को एडिट किया जाता है, जहाँ वीटी एडिटर काम करता है, उसे एडिट बे कहा जाता है।

Injest–इंजेस्ट एक अलग डिपार्टमेंट होता है। इसके कई काम हैं, कहीं बाहर से अगर विजुअल कोई भेज रहा हो तो वो सबसे पहले इंजेस्ट के पास ही आता है। अगर कोई लाइव या गेस्ट से बात करनी हो तो वो इंजेस्ट के जरिए ही मिलता है। इतना ही नहीं, अगर आपको कोई फाइल तसवीर लेनी हो तो उसे इंजेस्ट डिपार्टमेंट के जरिए ही सर्वर से भेजा जाता है।

Library–न्यूज चैनल का अहम डिपार्टमेंट, जहाँ सारे विजुअल और खास चीजें आर्काइव करके रखी जाती हैं। आप समझ लीजिए कि लाइब्रेरी किसी भी चैनल की रीढ़ है। अच्छे चैनल की लाइब्रेरी बहुत अच्छी होती है, बल्कि कई संस्थान तो अपनी लाइब्रेरी के पुराने विजुअल दूसरे चैनल को बेचते भी हैं।

Archive–जब कोई बेहतरीन वीडियो, ऑडियो या दूसरी चीज चैनल के पास आती हैं, तो उसे आर्काइव किया जाता है, ताकि आनेवाले समय में जरूरत पड़ने पर उसका इस्तेमाल किया जा सके। आर्काइव एक सबूत की तरह होता है। कई बार तो अदालत भी किसी चैनल से कुछ माँगती है तो चैनल सिर्फ इसलिए दे पाते हैं क्योंकि वो चीजें आर्काइव करके रखी होती हैं।

Studio–ये वो हिस्सा है, जहाँ पर एंकर बैठता है। अगर गेस्ट आते हैं तो उन्हें बिठाया जाता है। यहीं से चीजें पूरी दुनिया के सामने जाती हैं।

Makeup man–किसी भी शख्स को ऑन एयर करने से पहले उसका मेकअप किया जाता है, जिससे देखने में वो बुरा न लगे। मेकअप इसलिए भी किया जाता है, ताकि ऑन एयर लुक में कोई गड़बड़ी न हो। इसके लिए बाकायदा एक टीम काम करती है।

Hair stylist–एंकर, रिपोर्टर या फिर दूसरे लोगों को टीवी पर ऑन एयर करने से पहले उनके बालों को ठीक करवाना पड़ता है। ये लोग अपना हेयर स्टाइल खुद नहीं चुनते, बल्कि एक्सपर्ट इन्हें बताते हैं कि ऑन स्क्रीन उन पर कौन-सा स्टाइल सूट करेगा। इसके लिए हेयर स्टाइलिस्ट रखे जाते हैं।

Make Up Room–मेकअप करवाने और बाल ठीक करने के लिए बाकायदा एक मेकअप रूम भी होता है।

Guest Co-Ordination–एक जरूरी डिपार्टमेंट। चौबीस घंटे के न्यूज चैनल में खबरें दिखाने के लिए समय-समय पर अलग-अलग विशेषज्ञों की जरूरत पड़ती है। जहाँ राजनीतिक खबरों को दिखाने के लिए नेताओं की, वहीं क्राइम की खबरों को दिखाने के लिए पुलिस अधिकारियों की तो मेडिकल से जुड़ी चीजों को दिखाने के लिए डॉक्टरों की। इसी तरह से बाकी खबरों के लिए कोई-न-कोई विशेषज्ञ बुलाना पड़ता है। ऐसे लोगों को बुलाने के लिए गेस्ट को-ऑर्डिनेशन डिपार्टमेंट बनाया जाता है। इसमें जरूरत के हिसाब से दो से पाँच लोग होते हैं।

Input–Output–न्यूज चैनलों को दो भागों में बाँटे तो उसे इनपुट और आउटपुट कहते हैं। इनपुट का मतलब उस डिपार्टमेंट से है, जो खबरें लेकर आता है और आउटपुट का मतलब उस डिपार्टमेंट से है, जिसके ऊपर खबरें बेहतरीन तरीके से बनाकर दिखाने की जिम्मेदारी होती है। दोनों ही विभाग अपने-आप में खासे महत्त्वपूर्ण हैं। एक के बिना दूसरे का कोई महत्त्व नहीं, एक के बिना दूसरा काम नहीं कर सकता, बल्कि दोनों विभाग चैनल की दो आँखें हैं। इनपुट में मुख्यतया एसाइनमेंट और बाकी ब्यूरो होते हैं। इसके अन्तर्गत इंजेस्ट, गेस्ट को-ऑर्डिनेशन भी आते हैं। इसी तरह से आउटपुट के अन्तर्गत न्यूज डेस्क की टीम, प्रोग्रामिंग की टीम, ग्राफिक्स, लाइब्रेरी, पीसीआर डिपार्टमेंट आते हैं।

Assignment–इनपुट विभाग का एक अहम भाग, जो न्यूजरूम में ही बैठता है। तमाम जगहों से रिपोर्टर से बात करके अपनी स्टोरी आउटपुट को भेजता है। इसके अलावा खबरों की तमाम एजेंसियों, जैसे–पीटीआई, एपीटीएन, रॉयटर आदि की अहम खबरें छाँटने का काम भी इन्हीं का है। इसके अलावा Forword Planning का काम भी इसी डिपार्टमेंट का है।

National bureau–इस ब्यूरो में कई लोग होते हैं, जो देश की राजधानी दिल्ली में काम करते हैं। इस ब्यूरो के लोग सिर्फ राष्ट्रीय महत्त्व की खबरों पर नजर रखते हैं। इसके तहत भारत सरकार से जुड़े काम, संसद को कवर करना, विदेश मामलों को देखना आता है।

Delhi bureau–दिल्ली ब्यूरो के रिपोर्टर सिर्फ और सिर्फ राजधानी दिल्ली की खबरों को देखते हैं। इनका काम नेशनल ब्यूरो से अलग होता है। ये दिल्ली सरकार के काम, दिल्ली विधानसभा को कवर करते हैं। साथ ही दिल्ली में क्राइम, स्कूल, कॉलेज को भी कवर करते हैं।

Mumbai bureau–एक महत्त्वपूर्ण ब्यूरो, जिसका काम दिल्ली ब्यूरो की तरह, सिर्फ मुम्बई और महाराष्ट्र की खबरों को कवर करना है।

News Agencies/ Wires–Press Trust Of India, United News of India, APTN, Reutors–न्यूज का एक अहम सोर्स। ये एजेंसियाँ हैं। यहाँ से भी बड़ी-बड़ी खबरें आती हैं।

Admin department–एक ऐसा डिपार्टमेंट, जो चैनल में काम करने के दौरान जरूरत की चीजें करता है। जैसे न्यूज रूम में कागज-कलम लाने से लेकर किसी के विजिटिंग कार्ड को बनवाने और कूरियर आदि का काम। गेस्ट को रिसीव करने का काम भी यही करते हैं।

Fleet–फ्लीट डिपार्टमेंट न्यूज चैनल में जरूरत की गाड़ियाँ मुहैया कराता है। नाइट शिफ्ट में काम करनेवाले लोगों को घर लाना और घर तक छोड़ना, गेस्ट को लेकर आना और उन्हें छोड़ना, इन्हीं के काम हैं।

Ob van–एक ऐसी वैन या गाड़ी, जिसके जरिए किसी दूर की तसवीर को न्यूज चैनल तक भेजा जाता है। एक महँगी गाड़ी, जिसमें बड़ी-बड़ी मशीनें लगी होती हैं। इसके जरिए सीधे सेटेलाइट से कनेक्ट किया जा सकता है और किसी भी तसवीर को लाइव भेजा जा सकता है।

Topic–न्यूज चैनल में किसी भी स्टोरी को बताने या फिर खबर का सारांश, जिसे आप स्क्रीन पर लिखा हुआ देख सकते हैं। किसी भी स्टोरी का थीम होता है, उसका टॉपिक। मतलब टॉपिक देखकर ही आप स्टोरी के बारे में अन्दाजा लगा सकते हैं। जैसे–हरियाणा की रुचिका के मामले में राज्य के पूर्व डीजीपी एस. पी. एस. राठौर के खिलाफ मामला चल रहा है तो अगर उसका टॉपिक लिखा हुआ हो कि–राठौर को जेल...तो आप सहज तरीके से ही खबर को समझ जाएँगे। टॉपिक हमेशा स्क्रीन के सबसे नीचे से थोड़ा ऊपर लिखा होता है। सबसे नीचे जो लिखा होता है, उसे टिकर कहते हैं और टिकर के ऊपर टॉपिक लिखा होता है। खबर बदलते ही टॉपिक भी बदल जाते हैं।

Top band–टॉप बैंड हमेशा स्क्रीन पर सबसे ऊपर दिखता है। हर स्टोरी के साथ अलग-अलग होता है। लेकिन जहाँ टॉपिक में मुख्य बातें लिखी होती हैं, वहीं टॉप बैंड में खबरों को और विस्तार से लिखते हैं। मसलन, रुचिका मामले में पूर्व डीजीपी को जेल, पूर्व डीजीपी राठौर को डेढ़ साल की सजा, रुचिका के खिलाफ मामले में सजा।

Aston/caption–जब किसी शख्स का परिचय बताने के लिए उसका पद लिखा जाता है तो उसे न्यूज चैनलों की भाषा में एस्टन या केप्शन कहते हैं।

Chapter–जब शुरुआती तौर पर खबरें आती हैं और चैनलों के पास विजुअल नहीं होते तो खबरों को बताने के लिए हमेशा चैप्टर का इस्तेमाल करते हैं, यानी शब्दों में लिख-लिखकर उसे ग्राफिक्स के जरिए दिखाते हैं।

Breaking news–ऐसी बड़ी खबर, जिसकी जानकारी अभी-अभी मिली हो और उसका महत्त्व इतना हो कि हम अपने रेग्युलर प्रोग्राम या न्यूज दिखाना

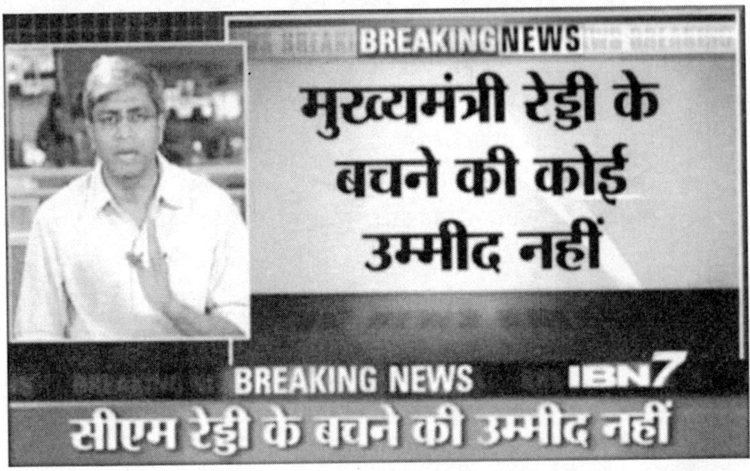

ब्रेकिंग न्यूज की तसवीर

ब्रेकिंग न्यूज की तसवीर

ब्रेकिंग न्यूज की तसवीर

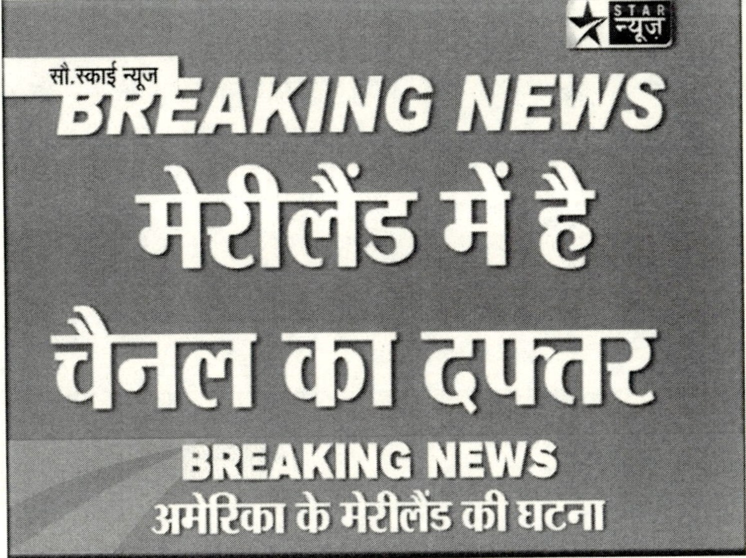

ब्रेकिंग न्यूज की तसवीर

ब्रेकिंग न्यूज की तसवीर

छोड़कर उसे दिखाने के लिए मजबूर हो जाएँ तो उसे ब्रेकिंग न्यूज कहते हैं। इस पर पूरे देश की नजर होती है। मसलन, कसाब को फाँसी की सजा।

News flash–एक ऐसी खबर, जिसकी जानकारी अभी-अभी मिली है और वो बड़ी खबर हो लेकिन इतनी बड़ी नहीं कि उसे दिखाने के लिए अपना रेग्युलर बुलेटिन तोड़ना पड़े तो उसे न्यूज फ्लैश की तरह से लिखकर लोगों के सामने रख देते हैं।

News update–एक ऐसी खबर, जिस पर लगातार इनपुट मिल रहे हों और जिसे बताना जरूरी हो तो उसे न्यूज अपडेट में रखते हैं। अगर कोई बड़ी शख्सियत बीमार हो और उसमें लगातार अपडेट मिल रहे हों तो फिर उसे अपडेट डालकर बता सकते हैं।

Top 5/top 10–न्यूज चैनलों ने दर्शकों की सुविधा के लिए एक फॉर्मेट बना रखा है, जिसके तहत वो अपने हिसाब से चन्द मिनटों में पाँच से दस बड़ी खबरें बनाकर सामने रखते हैं। हालाँकि अलग-अलग चैनलों के लिए बड़ी खबरें अलग-अलग हो सकती हैं, बल्कि अखबार के लिए भी ये अलगाव देखने को मिल सकता है। आजकल तो कई चैनल पाँच मिनट में पच्चीस खबरें और पन्द्रह मिनट में सौ खबरें भी दिखाने लगे हैं।

Bug–बग ग्राफिक्स का एक हिस्सा है, जो स्क्रीन पर कभी-कभी दिखता है। यह स्क्रीन पर बिलकुल छोटे से हिस्से में वर्गाकार या आयताकार लगा होता है। यह खबर के अलावा प्रचार के लिए भी लगाया जाता है। मसलन, मुम्बई में सबसे बड़े आतंकवादी हमले पर फैसला आना था। उस समय तमाम चैनलों ने अलग-अलग बग चलाए थे। जैसे–'फैसले का दिन', 'सबसे बड़ा फैसला', 'कसाब को फांसी?' इसी तरह से पर्व-त्योहार के समय भी खूब बग लगाया जाता है। जैसे–होली के समय, 'होली है', नए साल के दौरान 'Happy New Year'

Ticker–टीवी का अहम हिस्सा। स्क्रीन पर नीचे लिखा वो हिस्सा, जो लगातार Scroll होता हुआ बदलता रहता है। इसमें तमाम खबरें लिखी होती हैं। दर्शकों के लिए समाचार जानने का ये एक बड़ा महत्त्वपूर्ण जरिया है। जिन दर्शकों के पास कम वक्त होता है, वो टिकर को पढ़कर ही देश की बड़ी खबरों को जान लेते हैं। टिकर पर बैठनेवाले को भाषा की गहरी समझ होनी चाहिए।

सबसे नीचे लिखी गई लाइन लोअर टिकर कहलाती है और उसके ऊपर अपर टिकर

Promo–किसी भी कार्यक्रम का जब प्रचार किया जाता है तो उसे प्रोमो कहते हैं। प्रोमो बना है Promotion से। बाकायदा इसके लिए अलग डिपार्टमेंट होता है। इसमें स्क्रिप्ट लिखनेवाले शब्दों के जादूगर होते हैं। वो कम-से-कम शब्दों में इस तरह से लिखते हैं, जिससे कि दर्शक वो कार्यक्रम देखने को मजबूर हो जाए।

Teaser/Coming up–कार्यक्रम दिखाने के दौरान टीवी की बड़ी मजबूरी ब्रेक लेने की होती है, जब एडवरटाइजमेंट दिखाए जाते हैं। इस दौरान जैसे ही चैनल पर खबर को रोककर एड दिखाते हैं, वैसे ही खतरा ये होता है कि दर्शक दूसरा चैनल न देखने लग जाए। ऐसे में एंकर ये बताता है कि ब्रेक के बाद क्या विशेष दिखाएँगे। इसे ही टीजर या कमिंग अप कहते हैं। इसमें ब्रेक के बाद दिखाई जानेवाली खबर के बारे में बताते हैं। साथ ही उसके कुछ विजुअल भी दिखाते हैं। इसके लिए जिन शब्दों का इस्तेमाल होता है, वो कुछ इस तरह के हैं–'वक्त है एक ब्रेक का', 'ब्रेक के बाद दिखाएँगे', 'फिलहाल लेते हैं एक ब्रेक, ब्रेक के बाद आपको दिखाएँगे।'

Headlines–हर घंटे या आधे घंटे के शुरू में जब न्यूज बुलेटिन या दूसरे किसी खास कार्यक्रम की शुरुआत होती है तो कुछ चुनिन्दा खबरों के बारे में बताया जाता है। ये चार से आठ खबरों तक होती हैं। इन्हें ही हेडलाइंस कहते हैं। हर खबर पाँच से आठ सेकेंड में बताते हैं। इसे बताने के साथ-साथ विजुअल भी दिखाते हैं।

(ज्यादा जानकारी के लिए हेडलाइंस के चैप्टर देखें।)

Flyer–जब हेडलाइंस दिखाते हैं, उसी समय दो-चार शब्दों में उस खबर के बारे में भी लिखते हैं। इसे ही फ्लायर कहते हैं।

Duration–ड्यूरेशन शब्द का प्रयोग पैकेज, स्टोरी, हेडलाइंस और दूसरी चीजों के समय के लिए किया जाता है, यानी कोई भी कार्यक्रम कितने वक्त का है। इसमें घंटे के अलावा मिनट और सेकेंड का भी हिसाब रखा जाता है। दरअसल टीवी में सब कुछ फिक्स होता है। ठीक छह, सात, आठ बजे या फिर हर घंटे के शुरू में हेडलाइंस दिखानी है तो उसमें जरा-सा भी हेर-फेर करने की गुंजाइश नहीं होती। इसी तरह से हर प्रोग्राम का समय सेकेंड तक में जोड़ा जाता है, अन्यथा बुलेटिन के दौरान समय मैनेज करने में दिक्कत होती है। इसलिए न्यूज चैनलों के लिए ड्यूरेशन बेहद महत्त्वपूर्ण शब्द है।

Break–टीवी में कॉमर्शियल दिखाने के लिए जब खबरों को रोकते हैं और फिर एड दिखाते हैं तो उसे ब्रेक कहते हैं।

Ambience–टीवी में Ambience in और out का खूब इस्तेमाल होता है। ये शब्द ऑडियो से जुड़ा है। किसी भी विजुअल के दौरान जो आस-पास

का माहौल होता है, उसे एम्बिएंस कहते हैं। मसलन, कहीं ब्लास्ट हुआ हो और लोगों के चीखने-चिल्लाने की आवाजें हों तो उसे एम्बिएंस कहते हैं। कहीं नेताजी का विरोध हो रहा हो तो धरना-प्रदर्शन के दौरान जो आवाज होगी, उसे एम्बिएंस कहेंगे। न्यूज चैनलों की स्टोरी में एम्बिएंस का खूब इस्तेमाल होता है।

Wipes/Transition–एक तसवीर से दूसरी तसवीर, एक ऑडियो से दूसरे ऑडियो को बदलना ही ट्रांजिशन है। कभी-कभी ग्राफिक्स के जरिए भी ट्रांजिशन प्लेट बनाते हैं।

File footage–कई बारगी किसी खबर को दिखाने के लिए विजुअल नहीं होते या फिर देर से मिलते हैं। उस समय कोई पुरानी तसवीर दिखाकर हम खबर बता देते हैं। ऐसे वक्त पर विजुअल के ऊपर 'फाइल' जरूर लिख देना चाहिए।

Publish/Render–इन दोनों शब्दों का न्यूज में खूब इस्तेमाल होता है। जब स्टोरी विजुअली एडिट होती है तो उसे सर्वर पर लाने के लिए पब्लिश या रेंडर किया जाता है, ताकि उसे ऑन एयर किया जा सके।

Server–पूरा चैनल एक सर्वर से जुड़ा होता है। सर्वर सीधे सेटेलाइट से कनेक्ट होता है। इसी सर्वर के जरिए चैनल काम करता है। सारे स्टाफ सीधे सर्वर के जरिए एक-दूसरे से जुड़ते हैं और अपना योगदान देते हैं।

On air–जब कोई चीज सीधे टीवी स्क्रीन पर दिख रही हो तो उसे ऑन एयर कहते हैं। इस शब्द का इस्तेमाल इसलिए किया जाता है, ताकि जो भी शख्स ऑन एयर होनेवाला हो, वो अटेंशन में रहे। जो भी स्टोरी ऑन एयर जानी हो, उसके साथ छेड़छाड़ न की जा सके। इसी तरह से किसी रिपोर्टर की कोई स्टोरी चल रही हो, स्टोरी के बाद एंकर को उससे सवाल पूछना हो तो उसे ऑन एयर पोजिशन में रहना होगा, ताकि कोई गड़बड़ी न हो।

Off air–जब कोई व्यक्ति या दृश्य टीवी पर तुरन्त न दिखने वाला हो तो उसे ऑफ एयर कहते हैं। ये शब्द इसलिए कहा जाता है, ताकि उससे जुड़ा शख्स आराम की मुद्रा में आ जाए। मसलन, किसी रिपोर्टर की कई स्टोरी हों। एक स्टोरी के बाद सवाल-जवाब कर लिया जाए और फिर दूसरी स्टोरी ऑन एयर होनी हो तो रिपोर्टर को थोड़ी देर के लिए ऑफ एयर कर देते हैं।

Live–जब कोई घटना या शख्स सीधे ऑन एयर किया जाए तो उसे लाइव कहते हैं। जैसे–क्रिकेट मैच या फिर किसी गेस्ट से बातचीत।

Chat–जब किसी स्टोरी या घटना को लेकर एंकर रिपोर्टर से अथवा सम्बन्धित विषय से जुड़े किसी महत्त्वपूर्ण व्यक्ति या विशेषज्ञ से बातचीत करता है तो उसे चैट कहते हैं।

Phono–जब कोई रिपोर्टर या शख्सियत सीधा टीवी स्क्रीन पर न दिखे और फोन के जरिए ही उससे बातचीत हो तो उसे फोनो कहते हैं।

SimSat–जब कोई शख्स लाइव न हो और उसे लाइव की तरह ही दिखाना हो तो पहले से ही उसे रिकॉर्ड कर लेते हैं। फिर उसे अलग-अलग सवाल-जवाब में एडिट करके दिखाते हैं तो उसे सिम सेट कहते हैं। इससे कई बारगी लाइव का भ्रम पैदा कर सकते हैं।

Headphone–जिसे कम्प्यूटर या टीवी में लगाकर आप सीधा सुन सकें।

Mike–जिससे वॉयस ओवर किया जाता है। इसके अलावा लाइव के दौरान बातचीत के लिए एंकर या फिर गेस्ट की शर्ट के बटन के पास लेपल माइक लगाया जाता है।

Feed–विजुअल को फीड कहते हैं।

Feed ID/Path ID–जब विजुअल को सर्वर में इंजेस्ट करते हैं तो उसे एक नाम देते हैं। उसे ही फीड आईडी कहते हैं।

Two/three/four...window–जब एक साथ कई तसवीरें दिखानी हों या फिर एक साथ कई शख्स लाइव हों तो उसे कई विंडो में लगाते हैं।

2 विंडो–एक तरफ एंकर और दूसरी तरफ रिपोर्टर

3 विंडो–बीच में एंकर और दोनों तरफ रिपोर्टर

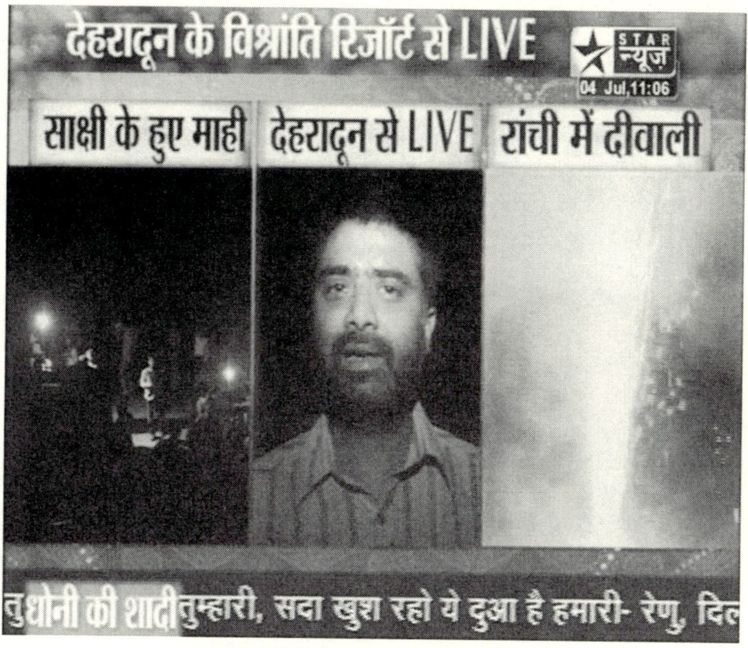

3 विंडो–बीच में रिपोर्टर और दोनों तरफ तसवीर

3 विंडो—तीनों विंडो में तसवीर

4 विंडो—दो में एंकर, एक में रिपोर्टर और एक में तसवीर

5 विंडो–एक में एंकर और बाकी में गेस्ट

5 विंडो–एक में दो एंकर, एक में रिपोर्टर और बाकी में तसवीर

6 विंडो–दो में एंकर और बाकी में रिपोर्टर

Tele Prompter–एंकर न्यूज पढ़ते समय जो भी बोलता है, वो सब कुछ लिखा होता है। इसे सामने देखकर वो पढ़ता चला जाता है। जिसमें ये सारी चीजें लिखी होती हैं, उसे ही प्रॉम्पटर कहते हैं। प्रॉम्पटर हमेशा कैमरे के साथ लगा होता है।

Float–रन डाउन में सारी स्टोरी एक-के-बाद एक लगी होती है। जब बीच में ही किसी स्टोरी को रोकना होता है तो उसे फ्लोट करना कहते हैं या फिर टोगल करना।

Skip–जब किसी सिक्वेंस में किसी स्टोरी को छोड़कर आगे बढ़ जाते हैं।

Live play–जब कोई विजुअल इंजेस्ट के पास आता है और वो बड़े ही महत्त्व का होता है तो उसे सीधे इंजेस्ट से ही ऑन एयर करते हैं। इसे ही लाइव प्ले करना कहते हैं।

Production–किसी भी चीज को ऑन एयर करने से पहले, शूट करने के बाद उस पर काफी मेहनत की जाती है। न्यूज रूम में उसके लिए एडिटिंग, स्क्रिप्टिंग, ग्राफिक्स सम्बन्धी काम होते हैं। ये सारे काम ही प्रोडक्शन कहलाते हैं।

Re-construction–जब किसी स्टोरी में विजुअल नहीं होते और उसे सही तरीके से दर्शकों को समझाने के लिए प्रोफेशनल आर्टिस्ट के जरिए पूरे घटनाक्रम को कृत्रिम रूप से दोहराया जाता है तो इसे ही री-कंस्ट्रक्शन या नाट्य रूपान्तरण कहते हैं। ये इसलिए करते हैं, ताकि किसी भी घटना को दर्शक आसानी से समझ सकें। मसलन, आरुषि हत्याकांड या फिर जेसिका लाल हत्याकांड को समझाने के लिए कई चैनलों ने री-कंस्ट्रक्शन की काफी मदद ली।

Dubbing–किसी भी ओरिजिनल आवाज के ऊपर दूसरे की आवाज लगा देना। मसलन, किसी ने अगर अपनी स्थानीय भाषा, जैसे मराठी, कश्मीरी या तेलुगु में रिएक्शन दिया हो या फिर मामला किसी विदेशी भाषा से जुड़ा हो तो उसे हिन्दी में ट्रांसलेट करके दूसरे की आवाज ऊपर से लगाते हैं।

Blur/Mosaic–जब किसी संवेदनशील मामले में वक्ता के चेहरे को छिपाना होता है तो उसे ब्लर या मोजेइक करते हैं। जैसे–बलात्कार की पीड़ित का चेहरा हमेशा ही ब्लर किया जाता है।

Feed back–किसी काम को करने के बाद उस पर लोगों की प्रतिक्रिया।

Back up–पूरा काम मशीन के जरिए होता है। ऐसे में मशीन के खराब होने का खतरा हमेशा बना रहता है, इसलिए बेकअप हमेशा तैयार रखना होता है।

Courtesy–कई बारगी हम खबर दिखाने के लिए दूसरे की तसवीर का इस्तेमाल करते हैं। मसलन, मैच दिखाने के लिए स्पोर्ट्स चैनल और सीरियल दिखाने के लिए एंटरटेनमेंट चैनल की तसवीर। यहाँ तक कि किसी बड़ी खबर के विजुअल तत्काल दिखाने के लिए दूसरे ही न्यूज चैनल की तसवीर रिकॉर्ड करके दिखा देते हैं। उस दौरान कर्टसी या फिर हिन्दी में 'सौजन्य' लिखकर उस चैनल का नाम जरूर देते हैं।

Fade in/Fade out–इन दोनों शब्दों का इस्तेमाल विजुअल और ऑडियो दोनों के लिए करते हैं। स्टोरी की शुरुआत करते समय जब ऑडियो को कम से ज्यादा करते हैं तो उसे फेड इन कहते हैं। इसी तरह से जब खबर खत्म करते हैं तो ऑडियो को ज्यादा से कम करते हैं तो उसे फेड आउट कहते हैं।

Track–ऑडियो के लिए इस्तेमाल होता है।

Enps–Quontel–अलग-अलग सिस्टम या सॉफ्टवेयर, जिन पर न्यूज चैनल काम करते हैं।

Font–हिन्दी या दूसरी भाषा में लिखने के लिए अलग-अलग फॉन्ट का इस्तेमाल होता है।

Script–किसी भी स्टोरी को लिखने का तरीका।

Story–किसी घटना को निरूपित करने के लिए।

Copy editing–जब किसी स्क्रिप्ट को सीनियर शख्स चेक करता है।

Package–जब स्क्रिप्ट में विजुअल बाइट और पीटीसी लगाकर पूरी तरह से टीवी के लिए तैयार किया जाता है।

Editorial meeting–एक अहम मीटिंग, जिसमें चैनल के दिग्गज जमा होते हैं और इसमें चैनल पर चलनेवाली खबरें तय होती हैं।

News list–एक ऐसी लिस्ट, जिसमें ये लिखा होता है कि कौन-सा रिपोर्टर आज क्या करेगा और दिन भर की बड़ी स्टोरी क्या-क्या हैं।

Day plan–एक ऐसा प्लान, जिसमें मीटिंग के बाद तय किया जाता है कि दिन भर में चैनल में क्या-कुछ चलेगा। क्या हेडलाइन बन सकती है। कब क्या दिखा सकते हैं, इत्यादि।

Story idea–जब कोई रिपोर्टर कोई विशेष स्टोरी करने का आइडिया देता है।

बिकनेवाली खबर–टीवी न्यूज चैनलों के लिए एक ऐसा शब्द, जिसे अकसर लोग इस्तेमाल करते हैं। इसका मतलब ये हुआ कि अमुक खबर टीआरपी के लिहाज से काफी अच्छी है। ये आकलन किया जाता है कि कौन-सी खबर लोग खूब पसन्द करेंगे।

खबर पर चढ़ जाओ या फिर किसी खबर से खेलना–यह टीआरपी के लिहाज से कहा जाता है। इसका मतलब ये हुआ कि अमुक खबर पर विस्तार से तैयारी करके दिखाना है।

Up Market (अप मार्केट)–किसी स्टोरी के लिए कहा जाता है। इसका मतलब ये हुआ कि एलिट क्लास में पसन्द किया जाएगा। मसलन, राजधानी एक्सप्रेस की खबरें अप मार्केट ही होंगी लेकिन दूसरी ट्रेन की नहीं क्योंकि राजधानी में हमेशा बड़े तबके के लोग सफर करते हैं।

Down Market (डाउन मार्केट)–जो एलिट क्लास की खबरें नहीं हैं, जिनका असर ऊपरी तबके पर नहीं होगा।

विजुअली रिच खबर है–ऐसी खबर, जो तसवीर के हिसाब से बहुत बड़ी हो। अब किसी गाँव में लोगों ने ही किसी चोर को पीट-पीट कर मार दिया। वैसे है तो डाउन मार्केट की खबर लेकिन विजुअली रिच हो सकती है।

माल–स्टोरी के लिए इसका इस्तेमाल करते हैं।

TRP–टेलीविजन रेटिंग प्वाइंट–मुख्यतया इससे पता चलता है कि कौन-सा चैनल लोकप्रिय है। कौन-सा कार्यक्रम लोकप्रिय है।

चटकारा लेना–व्यंग्य कसने के लिए इस्तेमाल होता है।

खबर में दम नहीं–एक आकलन, जिसका मतलब ये हुआ कि खबर को लोग पसन्द नहीं करेंगे।

माल भरना–किसी प्रोग्राम में स्टोरी की कमी से ड्यूरेशन पूरा नहीं हो पाता है तो इसका इस्तेमाल किया जाता है। माल भरने का मतलब है कि प्रोग्राम में और स्टोरी या खबर भरी जाए।

बैंड बजाना–कभी किसी नेता, पुलिस अधिकारी या फिर किसी अन्य शख्स की गलत हरकतें कैमरे में कैद हो जाएं तो फिर टीवी पत्रकार इसका इस्तेमाल करते हैं। मतलब ये हुआ कि इसके खिलाफ मुहिम छेड़ दो।

स्त्रीलिंग और पुल्लिग में सावधान

टेलीविजन न्यूज चैनलों में सबसे ज्यादा जो गलती देखने को मिलती है, वो व्याकरण के हिसाब से लिंग को लेकर है। रिपोर्टिंग के लिहाज से तो ये चल भी जाता है लेकिन एंकरिंग और स्क्रिप्ट के लिहाज से ये गलती अक्षम्य मानी जाती है। इसमें एक बड़ी परेशानी बिहार और झारखंड के लोगों की है, जिनमें हर शब्द को पुल्लिग बनाने की आदत होती है। वहीं, दिल्ली के लोग ज्यादातर शब्दों को स्त्रीलिंग बनाकर ही छोड़ते हैं। ये बताने की कोई जरूरत नहीं कि जिस शब्द से मादा होने का बोध हो वो स्त्रीलिंग है और जिस शब्द से नर होने का बोध हो, वो पुल्लिग है।

इस लेख में हम विस्तार से बताएँगे कि जहाँ नर और मादा का सीधा बोध नहीं होता हो, वहाँ आप कैसे समझ पाएँगे कि क्या पुल्लिग हैं और क्या स्त्रीलिंग। मैंने व्याकरण की अनेक किताबों का अध्ययन करने के बाद इस लेख के लिए जिस किताब को आधार बनाया है वो है, डॉक्टर वासुदेवनन्दन प्रसाद की 'आधुनिक हिन्दी व्याकरण और रचना'। इसमें पं. कामता प्रसाद गुरु के बताए नियमों के आधार पर स्त्रीलिंग और पुल्लिग को पहचानने के तरीके बताए गए हैं। आपको बता दें कि चार भाषाओं संस्कृत (तत्सम), हिन्दी (तद्भव), उर्दू और अंग्रेजी के लिए लिंग निर्णय के अलग-अलग नियम हैं। जरा ध्यान दीजिए–

संस्कृत (तत्सम) शब्दों का लिंग निर्णय

संस्कृत पुल्लिग शब्द

1. जिन संज्ञाओं के अन्त में त्र, न, ण, ज, अ, त, त्व, त्य, व, य हो– जैसे–चित्र, क्षेत्र, चरित्र, शस्त्र, पालन, पोषण, दमन, वचन (न में अपवाद स्वरूप पवन शब्द उभयलिंगी है) जलज, सरोज, क्रोध, मोह, पाक, गणित, गीत, स्वागत, नृत्य, गौरव, माधुर्य इत्यादि।
2. जिन शब्दों के अन्त में आर, आय, आस और ख होता है–जैसे–विकार, विस्तार, संसार, अध्याय, उपाय, विकास, मुख, सुख, दुख इत्यादि।

संस्कृत स्त्रीलिंग शब्द

जिन संज्ञाओं के अन्त में आ, ना, उ, ति, नि, ता, इ, इमा हो–जैसे–दया, माया, प्रार्थना, प्रस्तावना, वायु, आयु, ऋतु, अस्तु, धातु, गति, मति, हानि, ग्लानि, नम्रता, लघुता, सुन्दरता, निधि, विधि, राशि, महिमा, गरिमा आदि।

अपवाद–

उकारान्त–मधु, अश्रु, तालु, हेतु, सेतु

इकारान्त–जलधि, आदि, बलि।

हिन्दी (तद्भव) शब्दों का लिंग निर्णय

हिन्दी के पुल्लिग शब्द–जिन संज्ञाओं के अन्त में आ (ऊनवाचक संज्ञाओं को छोड़) ना, आव, पन, वा, पा, आन हो–जैसे–कपड़ा, गन्ना, पैसा, पहिया, आटा, चमड़ा, आना, गाना, चढ़ाव, बड़प्पन, बुढ़ापा, लगान, मिलान, खान, पान (अपवाद–उड़ान, चट्टान)

हिन्दी के स्त्रीलिंग शब्द–जिन संज्ञाओं के अन्त में ई, इया, त, ऊ, अनुस्वार, स, न, अ, ट, वट, हट, ख हों। जैसे–

ई–नदी, चिट्ठी, रोटी (अपवाद–घी, जी, मोती, दही)

इया–गुड़िया, खटिया, पुड़िया आदि

त–रात, बात, लात, छत (अपवाद–भात, खेत, सूत, दाँत)

ऊ–बालू, लू, दारू, झाड़ू (अपवाद–आँसू, आलू)

अनुस्वार–सरसों, खड़ाऊँ, चूँ (अपवाद–गेहूँ)

स–प्यास, मिठास, रास, साँस (अपवाद–निकास, रास)

न–रहन, सूजन, जलन, उलझन (अपवाद–चलन)

अ–लूट, मार, समझ आदि (अपवाद–नाच, मेल, बिगाड़, बोल, उतार)

ट, वट, हट–सजावट, घबराहट, चिकनाहट, आहट, झंझट

ख–ईख, भूख, राख, चीख (अपवाद–पंख, रुख)।

अप्राणिवाचक पुल्लिग हिन्दी शब्द

1. शरीर के अवयवों के नाम पुल्लिंग होते हैं। जैसे–कान, मुँह, दाँत, होंठ, पाँव, हाथ, गाल, मस्तक, तालु, बाल, अँगूठा, नाखून इत्यादि (अपवाद–कोहनी, कलाई, नाक, आँख, जीभ, ठोढ़ी, खाल, बाँह, नस, हड्डी, इन्द्रिय, कांख)

2. रत्नों के नाम पुल्लिग होते हैं। जैसे–मोती, माणिक, पन्ना, हीरा, जवाहर, मूँगा, नीलम, पुखराज, लाल इत्यादि (अपवाद–मणि, चुन्नी, लाड़ली)
3. धातुओं के नाम पुल्लिग होते हैं। जैसे–ताँबा, लोहा, सोना, सीसा, काँसा, पीतल, टीन इत्यादि (अपवाद–चाँदी)
4. अनाज के नाम पुल्लिग होते हैं। जैसे–जौ, गेहूँ, चावल, बाजरा, चना, मटर, तिल इत्यादि (अपवाद–मकई, जुआर, मूँग, खेसारी)
5. पेड़ों के नाम पुल्लिग होते हैं। जैसे–पीपल, बड़, देवदारू, चीड़, आम, शीशम, सागौन, कटहल, अमरूद, शरीफा, नीबू, सेब, अखरोट (अपवाद–लीची, नाशपाती, नारंगी आदि)
6. द्रव्य पदार्थों के नाम पुल्लिग होते हैं। जैसे–पानी, घी, तेल, शरबत, इत्र, सिरका, काढ़ा, रायता (अपवाद–चाय, स्याही, शराब)
7. भौगोलिक जल और स्थल आदि अंशों के नाम प्रायः पुल्लिग होते हैं। जैसे–देश, नगर, रेगिस्तान, द्वीप, पर्वत, समुद्र, सरोवर, पाताल, वायुमंडल, प्रान्त इत्यादि (अपवाद–पृथ्वी, झील, घाटी)।

अप्राणिवाचक स्त्रीलिंग हिन्दी शब्द

1. नदियों के नाम स्त्रीलिंग होते हैं। जैसे–गंगा, यमुना, गोदावरी, सतलज, व्यास (अपवाद–सिन्धु, ब्रह्मपुत्र नद हैं, इसलिए पुल्लिग हैं)
2. नक्षत्रों के नाम स्त्रीलिंग होते हैं। जैसे–भरणी, अश्विनी, रोहिणी इत्यादि। (अपवाद–अभिजित, पुष्य)
3. बनिये की दुकान की चीजें स्त्रीलिंग हैं। जैसे–लौंग, इलायची, मिर्च, दालचीनी, चिरौंजी, हल्दी, जावित्री, सुपारी, हींग इत्यादि।
   (अपवाद–धनिया, जीरा, गर्म मसाला, नमक, तेजपत्ता, केसर, कपूर इत्यादि)
4. खाने-पीने की चीजें स्त्रीलिंग हैं। जैसे–कचौड़ी, पूरी, खीर, दाल, पकौड़ी, रोटी, चपाती, तरकारी, सब्जी, खिचड़ी इत्यादि।
   (अपवाद–पराँठा, हलुआ, भात, दही, रायता, इत्यादि)।

प्रत्ययों के आधार पर हिन्दी शब्दों का लिंग निर्णय

स्त्रीलिंग प्रत्यय–जिन शब्दों के अन्त में अ, अन्त, आई, आन, आवट, आस, आहट, ई, औती, औटी, आवनी, क, की, त, ती, नी, री, इन, एली, औड़ी, ड़ी, ल, ली हो। जैसे–लूट, चमक, देन, भिड़ंत, लड़ाई, लिखावट, प्यास, घबराहट, हँसी, मनौती,

छावनी, बैठक, बचत, गिनती, करनी, भरनी, भलाई, जमावट, हथेली, टिकली, चमड़ी इत्यादि।

पुल्लिग प्रत्यय–जिन शब्दों के अन्त में अक्कड़, आ, आऊ, आक, आका, आकू, आप, आपा, आव, आवना, आवा, इयल, इया, ऊ, एरा, ऐया, ऐत, औता, ओटा, ओट, औना, औवल, क, का, न, वाला, वैया, सार, हा, आटा, आना, आर, आड़ी, औड़ा, ओला, आरा, आलू, आसा, ईला, उआ, ऊ, एड़ी, एला, ऐला, का, जा, ता, ड़ा, टा, पना, पन, पा, ला, वन्त, वान, वाला, वां, वा, सरा, सों, हर, हरा, हा, हारा लगे हों। जैसे–पियक्कड़, घेरा, तैराक, लड़ाकू, मिलाप, घुमाव, छलावा, लुटेरा, समझौता, बुझौवल, छिलका, खान-पान, धमाका, खर्राटा, भिखारी, हत्यारा, सँपेरा, डकैत, लंगोटा, हथौड़ा, टोपीवाला, खँडहर इत्यादि।

उर्दू शब्दों का लिंग निर्णय

पुल्लिग उर्दू शब्द–जिनके अन्त में आब, आर, आन, आ (आकारान्त शब्द) हों। जैसे–

आब–गुलाब, हिसाब, जवाब, कबाब (अपवाद–शराब, किताब)
आर–बाजार, इकरार, इश्तिहार, इनकार (अपवाद–सरकार, तकरार)
आन–अहसान, मकान, सामान, इम्तिहान (अपवाद–दुकान)
आ–परदा, किस्सा, रास्ता (अपवाद–दफा)

स्त्रीलिंग उर्दू शब्द–जिन शब्दों के अन्त में आ (आकारान्त संज्ञाएँ), ई, श, त, ह हों। जैसे–

आ–हवा, दवा, सजा, दुनिया, दगा (अपवाद–मजा)
ई–गरीबी, गरमी, सरदी, बीमारी, चालाकी, तैयारी, नवाबी
श–कोशिश, लाश, तलाश, मालिश (अपवाद–ताश, होश इत्यादि)
त–दौलत, कसरत, अदालत, इजाजत, कीमत, मुलाकात (अपवाद–शरबत, दस्तखत, बन्दोबस्त, वक्त, दरख्त, तख्त इत्यादि)
ह–सुबह, तरह, राह, आह, सलाह, सुलह।

अंग्रेजी शब्दों का लिंग निर्णय

अंग्रेजी के पुल्लिग शब्द–जिन शब्दों के अन्त में अ, आ, ओ हों। जैसे–ऑर्डर, ऑपरेशन, इंजीनियर, क्रिकेट, कार्ड, टेलीफोन, पोस्टर, बाथरूम, हॉस्पिटल, लेक्चर, कोटा, कैमरा, वीजा, मलेरिया, रेडियो, स्टूडियो, फोटो, वीटो इत्यादि।

अंग्रेजी के स्त्रीलिंग शब्द–जिन शब्दों के अन्त में ई हो। जैसे–एसेम्बली, कम्पनी, कॉपी, गैलरी, डायरी, पार्टी इत्यादि।

पुलिस शब्द को उभयलिंग की तरह इस्तेमाल करना चाहिए। जहाँ पुलिस स्त्री हो, वहाँ ये स्त्रीलिंग की तरह और जहाँ पुलिस पुरुष हो, वहाँ इसे पुल्लिंग की तरह इस्तेमाल करना चाहिए।

ये वो छोटी-छोटी बारीकियाँ हैं, जिन्हें पत्रकारों को जरूर समझना चाहिए क्योंकि अच्छी भाषा से न सिर्फ कथन में वजन आता है, बल्कि स्क्रिप्ट दमदार होने से आपकी कहानी भी मजबूत होती है।

वचन का फर्क

हिन्दी भाषा के लिए वचन एक बेहद महत्त्वपूर्ण चीज है। बोलचाल या फिर लिखने के दौरान हमेशा वचन का ध्यान रखना बेहद जरूरी है। सामान्य तौर पर बता दूँ कि संज्ञा और सर्वनाम में, जहाँ एक का बोध होता है, वो 'एकवचन' है और जहाँ दो या दो से ज्यादा की मौजूदगी हो, वो 'बहुवचन' है। टेलीविजन न्यूज चैनल में इसे लेकर भयंकर भूल देखी जा सकती है। ऐसे में टेलीविजन के हर पत्रकार को वचन का ज्ञान होना जरूरी है।

इस लेख के लिए मैंने 'भारतीय साहित्य संग्रह' की वेबसाइट की मदद ली है। आइए, आपको बता दें कि कहाँ बहुवचन और कहाँ एकवचन का प्रयोग होता है।

– किसी को सम्मान या आदर देने के लिए हमेशा बहुवचन का प्रयोग होता है। मसलन, प्रधानमंत्री मनमोहन सिंह नहीं आए।
  अमिताभ ने जाते-जाते ये कहा।
  कारगिल युद्ध में मोर्चा सँभालनेवाले सन्तोष सच्चे वीर थे।
  हालाँकि इसमें मतभेद हो सकता है कि किसको सम्मान दिया जाए और किसको नहीं। बीबीसी की स्क्रिप्ट पर नजर डालें तो यहाँ अमेरिकी राष्ट्रपति ओबामा को भी सम्मान दिया जाता है और दुनिया के मोस्ट वॉन्टेड आतंकवादी ओसामा को भी। आप क्या करना चाहेंगे?
– बड़प्पन दर्शाने के लिए कुछ लोग 'वह' के स्थान पर 'वे' और 'मैं' के स्थान पर 'हम' का प्रयोग करते हैं। जैसे–अमुक कम्पनी के मालिक ने कर्मचारियों से कहा, 'हम मीटिंग में जा रहे हैं।'
  'आडवाणी जैसे ही मंच पर आए तो भीड़ देखकर वे काफी खुश हुए।'
– बाल, रोम, आँसू, प्राण, दर्शन, लोग, दर्शक, समाचार, दाम, होश, भाग्य आदि ऐसे शब्द हैं, जिनका प्रयोग ज्यादातर बहुवचन में ही होता है। जैसे–'तुम्हारे बाल बड़े सुन्दर हैं।'
  'लोग कहते हैं।'

कई शब्द ऐसे हैं, जो हैं तो बहुवचन लेकिन इनका इस्तेमाल एकवचन में ही होता है।

– 'तू' एकवचन है जिसका बहुवचन है 'तुम', किन्तु आजकल लोग एकवचन के लिए 'तुम' का ही प्रयोग करते हैं। जैसे–
'दोस्त, तुम कब आए।'
'क्या तुमने खाना खा लिया?'

– वर्ग, वृन्द, दल, गण, जाति आदि शब्द अनेकता को प्रकट करनेवाले हैं, किन्तु इनका व्यवहार एकवचन के समान होता है। जैसे–
'मजदूर वर्ग का शोषण हो रहा है।'
'स्त्री जाति संघर्ष कर रही है।'

– जातिवाचक शब्दों का प्रयोग एकवचन में किया जा सकता है। जैसे–
'सोना बहुमूल्य वस्तु है।'
'मुम्बई का आम स्वादिष्ट होता है।'

हिन्दी में बहुवचन बनाने के नियम बनाए गए हैं। अगर इनका प्रयोग करते हैं तो हर हाल में नियमों का पालन करना चाहिए।

(1) अकारान्त स्त्रीलिंग शब्दों के अन्तिम 'अ' को 'एँ' कर देने से शब्द बहुवचन में बदल जाते हैं। जैसे–

एकवचन	**बहुवचन**
आँख	आँखें
पुस्तक	पुस्तकें
सड़क	सड़कें
गाय	गायें

(2) आकारान्त पुल्लिंग शब्दों के अन्तिम 'आ' को 'ए' कर देने से शब्द बहुवचन में बदल जाते हैं। जैसे–

एकवचन	**बहुवचन**	**एकवचन**	**बहुवचन**
घोड़ा	घोड़े	कौआ	कौए
कुत्ता	कुत्ते	गधा	गधे
केला	केले	बेटा	बेटे

(3) आकारान्त स्त्रीलिंग शब्दों के अन्तिम 'आ' के आगे 'एँ' लगा देने से शब्द बहुवचन में बदल जाते हैं। जैसे–

एकवचन	**बहुवचन**	**एकवचन**	**बहुवचन**
कन्या	कन्याएँ	अध्यापिका	अध्यापिकाएँ
कला	कलाएँ	माता	माताएँ
कविता	कविताएँ	लता	लताएँ

(4) इकारान्त अथवा ईकारान्त स्त्रीलिंग शब्दों के अन्त में 'याँ' लगा देने से और दीर्घ ई को ह्रस्व इ कर देने से शब्द बहुवचन में बदल जाते हैं। जैसे–

एकवचन	**बहुवचन**	**एकवचन**	**बहुवचन**
बुद्धि	बुद्धियाँ	गति	गतियाँ
कली	कलियाँ	नीति	नीतियाँ
कॉपी	कॉपियाँ	लड़की	लड़कियाँ
थाली	थालियाँ	नारी	नारियाँ

(5) जिन स्त्रीलिंग शब्दों के अन्त में 'या' है, उनके अन्तिम 'आ' को 'आँ' कर देने से वे बहुवचन बन जाते हैं। जैसे–

एकवचन	**बहुवचन**	**एकवचन**	**बहुवचन**
गुड़िया	गुड़ियाँ	बिटिया	बिटियाँ
चुहिया	चुहियाँ	कुतिया	कुतियाँ
चिड़िया	चिड़ियाँ	बुढ़िया	बुढ़ियाँ
		गैया	गैयाँ

नोट - व्याकरण के हिसाब से ये बहुवचन भले ही सही हैं, लेकिन वर्तमान प्रचलित रूप में भी इस्तेमाल नहीं किए जा रहे हैं।

(6) कुछ शब्दों में अन्तिम 'उ', 'ऊ' और 'औ' के साथ 'एँ' लगा देते हैं और दीर्घ 'ऊ' के स्थान पर ह्रस्व 'उ' हो जाता है। जैसे–

एकवचन	**बहुवचन**	**एकवचन**	**बहुवचन**
गौ	गौएँ	बहू	बहुएँ
वधू	वधुएँ	वस्तु	वस्तुएँ

(7) दल, वृन्द, वर्ग, जन, लोग, गण आदि शब्द जोड़कर भी शब्दों का बहुवचन बना देते हैं। जैसे–

एकवचन	**बहुवचन**	**एकवचन**	**बहुवचन**
अध्यापक	अध्यापकवृन्द	मित्र	मित्रवर्ग
विद्यार्थी	विद्यार्थीगण	सेना	सेनादल
आप	आप लोग	गुरु	गुरुजन
श्रोता	श्रोताजन	गरीब	गरीब लोग

(8) कुछ शब्दों के रूप एकवचन और बहुवचन दोनों में समान होते हैं। जैसे–

एकवचन	**बहुवचन**	**एकवचन**	**बहुवचन**
क्षमा	क्षमा	नेता	नेता
जल	जल	प्रेम	प्रेम
गिरि	गिरि	क्रोध	क्रोध
राजा	राजा	पानी	पानी

विशेष - (1) जब संज्ञाओं के साथ ने, को, से आदि उपसर्ग लगे होते हैं तो संज्ञाओं का बहुवचन बनाने के लिए उनमें 'ओं' लगाया जाता है। जैसे–

एकवचन	**बहुवचन**	**एकवचन**	**बहुवचन**
लड़के को बुलाओ	लड़कों को बुलाओ	बच्चे ने गाना गाया	बच्चों ने गाना गाया
नदी का जल ठंडा है	नदियों का जल ठंडा है	आदमी से पूछ लो	आदमियों से पूछ लो

(2) सम्बोधन में 'ओ' जोड़कर बहुवचन बनाया जाता है। जैसे–

बच्चो! ध्यान से सुनो।

भाइयो! मेहनत करो।

बहनो! अपना कर्तव्य निभाओ।

शब्दों को समझें

टेलीविजन के ज्यादातर पत्रकारों की एक सबसे बड़ी समस्या आज ये है कि वो भाषा के मामले में बेहद कमजोर होते हैं। इसकी मिसाल वो खुद आए दिन अपनी रिपोर्टिंग या स्टोरी में पेश करते रहते हैं। कौन-सा शब्द कहाँ कहना है और कौन-सा नहीं कहना, ये उन्हें नहीं पता। लेकिन यही अज्ञानता कई बार भारी पड़ जाती है। जैसे–कई बार आपने इस तरह की लाइनें सुनी होंगी–

उदाहरण (1) आज सुबह ही पूर्व प्रधानमंत्री की मृत्यु हो गई। यहाँ के नजारे को देखकर आप समझ सकते हैं, इनकी मृत्यु के बाद किस तरह से श्रद्धांजलि देने वालों का ताँता लगा हुआ है।

उदाहरण (2) दिल्ली के पश्चिम विहार में सड़क दुर्घटना में पाँच लोगों का निधन हो गया।

उदाहरण (3) एक बारगी एक चैनल ने तो दुनिया का सबसे खतरनाक आतंकी ओसामा की जगह ओबामा को बता दिया।

उदाहरण (4) अपनी माँगे पूरी न होने पर हजार कर्मचारियों ने उपवास किया।

उदाहरण (5) उसने दहेज लेने का पाप किया।

अब इन उदाहरणों से लोग आपकी खबर को तो समझ जाएँगे कि आप कहना क्या चाहते हैं। ये भी समझ जाएँगे कि आपने गलती से सबसे बड़े आतंकी का नाम अमेरिकी राष्ट्रपति ओबामा को बता दिया। प्रधानमंत्री की मृत्यु या फिर दहेज लेने के पाप से भी खबरें समझ में आ रही हैं। लेकिन भाषा के नाम पर ये मजाक है, एक बड़ी भूल। इसलिए शब्दों की सही समझ होना बहुत ही जरूरी है।

कई शब्द ऐसे हैं, जिन्हें टीवी पत्रकार पर्यायवाची समझकर, कहीं पर भी इस्तेमाल कर देते हैं। आपको बता दें कि **उदाहरण नम्बर 1**, में **मृत्यु** नहीं, **निधन** ही लिखना होगा। इसी पंक्ति में 'नजारा' कहना अपने आप में भाषा का मजाक उड़ाना है।

उदाहरण नम्बर 2, में आपको हर हाल में **मृत्यु** या फिर **मौत** ही लिखना होगा। **उदाहरण नम्बर 4**, में प्रयोग के लिए आपको पहले **उपवास**, **भूख हड़ताल** और **अनशन** में फर्क समझना होगा।

जबकि **उदाहरण नम्बर 5**, के लिए **पाप** और **अपराध** के बीच के अन्तर को समझना जरूरी है।

इस लेख में मैंने डॉक्टर हरदेव बाहरी की किताब 'हिन्दी–शब्द अर्थ प्रयोग' से ऐसे शब्दों को जमा करने की कोशिश की है, जिनका इस्तेमाल टीवी पत्रकारिता के दौरान खूब होता है, जो देख-सुनकर तो एक जैसे लगते हैं लेकिन वास्तव में वो एक-दूसरे से बेहद अलग होते हैं। इन शब्दों को समझना बेहद जरूरी है क्योंकि इन शब्दों से अनजान रहकर आप एक भयानक भूल कर देते हैं। एक टेलीविजन पत्रकार के लिए ये जरूरी होगा कि पर्यायवाची शब्दों के सूक्ष्म अर्थभेद को समझे और उसका सही जगह पर प्रयोग करे। मसलन–

अच्छाई – (विशेषता)–उसमें यह भी एक अच्छाई थी।

भलाई – (उपकार)–उसने मेरे साथ क्या भलाई की?

अज्ञात – (जो जाना नहीं गया)–चोर किसी अज्ञात स्थान पर जा छिपा।
अज्ञेय – (जो जाना न जा सके)–भगवान की लीला अज्ञेय और अपरम्पार है।

अद्‌भुत – (निराला और समझ से बाहर)–कुछ समय पहले टीवी देहातियों के लिए अद्‌भुत यंत्र था।
विचित्र – (नियमित से भिन्न)–विचित्र व्यवहार है उस आदमी का!
विलक्षण – (विरल लक्षणवाला)–इस विलक्षण घटना को जीवन-भर भूल पाना सम्भव नहीं।

अधिक – (आवश्यकता से ज्यादा)–मेरे लिए यह दूध कुछ अधिक है।
काफी – (जितना आवश्यक है)–मेरे लिए इतना दूध काफी है।
पर्याप्त – (जितना आवश्यक, उससे कुछ अधिक)–यह सामग्री काम चलाने के लिए पर्याप्त है।

अधिवेशन – (अस्थायी दो-चार दिन का जमावड़ा) राज्यसभा का सत्रहवाँ अधिवेशन तीन दिन चला।
बैठक – (कुछ घंटों का जमावड़ा)–अधिवेशन की दूसरी बैठक तीन बजे शुरू होगी।

अध्यक्ष – (प्रायः स्थायी)–प्रो. रामचन्द्रन भौतिकी विभाग के अध्यक्ष हैं।
सभापति – (अस्थायी)–अधिवेशन के दूसरे दिन श्री मेहता ही सभापति थे।

अध्ययन – (सामान्य पठन-पाठन)–विद्यार्थी साहित्य का अध्ययन करते हैं।

अनुशीलन – (चिन्तन-मनन सहित अध्ययन)–समालोचक साहित्य का गहन अनुशीलन करते हैं।

अनशन – (इच्छा से किया गया अन्न-जल त्याग)–कैदियों ने माँगें पूरी न होने पर अनशन करने की धमकी दी।

उपवास – (इच्छा या डॉक्टरी निर्देश से छोड़ा गया आहार)–प्राकृतिक चिकित्सा में उपवास का बड़ा महत्त्व है।

अनुग्रह – (छोटों पर भलाई करना)–आपका अनुग्रह हमेशा से मुझ पर रहा है।

कृपा – (सामान्य अर्थ)–पत्र का उत्तर शीघ्र देने की कृपा करें।

अनुकम्पा – (सहानुभूतिपूर्ण कृपा)–गुरुजनों की अनुकम्पा से मेरे बेटे का विवाह सम्पन्न हो गया।

दया – (दयनीय दशा देखकर कृपा)–मुझे उस कोढ़ी पर दया आ गई।

अनुपम – (जिसकी तुलना नहीं हो सकती, बढ़िया)–वह उसके अनुपम सौन्दर्य पर मोहित हो गया।

अद्वितीय – (जिसके जैसा दूसरा कोई नहीं) अर्जुन अद्वितीय निशानेबाज था।

अनुभव – (लम्बे समय तक काम करना) उसे इस कम्पनी में काम करने का पाँच साल का अनुभव है!

अनुभूति – (तात्कालिक संवेदना)–कोढ़ी को देखकर किसी को दया की अनुभूति होती है तो किसी को वितृष्णा की।

अनुराग – (विषय या वस्तु के प्रति लगाव) इस लड़की को वाद्य संगीत से अनुराग है।

प्रेम – (छोटे-बड़े सबके प्रति) सबको मेरा प्रेम-भरा नमस्ते कहना।

स्नेह – (छोटों के प्रति)–बाबूजी, मुझे बस आपका स्नेह चाहिए।

आसक्ति – (मोहजनित लगाव)–इस टीवी सीरियल के प्रति उसकी जबर्दस्त आसक्ति है।

अनुरोध – (विनयपूर्ण आग्रह)–सर, आपसे अनुरोध है कि आप परिषद की मीटिंग में अवश्य आएँ।

आग्रह – (जोर देकर कहना) इलाहाबाद के लोगों के आग्रह पर यमुना नदी पर पुल बना दिया गया।

प्रार्थना – (विनती) मेरी प्रार्थना है कि मुझे दो दिनों की छुट्टी दे दी जाए।

अपमान – (गलती से भी हो सकता है) मैं उनके उपस्थित न होने को अपना अपमान समझता हूँ।

तिरस्कार – (जान-बूझकर और दुर्भाव से किया जाता है) मैंने उपहार भेजा, किन्तु उसने उसका तिरस्कार कर दिया।

अपराध – (कानून का उल्लंघन) दहेज लेना या देना अपराध है।

पाप – (नैतिकता का उल्लंघन) कहते हैं कि चींटी को मारना भी पाप है।

अपवाद – (बदनामी) बुरा काम करना अपवाद का विषय बन जाता है।

निन्दा – (बुराई करना) चीन द्वारा तिब्बत को हड़प लेने की घोर निन्दा की गई थी।

अभिनन्दन – (शुभकामना और श्रद्धा प्रकट करना) संसद सदस्य चुने जाने पर उनका अभिनन्दन किया गया।

स्वागत – (किसी के आने पर सम्मान) दादाजी का कानपुर में जोरदार स्वागत किया गया।

अभिवादन – (श्रद्धापूर्वक नमस्कार) गुरुजी, मेरा अभिवादन स्वीकार करें।

अभिमान – (अपने को दूसरे से बड़ा समझ बैठना) जबसे आईएएस बना है, तबसे उसमें अभिमान आ गया है।

गर्व – (आत्मसम्मान सहित अभिमान) हमें ऋषि-मुनियों की सन्तान होने का गर्व है।

दर्प – (अक्खड़पन के साथ घमंड) राम की वाणी से परशुराम का दर्प चूर-चूर हो गया।

घमंड – (धन, शक्ति आदि के कारण) जो घमंड करता है, उसका सर्वनाश हो जाता है।

अर्चना – (धूप आदि सहित देव सेवा) वह आरती सजाकर गई और देवी की अर्चना करने लगी।

पूजा – (किसी तरह की भक्ति-पूर्ण भावना।) तुम किस देवता की पूजा करते हो।

अवस्था – (इस समय की हालत) रामानुज की अवस्था इस समय ठीक नहीं है।

आयु – (कुल उम्र) बाबा बजरंगी की मृत्यु एक सौ दो वर्ष की आयु में हुई।

अस्त्र – (फेंककर चलाया जाता है) बम, रॉकेट और बरछी अस्त्र हैं।
शस्त्र – (हाथ में थामा रहता है) तलवार और बन्दूक शस्त्र हैं।

आकार – (शक्ल) इस मेज का आकार गोल है।
रूप – (सुन्दर, असुन्दर) इस व्यक्ति का भीतरी रूप गन्दा है।

आगामी – (आगे आनेवाला) आगामी मार्च की पन्द्रह तारीख को उसका विवाह होगा।
भावी – (भविष्य में कभी होनेवाला) भावी मुख्यमंत्री के बारे में कई अटकलें लगाई जा रही हैं।

आज्ञा – (इजाजत भी, आदेश भी) आपकी आज्ञा हो तो जाऊँ।
आदेश – (हुक्म) आचार्य जी का आदेश है कि कल स्कूल बन्द रहेगा।
अनुमति – (इजाजत) साहब की अनुमति से चपरासी को ले जाओ।

आतंक – (सबल से अत्याचार का) पंजाब और कश्मीर में विद्रोहियों का आतंक है।
त्रास – (व्याकुलता सहित भय) डाकुओं के आने पर मोहल्ले में त्रास फैल गया।
भय – (सामान्य शब्द) भय के मारे सच-सच नहीं बता सका।

आदरणीय – (बड़ों के लिए) मैं अपने सभी बुजुर्गों को आदरणीय समझता हूँ।
पूजनीय – (माता-पिता, गुरु या महापुरुषों के लिए) पूजनीय शंकराचार्य का प्रवचन सुना था।

आदि – (थोड़े उदाहरणों के बाद) कोट, पैंट आदि कपड़े ले चलो।
इत्यादि – (अधिक उदाहरणों के बाद) बनियान, कमीज, पैंट, कोट इत्यादि, सब कपड़े ले चलो।

आदेश – (हुक्म) जिलाधीश के आदेश से कर्फ्यू लगा दिया गया।
निर्देश – (हिदायत, बाध्य नहीं) परीक्षकों को बोर्ड की तरफ से निर्देश दिए गए हैं।

आराधना – (मनोकामना के लिए) शिव को पति-रूप में पाने के लिए पार्वती ने आराधना की।

उपासना – (इष्ट को प्रसन्न करने के लिए) वह ईश्वर की उपासना में तल्लीन है।

पूजा – (सब तरह की) मन्दिर में पूजा हो रही है।

आलोचना – (किसी पक्ष का विवेचन) मैंने उसके इस कथन की कटु आलोचना की।

समालोचना – (सम्पूर्ण आलोचना) पत्रिका में भारती के इस ग्रन्थ की समालोचना प्रकाशित हुई।

समीक्षा – (जानकारी सहित विवेचना) पत्रिका में इस पुस्तक की समीक्षा प्रकाशित की गई है।

आशंका – (अनिष्ट की सम्भावना का खटका) तूफान आने की आशंका जताई जा रही है।

शंका – (होने, न होने का सन्देह) मुझे शंका है कि वह इतना काम कर पाएगा या नहीं।

भय – (साधारण अर्थ) मुझे भय है कि वह भी इस दुर्घटना में मारा गया है।

आह्लाद – (आवेशयुक्त प्रसन्नता) 'मैन ऑफ द मैच' अवॉर्ड पाकर आह्लाद हुआ।

उल्लास – (उत्साहयुक्त क्षणिक प्रसन्नता) बेटे की शादी में वो उल्लास से भरकर नाचने लगा।

इच्छा – (साधारण चाह) मेरी इच्छा थी कि मामाजी भी इस मौके पर आ जाते।

अभिलाषा – (हार्दिक इच्छा) मेरी अभिलाषा है कि मुझे कोई बड़ा पुरस्कार मिल जाए।

आकांक्षा – (प्रतीक्षायुक्त इच्छा) लड़के की आकांक्षा है कि वैशाख से पहले विवाह हो जाए।

ईर्ष्या – (डाह) मेरी उन्नति देखकर वह मुझसे ईर्ष्या करता है।

द्वेष – (शत्रुतापूर्ण विरोध) एक बार लड़ाई हो गई थी, तबसे वह मुझसे द्वेष करता है।

स्पर्धा – (मुकाबले में आगे रहने की चाह) दौड़ में मुझसे वह स्पर्धा करता है, यह बुरा नहीं है।

उत्साह – (उमंग) मेरी लड़की की शादी में उसने उत्साह के साथ कई काम किए।

साहस – (हिम्मत) वो नौजवान है, इसलिए उसमें कठिन-से-कठिन कार्य कर दिखाने का साहस है।

उदाहरण – पुल्लिंग संज्ञाओं के दो उदाहरण हैं–कौवा, नाला।
दृष्टान्त – किसी तथ्य या घटना के रूप में दिया जाता है।

उद्दंड – (गुस्ताख) कुछ छात्र उद्दंड होकर कॉलेज में हड़ताल करवाद्व रहे थे।
उच्छृंखल – (मनमाना) छात्र उच्छृंखल तरीके से समारोह की व्यवस्था करवा रहे थे।

उद्यम – (काम में लगे रहना) उद्यम करने से कार्य सिद्ध होते हैं।
उद्योग – (सोद्देश्य कार्य में जुटे रहना) कल-कारखानों के उद्योग में उन्नति हो रही है।

उद्देश्य – (जिसकी सिद्धि करनी हो) आप किस उद्देश्य से मेरे पास आए हैं।
लक्ष्य – (जिस पर दृष्टि रखकर कार्य किया जाए) अर्जुन के सामने एक ही लक्ष्य था, मछली की आँख।

उधार – (प्रायः रुपयों में)–मैंने दुकानदार से सौ रुपए उधार लिये।

मँगनी – (प्रायः वस्तुओं की)–मँगनी की जो चीज ली जाती है, उसको लौटाना पड़ता है।

उन्नति – (ऊपर उठना)–देश में उद्योग-धन्धों की सन्तोषजनक उन्नति हुई।
प्रगति – (आगे बढ़ना)–इस वर्ष हिन्दी साहित्य की प्रगति कुछ अवरुद्ध रही।

उपज – (खेत या दिमाग की पैदावार)–इस साल गेहूँ की उपज अपेक्षाकृत थोड़ी हुई।
उत्पाद – (फैक्टरी का)–कपड़ा मिल का उत्पाद कई टन अधिक हुआ।

उपहार – (बराबर वालों को)–मैंने अपने दोस्त के जन्मदिन पर उसे एक अल्बम उपहार में दिया।

भेंट – (प्रायः बड़ों को)–अध्यापक दिवस पर हमने मास्टर जी को एक शब्दकोश भेंट किया।

उपहास – (मजाक)–मित्रों ने उसका उपहास किया लेकिन उसने बुरा नहीं माना।

व्यंग्य – (चुभती बात)–एक मित्र ने उसकी कानी आँख पर व्यंग्य किया और वो चिढ़ गया।

औषधालय – (जहाँ दवाएँ हों)–झंडू औषधालय से च्यवनप्राश और शंखपुष्पि लाने हैं।

चिकित्सालय– (जहाँ इलाज होता है)–राजकीय चिकित्सालय में डॉक्टर से परामर्श करना है।

कंगाल – (जिसके पास कुछ ना हो)–शराबखोरी और जुएबाजी के कारण वो कंगाल हो गया।

दरिद्र – (अत्यन्त निर्धन)–कुछ भी काम नहीं करता, उसे दरिद्र ही बना रहना है।

दीन – (स्वाभिमान रहित)–गरीबी ने उसे दीन-हीन बना दिया है।

करार – (सहमति से जो तय पाया गया) किताब की रॉयल्टी को लेकर प्रकाशक ने लेखक से करार किया।

संविदा – (शर्तों पर किया गया समझौता) पचास लाख के भवन का तीन साल में निर्माण करने की संविदा लिखी गई।

कष्ट – (तकलीफ, असुख) गाड़ी में मुझे रात भर कष्ट हुआ, नींद नहीं आई।

क्लेश – (मानसिक) उनके घर का वातावरण देखकर मुझे क्लेश हुआ।

पीड़ा – (दर्द) गोली लगने से उसे असह्य पीड़ा हो रही थी।

काम – (अस्थायी) प्रतिदिन मैं आठ घंटे काम करता हूँ।

पेशा – (स्थायी) तेल का व्यापार उसका खानदानी पेशा है।

कारण – (जिससे कार्य हो) उसने त्यागपत्र देने का कारण नहीं बताया।

हेतु – (जिस उद्देश्य से कार्य किया जाए) वह लोककल्याण हेतु जीवन भर कार्य करता रहा।

काल – (युग से कम दीर्घकालीन समय)

युग – (कई शताब्दियों का समय)

किराया – (कोई चीज लेकर रखने का) इस मकान का किराया आठ हजार रुपए प्रति माह है।

भाड़ा – (किसी चीज के थोड़े इस्तेमाल का) इलाहाबाद से प्रतापगढ़ तक कितना भाड़ा लगता है?

कुशल – (जो काम अच्छा कर सकता है) वह फर्नीचर बनाने में बहुत कुशल है।

कर्मठ – (जो काम में जी-जान से लगा रहता है) गणेश शंकर विद्यार्थी कर्मठ व्यक्ति थे। उन्होंने हमें बहुत कुछ दिया।

कोटि – (बहुत विशिष्ट प्रकार) हिन्दी में इस कोटि के दो-चार ग्रन्थ ही हैं।

श्रेणी – (सामान्य प्रकार) चतुर्थ श्रेणी के कर्मचारी।

वर्ग – (एक ही गुण-धर्मवालों का समूह) मैं आठवीं कक्षा के 'ए' वर्ग में हूँ।

क्षुद्र – (मामूली-सा) वह एक क्षुद्र व्यक्ति है। उसकी परवाह मत करो।

तुच्छ – (छोटी-छोटी महत्त्वहीन) तुच्छ बात पर रोष क्यों?

खटपट – (अनबन, झगड़ा) सुना है कि भाइयों में कुछ खटपट है।

गड़बड़ – (खराबी) इस मशीन में कुछ गड़बड़ है।

खाल – (असली हालत)–चमारों से पशुओं की खाल उधड़वाई गई।

चमड़ा – (साफ की हुई खाल)–ये जूता चमड़े का बना हुआ है।

खेद – (गलती करना या अच्छी बात न करने का दुख)–मुझे खेद है कि आपकी दावत में सम्मिलित नहीं हो सकूँगा।

शोक – (वियोग का दुख)–पड़ोसी सोहनलाल के मरने पर शोक हुआ।

खेल – (मन-बहलाव की कोई क्रिया)–क्रिकेट या हॉकी का खेल या मदारी का खेल।

नाटक – (संवाददात्मक कहानी)–जयशंकर प्रसाद के नाटक।

खोज – (जो कहीं हैं, उनकी प्राप्ति)–कोलम्बस ने अमेरिका की खोज की।

आविष्कार – (नई निकाली गई चीज)–मार्कोनी ने बेतार के तार का आविष्कार किया।

गीत – (गाने योग्य कविता)–लता मंगेशकर ने हजारों गीत गाए हैं।
संगीत – (गीत बजाने की कला)–लता मंगेशकर संगीत की रानी हैं।

ग्रन्थ – (गुरु-गम्भीर पुस्तक)–रामचरितमानस हिन्दी का प्रसिद्ध ग्रन्थ है।
पुस्तक – (आम किताब)–मेरे पास हिन्दी की पाठ्य-पुस्तक नहीं है।

ग्लानि – (अपने अन्दर हल्का खेद)–मुझे अपने काम की गलती का अहसास होने पर ग्लानि हुई।
लज्जा – (शर्म दूसरों के सामने)–लज्जा के कारण लड़की कोई उत्तर न दे सकी।
संकोच – (हिचकिचाहट)–मैं संकोचवश अपनी बात प्रकट न कर सका।

चिन्ता – (सोच, फिक्र)–मुझे अपने बच्चे के स्वास्थ्य की चिन्ता है।
परवाह – (आत्मविश्वास की वृत्ति)–मुझे इस बात की परवाह नहीं है।

चिह्न – (निशान)–मैंने गलतियों पर चिह्न लगा दिए हैं।
लक्षण – (पहचान, विशेषता)–तुलसीदास ने बताया है कि सन्त के क्या लक्षण हैं।

चूक – (अंजाने)–समय पर रुपया न लौटाने पर चूक हो गई।
भूल – (याद न रहने से)–मेरी भूल से आपकी हानि हुई।

चेष्टा – (चाह के साथ कोशिश)–मैं चेष्टा करूँगा कि समय पर आपके पास पहुँच जाऊँ।
प्रयत्न – (प्रयास)–मैं परीक्षा में पास होने का भरसक प्रयत्न करूँगा।

छाया – (वस्तु की)–पेड़ की छाया में बैठ जाओ।
परछाईं – (प्राणी की)–कुत्ते ने अपनी परछाईं पानी में देखी।

जाँच – (सच-झूठ या अच्छे-बुरे की पड़ताल)–पुलिस सारी घटना की जाँच कर रही है।
परीक्षा – (योग्यता की जाँच)–एम.ए. की परीक्षा चौदह अप्रैल से शुरू होगी।

निरीक्षण – (गहराई से जाँच)–स्कूल का निरीक्षण करने दिल्ली से अधिकारी आए हैं।

ज्ञान – (जानकारी)–मुझे रसायनशास्त्र का ज्ञान नहीं है।

बोध – (समझ)–गौतम बुद्ध को बोध हुआ कि संसार में दुख व्याप्त है।

झेलना – (विकट परिस्थितियों को)–यह विपत्ति भी हम झेल लेंगे।

भोगना – (कर्मफल को)–कुछ दिन सुख भोगा तो अब दुख भी भोग लेंगे।

टीका – (अर्थविश्लेषण सहित व्याख्या)–प्रसाद की 'कामायनी' पर कई टीकाएँ उपलब्ध हैं।

भाष्य – (विवाद-विवेचन सहित व्याख्या)–पतंजलि ने पाणिनी की अष्टाध्यायी पर भाष्य लिखा।

ठंड – (सर्दी)–ठंड के मारे सारा शरीर ठिठुर रहा है।

ठंडक – (थोड़ी सर्दी)–आज थोड़ी ठंडक है, अच्छा लग रहा है।

ठोकर – (पैर से)–चलते-चलते उसको ठोकर लगी और वो गिर पड़ा।

धक्का – (कलेवर से)–पीछे से किसी ने धक्का दिया और वो गिर पड़ा।

तट – (समुद्र तट या नदी तट)–सब नावें समुद्र-तट या नदी-तट पर लगी थीं।

किनारा – (जल, थल या किसी वस्तु का सिरा)–खेत के किनारे पर आम के पेड़ हैं।

तर्क – (समर्थन या विरोध में दी गई दलील)–उसने तर्क द्वारा सिद्ध कर दिया कि नींद मस्तिष्क की थकान के कारण आती है।

युक्ति – (खंडन-मंडन की तरकीब)–मेरी युक्तियों से वो काफी प्रभावित हुआ।

तालिका – (नाम या संख्या की सूची)–घर के कपड़ों या बर्तनों की तालिका।

सूची – (व्यापक तफसील के साथ)–पुस्तकालय की पुस्तकों की सूची।

तुलना – (समानता या असमानता पर विचार)–'अ' के गुणों की तुलना 'ब' के गुणों से करके देखें।

मिलान – (ठीक होने की जाँच)–अपने हिसाब-किताब का मिलान कर लो।

तृप्ति – (वांछित फल की पूरी-पूरी प्राप्ति)–इतना फल खाने पर भी तुम्हें तृप्ति नहीं हुई।

सन्तोष – (वांछित फल की इतनी प्राप्ति कि मन बहल जाए)–जितना मिल जाए, उतने में ही सन्तोष हो जाए।

थियेटर – (स्थान है)–उस थियेटर में नौ सौ लोग बैठ सकते हैं।

सिनेमा – (प्रदर्शन है)–हम उस थियेटर में सिनेमा देखने गए थे।

देखना – (साधारण)–मेरी तरफ देखो, मैंने अच्छे दिन देखे हैं।

घूरना – (आँखें तरेरकर देखना)–वह सुन्दर स्त्रियों को घूरकर देखता है।

झाँकना – (कुछ झुककर, थोड़ी आड़ में)–वह खिड़की में से झाँक रही थी।

द्वन्द्व – (दो व्यक्तियों या विचारों का टकराव)–मन में द्वन्द्व उत्पन्न होने से मैं कोई निर्णय न कर सका।

संघर्ष – (एक का अन्य व्यक्तियों या दलों से टकराव)–मुझे जीवन में कड़ी परिस्थितियों से संघर्ष करना पड़ा।

धारणा – (पक्का विचार)–लोगों में धारणा बन गई है कि राजनीति में गुंडे लोग ही होते हैं।

विचार – (चित्त में उठी बात)–मेरा विचार है कि इस काम को आज ही कर डाला जाए।

नमूना – (पूरी राशि का प्रतिनिधि एक)–नए प्रकाशन की नमूने के तौर पर एक प्रति।

बानगी – (कई प्रकार में से एक)–मेरी कविताओं की एक बानगी देखिए।

नाप – (मीटर आदि से)–कपड़े या खेत की नाप की जाती है।

माप – (पात्र आदि से)–तेल, दूध आदि का माप किया जाता है।

निकट – (भौतिक समीपता)–गाँव के निकट एक तालाब है।

पास – (आधिकारिक समीपता)–अधिकारी के पास शक्ति है।

निदान – (रोग का निर्णय करना)–रोग के निश्चित निदान के लिए थूक, पेशाब और खून का परीक्षण कराया जाता है।

उपचार – (रोग का इलाज करना)–रोग ज्ञात हो जाए तो उसका उपचार कराया जाता है।

निद्रा – (सोने की स्थिति)–यह लड़का निद्रा में ही चलने लगता है।

तन्द्रा – (उँघाई, मूर्च्छा जैसी स्थिति)–भोजन करने के बाद जरा तन्द्रा आ जाती है।

निधन – (बड़े आदमी के लिए)–मेरी माताजी का निधन हो गया।

मृत्यु – (सबके लिए)–सड़क दुर्घटना में पाँच लोगों की मृत्यु हो गई।

निबन्ध – (व्यक्तिनिष्ठ रचना)–रामचन्द्र शुक्ल के निबन्ध विचार प्रधान हैं।

लेख – (विषय प्रधान रचना)–पत्रिका में नौकरी की समस्या पर एक लेख पढ़ा था।

निरक्षर – (जो पढ़ना-लिखना न जाने)–गाँवों में अब भी पचास फीसदी लोग निरक्षर हैं।

अशिक्षित – (किसी तरह की शिक्षा न पाया हुआ)–गाँवों में प्रायः लोग परिवार नियोजन के बारे में अशिक्षित हैं।

निर्भीक – (भयरहित)–बड़ा निर्भीक लड़का है, साँपों को भी पकड़ लेता है।

दिलेर – (भयरहित साहसी)–वह एक दिलेर जवान है। उसने दुश्मनों के सामने खड़े होकर भी बमबारी की।

निवेदन – (कहने के लिए)–श्रीमान, मेरा निवेदन है कि आप हमारी सभा में अवश्य आएँ।

प्रार्थना – (माँगने के लिए)–प्रभु! मेरी प्रार्थना है कि मुझे बल और बुद्धि दो।

नेता – (पार्टी का)–सुभाष चन्द्र बोस 'आजाद हिन्द फौज' के नेता थे।

नायक – (उपन्यास का)–'शेखर' अज्ञेय के उपन्यास का एक नायक है।

पत्नी – (अपनी विवाहिता स्त्री)–मेरी पत्नी घर के कामकाज में कुशल है।

स्त्री – (कोई औरत)–दुर्घटना में चार स्त्रियाँ और दो बच्चे मारे गए।

महिला – (भद्र स्त्री)–यह स्थान महिलाओं के बैठने के लिए है।

परम्परा – (चली आती हुई रस्म)–दक्षिण में परम्परा है कि मामा भांजी से शादी करता है।

मर्यादा – (आचार-व्यवहार की सीमा)–रघुकुल की ये मर्यादा थी कि भले ही जान चली जाए, पर वचन न जाए।

परामर्श – (साधारण सलाह)–इस मामले में आपको वकील से परामर्श जरूर करना चाहिए।

मंत्रणा – (गुप्त सलाह)–मंत्री की मंत्रणा के अनुसार राष्ट्रपति ने अध्यादेश जारी किया।

परिणाम – (किसी घटना का क्रम विकास)–झगड़े का परिणाम ये हुआ कि उनमें बोलचाल बन्द हो गई।

फल – (काम या घटना का भोग)–झगड़ा करने का उन्हें बुरा फल मिला।

पारितोषिक – (विजयी होने पर)–मैन ऑफ द मैच का पारितोषिक मिला।

पुरस्कार – (कार्य या सेवा के लिए)–उस उपन्यासकार को 'सरस्वती पुरस्कार' मिला।

पुत्र – (अपना बेटा)–उसके दो पुत्र और दो ही पुत्रियाँ हैं।

लड़का – (बेटा या कोई बालक)–मेरा लड़का, गाँव का एक लड़का।

प्रणाम – (बड़ों को)–पिता जी को प्रणाम।

नमस्कार – (बड़ों और बराबर वालों को)–माता जी, बहन जी और मेरे मित्र बालदेव जी को मेरा नमस्कार कहना।

नमस्ते – (सबको)–बाबू जी नमस्ते, बेटा नमस्ते।

प्रयत्न – (विशेष यत्न)–मैं यथासम्भव प्रयत्न करूँगा कि तुम्हारा काम हो जाए।

प्रयास – (श्रम)–हरिजन उद्धार के लिए उन्हें जीवन-भर प्रयास करना पड़ा।

प्रलाप – (बकवास)–दिन-भर न जाने क्या प्रलाप करता रहता है।

विलाप – (रो-रोकर दुख कहना)–विधवा बेचारी विलाप कर रही थी।

प्राचीन – (बहुत पुराने समय का)–भारत का प्राचीन इतिहास।

पुराना – (जो नया न हो)–पुराना कपड़ा।

पौराणिक – (पुराण काल का)–पौराणिक कथाएँ।

प्रार्थी – (प्रार्थना करनेवाला)–प्रार्थी चाहता है कि उसे दो दिन की छुट्टी दे दी जाए।

अभ्यर्थी – (कुछ माँगने या चाहनेवाला)–अभ्यर्थी चाहता है कि उसे वोट देकर जिताया जाए।

प्रेम – (सबसे)–भाइयों बहनों से प्रेम, लोगों से प्रेम।

स्नेह – (छोटों से)–बच्चों से स्नेह।

प्रणय – (प्रेमी-प्रेमिका में)–राधा और कृष्ण का प्रणय।

बड़ा – (आकार में)–यह काफी बड़ा मकान है।

बहुत – (मात्रा में)–इस भवन में बहुत से लोग रहते हैं।

बल – (शक्ति का व्यावहारिक रूप)–विद्रोह को दबाने के लिए बल का प्रयोग किया जाता है।

शक्ति – (ताकत, अधिकार)–बुढ़ापे में शारीरिक शक्ति घट जाती है। मजिस्ट्रेट की शक्ति।

बहुमूल्य – (कीमती)–यह गर्म कपड़ा बहुमूल्य है।

अमूल्य – (बेहद कीमती)–कोहिनूर हीरा अमूल्य है।

बाधा – (साधारण रुकावट)–पड़ोस में धूमधाम के कारण मेरी पढ़ाई में बाधा आ गई थी।

अवरोध – (भारी रुकावट)–इस वर्ष हिन्दी काव्य साहित्य की गोष्ठी में अवरोध रहा।

बुद्धि – (निश्चय करती है)–है तो ये बच्चा ही, पर इसकी बुद्धि प्रखर है।

ज्ञान – (कुल जानकारी है)–बच्चा ही तो है, अभी इसको इतना ज्ञान कहाँ।

बेपरवाह – (जो अपने कर्म के फल की चिन्ता नहीं करता)–ईश्वर बेपरवाह है।

लापरवाह – (जो अपना कर्तव्य नहीं करता)–आलसी आदमी लापरवाह होता है।

भाव – (मन का)–स्तुति, निन्दा, घृणा, प्रेम आदि भाव हैं।

विचार – (मस्तिष्क का)–मेरा विचार है कि आज नहीं जाना चाहिए।

भाषण – (लेक्चर)–प्रधानमंत्री का विदेश-नीति पर भाषण।

अभिभाषण – (विद्वतापूर्ण भाषण)–साहित्य संगोष्ठी के अध्यक्ष का अभिभाषण।

सम्भाषण – (वार्तालाप)–विद्वानों का किसी विषय पर सम्भाषण।

प्रवचन – (धार्मिक व्याख्यान)–स्वामी विजयानन्द का आत्मा और परमात्मा पर प्रवचन।

भ्रम – (कुछ का कुछ समझ लेना)–भ्रमवश मैं अपने साथी को पहचान न सका।

आशंका – (खटका)–फिर युद्ध की आशंका है।

भ्रान्ति – (धोखा)–मुझे रस्सी को साँप मान लेने की भ्रान्ति हुई।

संदेह – (वही है या कुछ और)–मुझे उसकी ईमानदारी पर संदेह है।

मंत्री – (मिनिस्टर)–वे केवल दो वर्ष तक विदेश-मंत्री रहे।

सचिव – (सेक्रेटरी)–विदेश सचिव बावन साल की आयु में सेवानिवृत्त हुए।

मन – (चिन्तन के लिए)–मन के हारे हार है, मन के जीते जीत।

चित्त – (स्मरण के लिए)–मेरा उपदेश अपने चित्त में बिठा लो।

महाशय – (आम सभ्य व्यक्ति)–महाशय कृष्ण लाल शर्मा।

महानुभाव – (बहुत आदरणीय)–महानुभाव मंत्री जी।

महोदय – (बड़े या अधिकारी)–श्रद्धेय महोदय।

मित्र – (अच्छा दोस्त)–मेरा पड़ोसी मेरा मित्र है।

बन्धु – (भारी दोस्त या सम्बन्धी)–ये सभी मेरे मौसेरे, चचेरे और ममेरे बन्धु हैं।

मौसम – (आजकल का)–दो दिन से मौसम में ठंडक है।

ऋतु – (दीर्घ समय तक)–वर्षा ऋतु में मेंढक टर्राते हैं।

जलवायु – (ऋतु और जल)–पहाड़ की जलवायु मुझे अनुकूल नहीं पड़ती।

यंत्रणा – (मानसिक)–बेटे की मौत के बाद माँ असह्य यंत्रणा झेल रही थी।

यातना – (शारीरिक)–जेल में कैदियों को अनेक यातनाएँ सहनी पड़ती हैं।

युद्ध-विराम – (युद्ध का निलम्बन)–ईद के अवसर पर अफगानिस्तान में दो हफ्ते का युद्ध-विराम था।

सन्धि – (युद्ध समाप्त करने का समझौता)–भारत और पाकिस्तान के बीच सन् 1971 में सन्धि हो गई थी।

योग्यता – (शारीरिक और बौद्धिक शक्ति)–आपकी योग्यता के मुताबिक आपको वेतन मिलेगा।

अर्हता – (बौद्धिक योग्यता)–इस पद के लिए निम्नलिखित अर्हताएँ जरूरी हैं।

क्षमता – (काम करने की शक्ति)–उसमें लगातार आठ घंटे काम करने की क्षमता नहीं है।

राजा – (एक राज्य का)–चम्बा के राजा लक्ष्मण सिंह थे।

सम्राट – (राजाओं का राजा)–सम्राट अशोक का राज्य सारे उत्तरी भारत में फैला हुआ था।

लज्जा – (कुछ छिपाव के साथ)–लज्जा के कारण वह घूँघट में भी चुप रह गई।

संकोच – (कुछ हिचकिचाहट के साथ)–मैं कुछ कहना चाहता था लेकिन संकोचवश चुप रहा।

विकास – (बढ़ना और पूरी बाढ़ तक पहुँचना)–आजादी के बाद से अब तक हिन्दी कहानी का विकास।

विस्तार – (फैलाव)–अंग्रेजी साम्राज्य का विस्तार, अर्थ का विस्तार।

विषाद – (उत्साह न रहना)–कौरवों के साथ लड़ते-लड़ते अचानक अर्जुन को युद्ध से विषाद हो गया।

व्यथा – (मानसिक पीड़ा)–तुम्हारी कटु आलोचना से कहानीकार को व्यथा हुई।

विस्मय – (परम आश्चर्य)–समुद्र पर पुल बन जाने पर रावण को विस्मय हुआ।

आश्चर्य – (हैरानी)–मुझे आश्चर्य है कि वह तैराक कैसे डूब गया।

चमत्कार – (आश्चर्यजनक वृत्ति)–टेलीविजन भी एक अद्भुत चमत्कार है।

वीरता – (बहादुरी शारीरिक)–पांडवों की वीरता के किस्से।

शौर्य – (हिम्मत और बहादुरी से बड़ा गुण)–राजपूतों की कहानियाँ उनके शौर्य का प्रमाण हैं।

साहस – (मानसिक हिम्मत)–विपत्ति में साहस से काम लेना चाहिए।

वैर – (मनमुटाव के कारण स्थायी या स्वाभाविक शत्रुता)–साँप और नेवले का वैर।

शत्रुता – (दुष्टतापूर्ण)–भारत से पाकिस्तान की शत्रुता।

व्यापार – (अपने देश में)–उनके यहाँ कपड़े का व्यापार होता है।

वाणिज्य – (देश-विदेश में)–वाणिज्य मंत्री आयात-निर्यात का लेखा-जोखा पेश करेंगे।

शिक्षा – (सीखने की)–उसने दसवें दर्जे तक शिक्षा प्राप्त की।

विद्या – (ज्ञान की)–वह गणित, विज्ञान, भूगोल आदि विद्याएँ जानता है।

शीतल – (सुखद ठंडा)–तुम्हहिं देखि शीतल भई छाति।

ठंडा – आज मौसम बहुत ठंडा है

शील – (सब तरह से अच्छा और शिष्ट स्वभाव)–रूपशील, विचारशील, दानशील और विकासशील।

स्वभाव – (अच्छा या बुरा)–मिलनसार स्वभाव, चिड़चिड़ा स्वभाव, कड़वा स्वभाव।

श्रद्धा – (विश्वासपूर्ण पूज्यभाव)–विवेकानन्द और गांधी जी में मेरी पूर्ण श्रद्धा है।

भक्ति – (इष्ट के प्रति श्रद्धापूर्ण प्रेमभाव)–मीरा की कृष्ण के प्रति अनन्य भक्ति थी।

श्रम – (शारीरिक)–मिल मजदूर आठ-आठ घंटे लगातार श्रम करते हैं।

परिश्रम – (शारीरिक और मानसिक)–शब्दकोश के लिए सामग्री एकत्रित करने में परिश्रम करना पड़ता है।

अभ्यास – (मानसिक)–विद्यार्थियों को परीक्षा के दिनों में कड़ा अभ्यास करना पड़ता है।

सम्बन्ध – (दृढ़ लगाव)–मेरा उनसे घनिष्ठ सम्बन्ध है।

सम्पर्क – (साधारण अस्थायी लगाव)–इस सम्बन्ध में हमारी सरकार दूसरे देशों से सम्पर्क स्थापित कर रही है।

सभ्यता – (रहन-सहन)–खुदाई से कई प्राचीन सभ्यताओं का पता चला है।

संस्कृति – (रीति-रिवाज और संस्कार)–कई मायनों में हिन्दू संस्कृति मुस्लिम संस्कृति से अलग है।

समय – (सामान्य शब्द, वक्त)–इस समय ठीक बारह बजे हैं।

काल – (दीर्घ समय)–मुगल काल में रेलगाड़ी नहीं थी।

अवधि – (दो काल-बिंदुओं के बीच का समय)–लोकसभा का चुनाव एक निश्चित अवधि के लिए होता है।

युग – (बहुत दीर्घ समय)–यह कलियुग है।

समर्पण – (बड़ों को देना)–एक लेखक ने अपनी किताब प्रधानमंत्री को समर्पित की।

प्रदान – (छोटों को देना)–राष्ट्रपति ने लेखकों को पुरस्कार प्रदान किए।

समाचार – (नई घटना की खबर)–आज के समाचार क्या हैं?

सूचना – (जानकारी, नोटिस)–आपको इस बात की सूचना दी गई थी।

सन्देश – (भेजी गई इच्छा)–मैंने अपने भाई को सन्देश भिजवाया कि रविवार को आकर मिल ले।

समीर – (धीरे-धीरे और शीतल)–मार्च की सुबह बगीचे में बहती समीर का आनन्द आ गया।

पवन – (कभी धीरे, कभी तेज)–आज सारा दिन पवन बहता रहा।

सहानुभूति – (किसी के कष्ट की दूसरे को अनुभूति)–आप पैसों के अभाव के कारण अपने बच्चों का एडमिशन नहीं करवा पाए, मुझे आपसे सहानुभूति है।

संवेदना – (किसी के दुख से दुखी होने का भाव)–आपकी माताजी के देहान्त होने का दुखद समाचार मिला, मुझे आपके प्रति संवेदना है।

साथ – (अल्पकालिक)–यात्रा में मेरा और उनका साथ हो गया।

संग – (स्थायी और घनिष्ठ)–अच्छे लड़कों के संग रहोगे तो अच्छा बनोगे।

साधन – (कोई चीज, जिसकी सहायता से काम पूरा हो)–आपके गाँव तक जाने का साधन क्या है?

माध्यम – (जिसके द्वारा कार्य पूरा होता हो)–हमारे अध्ययन-अध्यापन का माध्यम हिन्दी है।

साधारण – (मामूली, आम)–यह तो बड़ी साधारण-सी बात है।

सामान्य – (सबमें सामान्य रूप से विद्यमान)–बेरोजगारी की समस्या सब देशों में सामान्य है।

सृजन – (व्यक्ति जो बनाता है)–ब्रह्मा का सृजन, कवि का सृजन।

उत्पादन – (कारखाना या भूमि जो पैदा करती है)–लोहे या सीमेंट का उत्पादन।

सेवा – (गुरुजनों की)–माता-पिता की सेवा किया करो।

शुश्रूषा – (रोगी की)–नर्सों का काम रोगियों की शुश्रूषा करना है।

स्थित – (ठहरा हुआ)–प्रयाग त्रिवेणी-संगम के पश्चिम में स्थित है।

स्थिर – (पक्का, निश्चल)–अभी तक हिन्दी के अनेक शब्दों की वर्तनी स्थिर नहीं है।

शाश्वत – (सदा रहनेवाला)–सत्य शाश्वत है।

स्वतंत्रता – (व्यक्ति की)–कुछ कैदियों को दो अक्टूबर को स्वतंत्रता दे दी गई।

स्वाधीनता – (देश की)–भारत को अंग्रेजी राज से स्वाधीनता मिली।

हँसी – (विनोदपूर्ण)–हँसी-हँसी में

मजाक – (विद्वेषपूर्ण)–लड़के अपने एक दोस्त का मजाक उड़ा रहे थे।

ह्रास – (क्रमशः गिरावट)–हमारे सांस्कृतिक मूल्यों का ह्रास हो रहा है।

कमी – (आवश्यकता या हिसाब से कम पड़ना)–हमारे देश में खनिज पदार्थों की कमी नहीं है।

ध्वनियों में सावधानी

भाषा के दो रूप हैं। एक तो दृश्य यानी लिपि और दूसरा श्रव्य यानी जिसे आप सुनते हैं। हालाँकि टीवी पत्रकारिता की खासियत इसकी दृश्य क्षमता है, इसीलिए ये रेडियो से भी बड़ा माध्यम है। लेकिन श्रव्य रूप भी उतना ही महत्त्वपूर्ण है। फर्ज कीजिए कि अगर आप कोई न्यूज देख रहे हैं लेकिन उस स्टोरी को देखने के दौरान जो कुछ सुनाई दे रहा है, उसकी आवाज सही नहीं है, उच्चारण में गलती है तो क्या होगा। साफ है, न सिर्फ दर्शक खबर से हट जाते हैं, बल्कि उच्चारण दोष की वजह से कई बारगी आप भयंकर भूल भी कर बैठते हैं। जैसे–

उदाहरण–(1) कॉमनवेल्थ गेम्स को लेकर खूब घपले हो रहे हैं...**उद्धरण** के तौर पर ये स्टेडियम देख लीजिए।

उदाहरण–(2) वरुण गांधी की **उपेक्षा** राहुल गांधी बेहद संयमित हैं।

उदाहरण–(3) पुलिस की इस लापरवाही से गाँववाले गुस्से से **खोल** उठे।

उदाहरण–(4) अब नेताजी की **चीता** को अग्नि दिया जाना है।

उपरोक्त उदाहरणों से साफ है कि गलतियाँ छोटी होने के बाद भी अर्थ का कितना अनर्थ हो जाता है। उदाहरण नम्बर एक में 'उदाहरण' को 'उद्धरण' कहने से, इस वाक्य का कोई अर्थ नहीं रह जाता। उदाहरण नम्बर दो में 'अ' को 'उ' बोल दिया गया है। उदाहरण नम्बर तीन में 'खौल' को 'खोल' कह दिया गया है। जबकि उदाहरण नम्बर चार में 'चीता' में छोटी 'इ' को बड़ी 'ई' बना दिया।

ये तो ऐसी गलतियाँ हैं, जिसके बारे में फर्क बड़ी आसानी से समझा जा सकता है। लेकिन कई ऐसे शब्द हैं, जहाँ वर्णों के हेर-फेर से होनेवाले अर्थ भेद को बड़े-बड़े विद्वान भी नहीं समझ पाते।[1] जैसे वेश्या–वैश्या और गिरी–गीरी (जैसे नेतागिरी-नेतागीरी, गांधीगिरी, गांधीगीरी) से होनेवाली परेशानी। अकसर वेश्या को वैश्या और वेश्यालय को वैश्यालय लिखा और पढ़ा जाता है, जबकि वेश्या का अर्थ होता है धन लेकर समागम करनेवाली स्त्री और वैश्या का अर्थ है वैश्य (चार वर्णों में से एक) की स्त्री। अब जरा ये सोचिए कि वेश्य को वैश्या लिखने का प्रचलन हो जाए तो कुछेक दशक बाद ही ऐतिहासिक सन्दर्भ के विवेचन में बड़ी आसानी से कोई भी यह मतलब

निकाल सकता है कि–'वैश्य वर्ण की स्त्रियाँ ही वेश्याएँ थीं और वैश्यों के घर ही वेश्यालय हुआ करते थे।' इसी तरह से नेतागिरी या गांधीगिरी गलत है और नेतागीरी और गांधीगीरी सही। गिरी का मतलब होता है–गुठली, बीज। उदाहरण के लिए बादाम की गिरी और गीरी का अर्थ है धन्धा, पेशा।

साफ है, टेलीविजन पत्रकारिता में फिलहाल जारी एक बड़ी गलती ध्वनियों को लेकर है। ऐसे कई शब्द मिलेंगे, जिनमें एकाध अक्षर यानी स्वर, स्वर की मात्रा या फिर व्यंजन की मात्रा का ही फर्क होता है लेकिन उच्चारण में इससे उनके अर्थ में भारी फर्क हो जाता है। मैंने कई ऐसे शब्दों का संकलन[2] तैयार करने की कोशिश की है, जिसका टीवी जर्नलिज्म के दौरान खूब इस्तेमाल होता है और टीवी पत्रकार इसका ध्यान रखें।

अंचल–किसी क्षेत्र का पार्श्व–पूर्वांचल भारत का प्रसिद्ध प्रदेश है।
आँचल–कपड़े का छोर–मेरी बात अपने आँचल में बाँध लो।

अनुसार–अनुरूप–इनके अनुसार नेताजी अब तक जीवित हैं।
अनुस्वार–स्वर का नासिकीय रूप–दन्त शब्द पर अनुस्वार लगा है।

अपेक्षा–तुलना में–गुलाब गेंदा फूल की अपेक्षा अधिक सुन्दर होता है।
उपेक्षा–तिरस्कार–मेरी राय की उपेक्षा नहीं कर सकते।

आदि–वगैरह–इस दुकान में जूता, चप्पल, खिलौने आदि सभी चीजें मिलती हैं।
आदी–अभ्यस्त–मैं ऐसी-वैसी बातें सुनने का आदी नहीं हूँ।

आभास–भ्रम-सा
आवास–निवास-स्थान
अभ्यास–आदत

उतर–नीचे आना
उत्तर–जवाब

उदाहरण–मिसाल
उद्धरण–वाक्य का वैसा ही कथन–कालिदास के मेघदूत से कोई उद्धरण दीजिए।

उधार–देय राशि
उद्धार–ऊपर उठाना

उपस्थित–हाजिर
उपस्थिति–हाजिरी

उबारना–उद्धार करना
उभारना–उत्साहित करना

कंगाल–दरिद्र
कंकाल–ठठरी

कड़ाई–सख्ती
कड़ाही–एक गोल बर्तन
कढ़ाई–काढ़ने का काम

कर्म–काम
क्रम–सिलसिला

कान्ति–चमक
क्रान्ति–उलटफेर
क्लान्ति–थकावट

कुल–सारा
कूल–किनारा

कोश–शब्दों का संग्रह
कोष–खजाना
कोस–दो किलोमीटर की दूरी

खोआ–मावा
खोया–गुम हुआ

खोलना–जकड़ से मुक्त करना
खौलना–उबलना

गड़ना–चुभना
गढ़ना–बनाना

गृह–घर
ग्रह–सूर्य के इर्द-गिर्द घूमनेवाले पिंड

चिता–लकड़ियाँ जिन पर मश्तक को जलाया जाता है।
चिन्ता–फिक्र
चीता–पशु

चिर—अधिक काल
चीर—कपड़ा

जबान—जीभ
जवान—युवा

दिन—दिवस
दीन—दरिद्र

निधन—मृत्यु
निर्धन—गरीब

नियत—निश्चित
नियति—किस्मत, होनी

परिणाम—नतीजा
प्रणाम—नमस्कार
परिमाण—नाप-तौल

पालतू—पाला हुआ
फालतू—अतिरिक्त

पाव—एक चौथाई
पाँव—पैर

प्रमाण—सबूत
प्रणाम—नमस्कार

प्रवाह—बहाव
परवाह—अपेक्षा

प्रायः—अकसर
पराया—दूसरे का

बाड़—रोक
बाढ़—सैलाब

बार—मरतबा
वार—दिन

वार–चोट

मंडी–व्यापार स्थल
मन्दी–गिरावट

रक्त–खून
रिक्त–खाली

सामान–सामग्री
समान–बराबर
सामान्य–साधारण

सन्दर्भ

1. देखें–'हिन्दी की वर्तनी', सन्त समीर, पृ. 11, 28
2. देखें–'हिन्दी शब्द-अर्थ-प्रयोग', डॉक्टर हरदेव बाहरी, पृ. 109

उच्चारण स्थान

हिन्दी एक वैज्ञानिक भाषा है। इसके हर वर्ण के उच्चारण का एक वैज्ञानिक आधार है। आपने अकसर देखा होगा कि नुक़तावाले शब्दों में या फिर स, श के उच्चारण में लोग गलतियाँ करते हैं। ऐसे में वर्णों के उच्चारण सटीक और सही तरीके से हों, इसके लिए बेहद जरूरी है कि आप ये समझें कि किन वर्णों का उच्चारण[1] कहाँ से किया जाता है।

1. कई वर्णों के उच्चारण में कंठ और जीभ के निचले भाग का इस्तेमाल होता है। जैसे–अ, आ, क, ख, ग, घ, ङ, ह और विसर्ग
2. चवर्ग और कुछ वर्णों के लिए तालु और जीभ का इस्तेमाल होता है। जैसे–इ, ई, च, छ, ज, झ, ञ, य, श
3. मूर्धा और जीभ के सहयोग से प्रयोग होनेवाले वर्ण कुछ इस प्रकार हैं–ऋ, ट, ठ, ड, ढ, ण, ड़, ढ़, र, ष
4. दाँत और जीभ से इस्तेमाल होनेवाले वर्ण हैं–त, थ, द, ध, न, ल, स
5. पवर्ग और कुछ वर्णों में दोनों होंठों का इस्तेमाल होता है। दोनों होंठों से बोले जानेवाले शब्द हैं–प, फ, ब, भ, म, उ, ऊ
6. कंठ, तालु और जीभ से इस्तेमाल होनेवाले वर्ण हैं–ए, ऐ
7. ओ और औ का उच्चारण कंठ द्वारा जीभ और होंठों के कुछ स्पर्श से होता है।
8. व का उच्चारण दाँतों से जीभ और होंठों के कुछ योग से बोला जाता है।
8. क़, ख़, ग़, ज़, फ़ जैसे नुक़तावाले वर्णों का उच्चारण सीधे पेट से होता है।

उच्चारण सम्बन्धी कुछ अन्य जानकारियाँ

– ऐ का उच्चारण 'अई' और कहीं-कहीं 'अए' यानी 'ए' और 'ऐ' के बीच होता है। जैसे–ऐनक, ऐश्वर्य, सैर, चैन, बैठक, मैला

औ का उच्चारण कुछ 'अव्' और कहीं-कहीं 'अओ' के समान होता है। जैसे–सौजन्य, सौत, शौच, नौकर, यौवन, मौन

– ट, ठ, ड और ढ के पहलेवाले अनुस्वार का उच्चारण कभी-कभी 'न्' के समान होता है। जैसे–टंटा (टण्टा), अंडा (अण्डा), ठंडा (ठण्डा)
– त, थ, द, ध, र, ल, श, स और च के पहलेवाले अनुस्वार का उच्चारण 'न्' के समान होता है। जैसे–अन्त, पन्थ, बन्द, वंश, कंस, संसार, संचय, संलाप
– प, फ, ब, भ, म और च के पहले अनुस्वार का 'म्' के समान उच्चारण होता है। जैसे–कम्प, दम्भ, सम्वत, नम्बर
– क, ख, ग, घ और ह के पहले वाले अनुस्वार का उच्चारण 'ङ्' के समान होगा। जैसे–अंक, पंख, अंग, कंघी, सिंह
– च, छ, ज, झ और म के पहले वाले अनुस्वार का उच्चारण 'ञ्' के समान होगा। जैसे–पंच, अंजन, संयम, मंझन
– हिन्दी में 'ज्ञ' का उच्चारण 'ग्यँ' होता है। जैसे–

आज्ञा–आग्याँ
ज्ञान–ग्याँन
अज्ञान–अग्याँन
यज्ञ–यग्यँ

सन्दर्भ

1. देखें–'आधुनिक हिन्दी व्याकरण और रचना', डॉ. वासुदेव नन्दन प्रसाद, पृ. 22, 35

एक ही शब्द के अनेक अर्थ[1]

पिछले अध्यायों में आपने देखा कि किस तरह से दो शब्द एक ही जैसे लगते हैं लेकिन उनके अर्थ में सूक्ष्म भिन्नता होती है। अगर उनका सही-सही अर्थ न समझा जाए तो उससे बेहद मुश्किल खड़ी हो सकती है। इस लेख में हम आपको बताएँगे वो शब्द, जिनका कई अर्थों में और कई जगहों पर आप प्रयोग कर सकते हैं। आपको बता दें कि वैसे तो हिन्दी में शब्दों की कोई कमी नहीं है और हर अर्थ के लिए अलग-अलग शब्द दिए गए हैं। लेकिन कई बार आप नए-नए शब्दों का इस्तेमाल करने की बजाय वे शब्द इस्तेमाल करते हैं, जिससे आपकी बात भी पूरी हो जाए और आपकी भाषा पर ज्यादा-से-ज्यादा शब्दों का बोझ भी न पड़े। यहाँ उन शब्दों की लिस्ट देने की बजाय आपके सामने कुछ उदाहरण रख रहे हैं–

अन्त–सिरा, समाप्ति, मौत, भेद/रहस्य

अँधेरा–अन्धकार, उदासी, प्रकाश के बिना

अकाल–अभाव, कमी, असमय

अधिकार–स्वत्व, शक्ति, कब्जा, पूरी जानकारी

अनर्थ–अर्थ का अभाव, अनुचित अर्थ, अशुभ घटना, विपत्ति

अन्न–खाद्य पदार्थ, अनाज

अलग–पृथक, न लगा हुआ, भिन्न, अछूता

अवस्था–दशा, उम्र, स्थिति

अशुद्ध–अपवित्र, गलत, गन्दा

उग्र–भयानक, क्रूर, कष्टदायक, तीव्र

उत्तर–दिशा, जवाब, गणित में फल

उत्पात–शरारत, हो-हल्ला, दंगा

कट्टर–अपने मत का जिद्दी, दृढ़ प्रतिज्ञ, कठोर

कड़ा–कठिन, कठोर, कंकण

कमान–धनुष, आदेश, प्राधिकारी

करीब–समीप, लगभग, सगा

कला–आर्ट, शरीर के हाव-भाव, अंश, कौशल
काटना–कटाई करना, रद्द करना, अलग करना, दाँत चुभाना, डंक मारना
काम–कार्य, नौकरी, काम वासना, कृति
कायदा–नियम, तरीका, रिवाज, उर्दू का बालबोध
काल–समय, मौत, यमराज
खराब–गन्दा, बुरा, बर्बाद, नष्ट, चालू नहीं
खून–रक्त, हत्या, मारकाट
गन्दा–मैला, अश्लील, बुरा
गहन–गहरा, घना, दुर्गम, जटिल
गाँठ–फंदा, गठरी, उलझन, मनमुटाव
गाड़ना–जमीन में दबाना, धँसाना, खड़ा करना (झंडा)
गोली–दवा, कंचा, बन्दूक की गोली, धागे की गोली
घड़ी–समय बतानेवाला यंत्र, चौबीस मिनट का समय, क्षण
घोर–भयानक, बहुत अधिक, बहुत बुरा, बहुत घना (बम)
छींटा–बूँदें, बूँदों का निशान, हलकी बारिश, व्यंग्य
छोड़ना–मुक्त करना, त्याग देना, भूल से न लेना, डालना
जलना–आग लगना, भस्म हो जाना, शरीर तपना, ईर्ष्या करना
जाँच–पूछताछ, खोज, परीक्षण
जारी–चालू, लागू, प्रवाहित, निकला हुआ
जाल–बड़ी जाली, बुनावट, जमघट, फरेब
ठस–बहुत कड़ा, भारी, घनी बुनावट वाला, कंजूस, आलसी, हठी
ठहरना–रुकना, टिकना, शान्त हो जाना, पक्का होना
डूबना–अस्त होना, पानी के नीचे जाना, नष्ट होना, समाप्त होना
तोड़ना–टुकड़े करना, अलग कर देना, भंग करना (नियम), नष्ट करना
दारू–दवा, शराब
पता–ठिकाना, सूचना, मालूम, भेद
पालन–भरण-पोषण, कर्तव्य का निर्वाह, वचन पूरा करना
मिलाना–मिश्रित करना, जोड़ना, सटाना, तुलना करना
संस्कार–सफाई, आचार-व्यवहार, मन पर पड़नेवाला प्रभाव, धार्मिक कृत्य

सन्दर्भ

1. देखें–'हिन्दी शब्द-अर्थ-प्रयोग', हरदेव बाहरी, पृ. 73

मुहावरे और लोकोक्तियाँ

टेलीविजन में स्क्रिप्ट को रोचक बनाने के कई तरीके हैं। वैसे तो आपका मुख्य काम खबर बताना है और जितनी साफगोई से अपनी बात रखी जाए, वो अपने-आप में महत्त्वपूर्ण है। लेकिन जरा-से हेर-फेर से आप अपनी भाषा में चमत्कार पैदा कर सकते हैं। साथ ही खबरों के साथ छेड़छाड़ भी नहीं होगी। भाषा में चमत्कार पैदा करने के कई तरीके हैं। मसलन, बीच में ही मुहावरों का इस्तेमाल कर लें। जैसे, अगर महँगाई के मुद्दे पर तमाम सहयोगी दलों के साथ कांग्रेस की बैठक हो रही थी और कोई फैसला न हो पाया हो तो आप लिख सकते हैं कि 'किसी को आम जनता की फिक्र नहीं है, बल्कि तमाम राजनीतिक दलों के नेता अपना-अपना राग अलापने में लगे थे।' इसी तरह से लोकोक्तियों का प्रयोग भी आपके बोलने में वजन डाल देता है। मसलन, अगर आपके पास विजुअल हों या फिर ये कहानी बता रहे हों कि किसी वीआईपी शख्स ने कुछ गुंडागर्दी की है और जब पुलिसवाला उससे पूछताछ करता है तो वो पुलिसवाले से ही बदतमीजी करने लगता है। ऐसी स्थिति में आप लिख सकते हैं कि 'उलटा चोर कोतवाल को डाँटे।' इसी तरह से हड़ताल से निपटने के लिए दिल्ली में बारह सरकारी पेट्रोल पम्प खुले रहे। तो आप कह सकते हैं ये 'ऊँट के मुँह में जीरे के समान था।'

हिन्दी में मुहावरों और लोकोक्तियों की भरमार है। ये हजारों की संख्या में भरे पड़े हैं। लेकिन हिन्दी न्यूज चैनलों की अपनी सीमाएँ और कमियाँ होने की वजह से आप सबका इस्तेमाल नहीं कर सकते, इसलिए मैंने हिन्दी भाषा और व्याकरण की तमाम किताबों को खँगालने के बाद डॉक्टर हरदेव बाहरी की किताब 'हिन्दी–शब्द अर्थ प्रयोग' से ऐसे मुहावरों और लोकोक्तियों को चुना है, जिनका इस्तेमाल हिन्दी टेलीविजन न्यूज चैनल के पत्रकार कर सकते हैं। इनमें कुछ मुहावरों और लोकोक्तियों के अर्थ के साथ-साथ उदाहरण के तौर पर उनके वाक्य में इस्तेमाल भी बताऊँगा लेकिन बाकी के सिर्फ अर्थ बता रहा हूँ।

कुछ उदाहरण

- अंग-अंग फूला न समाना–(बहुत आनन्दित होना)–सीरीज जीतने के बाद धोनी के अंग-अंग फूले नहीं समा रहे हैं।
- अंगार उगलना–(क्रोध में भला-बुरा कहना)–भरी सभा में उमा भारती आडवाणी के खिलाफ अंगार उगलकर चली गईं।
- अंगारे बरसना–(कड़ी धूप होना)–अगस्त में भी दिल्ली में अंगारे बरस रह हैं।
- अंगारों पर पैर रखना–(जोखिम मोल लेना)–मुख्यमंत्री मायावती के खिलाफ बोलकर निलंबित बीएसपी नेता ने अंगारों पर पैर रख दिया है।

मुहावरे

- अँगूठा दिखाना–समय पर इनकार कर देना
- अंगूर खट्टे होना–न मिलने पर सामान को बेकार बताना
- अंजर-पंजर ढीला होना–अंग-अंग ढीला होना
- अंडे सेना–घर में बेकार बैठे रहना
- अन्दर होना–जेल में बन्द होना
- अन्धाधुन्ध लुटाना–बेकार के बहुत से खर्च करना
- अन्धा बनाना–मूर्ख बनाकर धोखा देना
- अन्धे की लकड़ी/लाठी–एकमात्र सहारा
- अन्धे के हाथ बटेर लगना–बिना कोशिश के बड़ी चीज पा लेना
- अँधेर नगरी–जहाँ न्याय व्यवस्था नाम की कोई चीज न हो
- अँधेरे में रखना–राज छिपाना
- अन्धों में काना राजा–अयोग्य व्यक्तियों के बीच में कम योग्य व्यक्ति भी पूजनीय होता है
- अक्ल का अन्धा–मूर्ख
- अढ़ाई दिन की बादशाहत–थोड़े दिन की शान-ओ-शौकत
- अधर में लटकना या झूलना–असमंजस में पड़ा रह जाना
- अपना-अपना राग अलापना–अपनी ही बातें कहना
- अपना उल्लू सीधा करना–अपना काम निकालना
- अपनी खाल में मस्त रहना–अपनी दशा से सन्तुष्ट रहना
- अपने पाँव पर कुल्हाड़ी मारना–अपना अहित स्वयं कर लेना
- अपने मुँह मियाँ-मिट्ठू बनना–अपनी बड़ाई आप-ही करना

– आँख का काँटा–दुश्मन
– आँख का तारा–बहुत प्यारा
– आँख लगना–नींद आ जाना
– आँखें चार होना–आमने-सामने होना
– आँखें तरेरना–क्रोध से देखना
– आँखें नीची होना–लज्जित होना
– आँखों का काजल चुराना–बेहद चतुराई के साथ छल कर लेना
– आँखों का पानी ढलना–निर्लज्ज होना
– आँखों पर चर्बी चढ़ना–अहंकार से किसी पर भी ध्यान तक न देना
– आँखों में धूल झोंकना–धोखा देना
– आग पर तेल छिड़कना–गुस्से को और भड़काना
– आग-बबूला होना–बहुत गुस्से में होना
– आग में कूदना–जान जोखिम में डालना
– आग लगने पर कुआँ खोदना–पहले से कोई उपाय करके न रखना
– आटे-दाल का भाव मालूम होना–दुनियादारी का व्यावहारिक ज्ञान होना
– आव देखा न ताव–बिना सोचे-विचारे ही
– आवाज उठाना–विरोध प्रकट करना
– आसमान के तारे तोड़ना–असम्भव काम कर लेना
– आसमान टूट पड़ना–अचानक बहुत बड़ी विपत्ति आ पड़ना
– आसमान फट पड़ना–अचानक आफत आ पड़ना
– आस्तीन का साँप–विश्वासघाती मित्र
– इतिश्री होना–अन्त होना
– ईंट का जवाब पत्थर से देना–किसी के आरोप का करारा जवाब देना
– ईंट से ईंट बजाना–विनाश करना
– ईद का चाँद होना–बहुत दिन बाद दिखाई देना
– उगल देना–भेद खोल देना
– उड़न-छू होना–गायब हो जाना
– उबल पड़ना–एकदम गुस्सा हो जाना
– उलटी गंगा बहाना–उलटा काम करना
– उलटी पट्टी पढ़ाना–कुछ का कुछ और कहकर बहकाना
– एक आँख से देखना–सबको बराबर समझना
– एक ही थैली के चट्टे-बट्टे–एक जैसे चरित्र और विचार के लोग
– एड़ियाँ रगड़ना–बहुत दौड़-धूप करना

– ऐसी की तैसी करना–दुर्दशा करना
– ककड़ी-खीरा समझना–नगण्य या तुच्छ समझना
– कच्चा-चिट्ठा खोलना–सब भेद खोल देना
– कच्ची गोली खेलना–अनुभवहीन होना
– कदम/पैर उखड़ना–भाग खड़े होना
– कन्नी काटना–कतराकर निकल जाना
– कमर कसना–तैयार हो जाना
– कलेजा ठंडा होना–मन को शान्ति मिलना
– कलेजा मुँह को आना–दुख होना
– कलेजे का टुकड़ा–बहुत प्यारा होना
– कलेजे पर साँप लोटना–जलन से कुढ़ना
– कहा-सुनी होना–झगड़ा होना
– कंगाली में आटा गीला होना–विपत्ति में और विपत्ति का पड़ जाना
– काँटा दूर होना–परेशानी दूर होना
– कागजी घोड़े दौड़ाना–केवल लिखा-पढ़ी करते रहना
– काठ का उल्लू–महामूर्ख
– कान खड़े होना–चौकन्ना होना
– कान देना–ध्यान से सुनना
– कान पकड़ना–गलती मान लेना
– कान पर जूँ तक न रेंगना–कुछ भी परवाह न करना
– कान भरना–चुगली करना
– कान में तेल डाले बैठे रहना–सुनकर भी ध्यान न देना
– कान लगाना–ध्यान देना
– काफूर होना–गायब हो जाना
– काम-तमाम करना–मार डालना
– काल कवलित होना या काल के गाल में समा जाना–मर जाना
– मुँह काला करना–घृणित कार्य करना
– किताबी-कीड़ा होना–केवल पढ़ने में लगे रहना
– किरकिरी हो जाना–विघ्न पड़ना
– किस दर्द/मर्ज की दवा–किस काम का होना या न होना अथवा अयोग्य होना
– किस्मत फूटना–बुरे दिन आना
– कीचड़ उछालना–निन्दा करना

– कुआँ खोदना–किसी को हानि पहुँचाने की कोशिश करना
– कुएँ में भाँग पड़ना–सबकी बुद्धि मारी जाना
– कुत्ते की दुम–किसी भी परिवर्तन को न स्वीकारना
– कुत्ते की मौत मरना–बुरी तरह से मरना
– कूच कर जाना–चले जाना
– कूप-मंडूक–सीमित ज्ञान, कम अनुभववाला
– कोढ़ में खाज होना–परेशानी में और दुखों का बढ़ते जाना
– कोल्हू का बैल–कड़ी मेहनत करने में जुटा रहनेवाला
– खटाई में पड़ना–टल जाना
– ख्याली-पुलाव पकाना–व्यर्थ कल्पना करना
– खाक छानना–मारा-मारा फिरना
– खाक में मिलाना–नष्ट करना
– खिचड़ी पकाना–अन्दर-ही-अन्दर षड्यंत्र रचना
– खून का घूँट पीना–गुस्सा सहन कर जाना
– खून खौलना/उबलना–तेज गुस्सा आना
– खून पसीना एक करना–कड़ी मेहनत करना
– गंगा नहाना–कठिन कार्य पूरा कर लेना
– गड़े मुर्दे उखाड़ना–पुरानी कड़वी बातों को फिर से उजागर करना
– गले का हार होना–बहुत प्यारा होना
– गले मढ़ना–जबर्दस्ती सौंपना
– गाँठ बाँधना–खूब अच्छी तरह याद रखना
– गागर में सागर भरना–थोड़े में बहुत-कुछ कहना
– गाजर-मूली समझना–तुच्छ समझना
– गाढ़े का साथी–संकट का साथी
– गाल फुलाना–रूठना
– गाल बजाना–डींग हाँकना
– गिन-गिन कर पैर/कदम रखना–बहुत सावधानी से बढ़ना
– गिरगिट की तरह रंग बदलना–बार-बार स्वभाव बदल लेना
– गीदड़-भभकी–दिखावटी धमकी
– गुड़-गोबर कर देना–बना-बनाया काम बिगाड़ देना
– गुदड़ी में लाल होना–गरीबी में भी गुणवान होना
– गुस्सा पी जाना–क्रोध को रोक लेना
– गूलर का फूल–दुर्लभ वस्तु

– गेहूँ के साथ घुन भी पिस जाना–दोषी के साथ निर्दोष का भी अहित होना
– घड़ियाँ गिनना–बेचैनी से प्रतीक्षा करना
– घर का ना घाट का–कहीं का नहीं रह जाना
– घर-फूँक तमाशा देखना–अपनी हानि करके मौज उड़ाना
– घाव पर नमक छिड़कना–दुखी को और दुखी करना
– घाव हरे करना–भूले हुए दुख को याद दिलाना
– घास छीलना–व्यर्थ समय गँवाना
– घोड़े बेचकर सो जाना–निश्चिन्त हो जाना
– चंडूखाने की गप मारना–पागलों की-सी या झूठी-मूठी बातें करना
– चप्पा-चप्पा छान मारना–हर जगह ढूँढ़ना
– चल बसना–मर जाना
– चाँद पर थूकना–किसी अच्छे आदमी पर कलंक लगाना
– चाँदी काटना–खूब धन पैदा करना
– चादर से बाहर पैर पसारना–आमदनी से ज्यादा खर्च करना
– चार चाँद लगना–बहुत शोभा होना
– चार दिन की चाँदनी–थोड़े दिनों का सुख
– चिराग तले अँधेरा होना–आस-पास ही भारी कमी होना
– चींटी के पर निकलना–सामर्थ्य न होने पर भी दिखावा करना
– चुल्लू-भर पानी में डूब मरना–शर्म के मारे मुँह न दिखाना
– चूड़ियाँ पहनना–अत्यधिक डरपोक होना
– चूना लगाना–धोखा देना
– चेहरे पर हवाइयाँ उड़ना–बहुत बुरी तरह डर जाना
– चोली-दामन का साथ–घनिष्ठ सम्बन्ध
– छक्के छूटना–बुद्धि चकरा जाना
– छप्पर फाड़कर देना–बिना परिश्रम बहुत लाभ हो जाना
– छाती पर पत्थर रखना–चुपचाप दुख सह लेना
– छाती पर साँप लोटना–ईर्ष्या होना
– छू-मंतर होना–गायब हो जाना
– जंगल में मंगल होना–उजाड़ में चहल-पहल होना
– जले पर नमक छिड़कना–दुखी को और परेशान करना
– जड़ खोदना/काटना–समूल नष्ट करना
– जबान पर चढ़ना–याद होना
– जबान पर लगाम न होना–बेमतलब बोलते जाना

– जमीन-आसमान एक करना–सभी उपाय कर डालना
– जमीन पर पैर न रखना–अकड़कर चलना
– जमीन में गड़ जाना–लज्जा से सिर नीचा होना
– जलती आग में तेल डालना–क्रोध को और भड़काना
– जली-कटी सुनाना–बहुत अधिक कड़वी बातें कह देना
– जहर उगलना–कड़वी बातें कहना
– जहाज का कौवा/पंछी–जिसका कोई और ठिकाना नहीं
– जान के लाले पड़ना–संकट में पड़ना
– जान पर खेलना–प्राणों की बाजी लगा देना
– जान में जान आना–चैन मिलना
– जान से हाथ धो बैठना–मारा जाना
– जान हथेली पर रखना–प्राणों की परवाह न करना
– जी का जंजाल–व्यर्थ का झंझट
– जी चुराना–काम करने से कतराना
– जूते चाटना–चापलूसी करना
– जोड़-तोड़ करना–काम सिद्ध करने के हरसम्भव उपाय करना
– टका-सा मुँह लेकर रह जाना–लज्जित हो जाना
– टाँग अड़ाना–बाधा पैदा करना
– टाँय-टाँय फिस्स होना–काम बिगड़ जाना
– टेढ़ी उँगली से घी निकालना–चतुराई से कठिन कार्य भी कर डालना
– टेढ़ी खीर–मुश्किल काम
– ठन-ठन गोपाल–अत्यधिक निर्धन होना
– ठीकरा फोड़ना–दोषारोपण करना
– डंका बजना–ख्याति होना
– डकार जाना–बेईमानी करना
– डोरे डालना–झूठे प्रेम में फँसाना
– ढाई दिन की बादशाहत–थोड़े दिन की मौज-बहार
– ढिंढोरा पीटना–सब को बताना
– तख्ता उलटना–सरकार बदलना, शासन में परिवर्तन करना
– ताक पर रखना/धरना–हटा देना
– तार-तार होना–पूरी तरह नष्ट हो जाना
– तारे गिनना–रात को नींद न आना
– तिल का ताड़ करना–छोटी-सी बात को बढ़ा देना

– तीन-तेरह करना–तितर-बितर करना
– तूती बोलना–रौब जमना
– तेली का बैल होना–हर समय काम में लगे रहना
– तेवर चढ़ाना–गुस्सा होना
– त्रिशंकु होना–अधर में लटकना
– थूक कर चाटना–अपमानजनक कार्य को दोहराना
– दमड़ी के लिए चमड़ी उधेड़ना–मामूली-सी बात के लिए भारी दंड देना
– दम भरना–दावा करना
– दाँत खट्टे करना–बुरी तरह से हरा देना
– दाँत पीसकर रह जाना–क्रोध रोक लेना
– दाँतों तले उँगली दबाना–आश्चर्यचकित रह जाना
– दाना-पानी उठना–जीवन-यापन असम्भव हो जाना
– दाल न गलना–बस न चलना
– दाल में काला होना–शको-शुबहा होना
– दिन में तारे दिखाई देना–काफी परेशानी में पड़ जाना
– दिन-दूनी रात-चौगुनी होना–बहुत जल्दी-जल्दी लाभ होना
– दिमाग आसमान पर चढ़ना–बहुत घमंड होना
– दिल का गुबार निकालना–मन में दबे भाव प्रकट करना
– दिल मसोसकर रह जाना–इच्छा को दबा लेना
– दूज का चाँद होना–बहुत दिनों बाद दिखाई देना
– दूध का धुला होना–निर्दोष या निष्कलंक होना
– दूध का दूध और पानी का पानी करना–उचित निर्णय करना
– दूध के दाँत न टूटना–ज्ञान अथवा अनुभव न होना
– दूर की कौड़ी लाना–दूर की सोच लेना
– दो-टूक बात कहना–थोड़े में साफ-साफ कहना
– दो दिन का मेहमान–जल्दी मरनेवाला
– दो नावों पर पैर रखना–एक साथ दो मुश्किल काम करना
– छज्जियाँ उड़ाना–दुर्गति करना
– धूप में बाल सफेद करना–अनुभवहीन होना
– नब्ज पहचानना–स्वभाव जानना
– नमक-मिर्च लगाना–बात को भड़कानेवाले ढंग से कहना
– नस-नस फड़क उठना–बहुत उत्साहित होना
– नस पहचानना–अच्छी तरह जानना

– नहले पर दहला मारना–करारा जवाब देना
– नाक कटना–बदनामी होना
– नाक का बाल होना–बहुत प्यारा होना
– नाक में नकेल डालना–वश में करना
– नाक रगड़ना–गिड़गिड़ाना
– नाकों चने चबवाना–बहुत तंग करना
– नाच नचाना–अत्यधिक परेशान करना, मनमानी करना
– नीचा दिखाना–अपमान करने का प्रयास
– नीला-पीला होना–बहुत अधिक गुस्सा होना
– नौ-दो ग्यारह होना–भाग जाना
– पगड़ी उछालना–बेइज्जत करना
– पगड़ी रखना–इज्जत बचाना
– पत्थर की लकीर होना–बात का पक्का होना
– पलक-पाँवड़े बिछाना–अत्यन्त आदर सहित स्वागत करना
– पल्ला पकड़ना–सहारा लेना
– पाँचों उँगलियाँ घी में होना–लाभ-ही-लाभ होना
– पाँव उखड़ना–हार कर भाग जाना
– पानी का बुलबुला होना–क्षण-भंगुर होना
– पानी पी-पीकर कोसना–अपशब्द कहते जाना
– पानी फेर देना–काम बिगाड़ देना
– पापड़ बेलना–बहुत ज्यादा प्रयास करना
– पेट काटना–अपने ऊपर जरूरत से भी कम खर्च करना
– पेट में चूहे दौड़ना–बहुत तेज भूख लगना
– पैरों तले जमीन खिसकना–होश उड़ जाना
– पैरों पर खड़ा होना–स्वावलम्बी होना
– पौ बारह होना–खूब लाभ होना
– प्राणों पर आ बनना–गम्भीर संकट में पड़ना
– फूँक-फूँक कर कदम/पाँव रखना–सावधानी से कार्य करना
– फूलकर कुप्पा होना–बहुत खुश होना
– बन्दर-घुड़की या भभकी–प्रभावहीन या कोरी धमकी
– बखिया उधेड़ना–भेद खोलना
– बट्टा लगना–कलंक लगना
– बत्तीसी बन्द होना–हँसी को गम्भीरता से रोक लेना

– बरस पड़ना–बुरी तरह से डाँटना
– बाएँ हाथ का खेल–अति सरल काम
– बाँछें खिल जाना–अत्यन्त प्रसन्न होना
– बात का धनी होना–वचन का पक्का होना
– बाल की खाल उतारना–बेवजह किसी बात की तह तक जाना
– बाल बाँका न कर सकना–कुछ भी हानि न पहुँचा सकना
– बालू से तेल निकालना–असम्भव को सम्भव कर दिखाना
– बासी कढ़ी में उबाल आना–उचित समय बीत जाने पर इच्छा जागना
– बिल्ली के गले में घंटी बाँधना–अपने को संकट में डालना
– बेपेंदी का लोटा–ढुलमुल या मौकापरस्त होना
– बेसिर-पैर की हाँकना–ऊल-जलूल बातें करना
– भाड़े का टट्टू–पैसे लेकर ही काम करनेवाला
– भीगी बिल्ली बनना–सहम जाना
– भेड़िया धसान–अन्धानुकरण
– भैंस के आगे बीन बजाना–बेसमझ आदमी को उपदेश देना
– मक्खियाँ मारना–बेकार रहना
– मजा किरकिरा होना–आनन्द में विघ्न पड़ना
– माथा ठनकना–संशय होना
– मीठी छुरी चलाना–विश्वासघात करना
– मुँह की खाना–बुरी तरह हारना
– मुँह बनाना–खीझ प्रकट करना
– मुँह में पानी भर आना या लार टपकना–खाने को जी करना
– मुट्ठी गर्म करना–घूस देना
– मुट्ठी में करना–वश में करना
– मैदान मारना–लड़ाई जीतना
– मोटा आदमी/असामी–धनी व्यक्ति
– मोहर लगा देना–पुष्टि करना
– रंग बदलना–परिवर्तन होना
– रंग में भंग पड़ना–मजा किरकिरा होना
– रंग लाना–मेहनत सार्थक होना
– राई का पहाड़ बनाना–जरा-सी बात को बढ़ा-चढ़ा देना
– रास्ता नापना–चले जाना
– रास्ते पर लाना–सुधार करना

– रोएँ या रौंगटे खड़े होना–रोमांच होना
– रो-धोकर दिन काटना–जैसे–तैसे जीवन बिताना
– लंगोटिया यार–घनिष्ठ मित्र
– लकीर का फकीर होना–हर बात का अन्धानुकरण करना
– लल्लो-चप्पो करना–चिकनी-चुपड़ी बातें करना
– लीक पीटना–पुराने रीति-रिवाजों का अनुसरण करना
– लुटिया डुबोना–अपमानजनक स्थिति पैदा करना
– लेने के देने पड़ना–लाभ की जगह हानि होना
– लोहा मानना–श्रेष्ठता स्वीकार करना
– लोहा लेना–कड़ाई से मुकाबला करना
– लोहे के चने चबवाना–बुरी तरह परेशान करना या सख्त हालात में डालना
– शान में बट्टा लगना–शान घटना, अपमान होना
– श्रीगणेश करना–आरम्भ करना
– संसार से उठना या विदा होना–मर जाना
– सफेद झूठ–बिलकुल झूठ
– सब्जबाग दिखाना–अच्छी बातें कहकर बहकाना
– साँप को दूध पिलाना–बुरे के साथ नेकी करना
– साँस-छछून्दर की गति होना–असमंजस या दुविधा की दशा होना
– साँप सूँघ जाना–गुमसुम हो जाना
– घाट-घाट का पानी पीना–विस्तृत अनुभव होना
– सिट्टी-पिट्टी गुम हो जाना–होश उड़ जाना, बुरी तरह घबरा जाना
– सिर उठाना–विरोध करना
– सिर गंजा करना–बुरी तरह पीटना
– सिर पर खून सवार होना–मरने-मारने पर उतारू होना
– सिर पर पाँव रखकर भागना–जान बचाकर या तुरन्त भाग जाना
– सिर पर भूत सवार हो जाना–किसी बात की धुन लग जाना
– सिर पर सवार रहना–बुरी तरह से पीछे पड़ना
– सिर मुंडाते ओले पड़ना–काम शुरू होते ही बाधा आना
– सुई की नोंक के बराबर–जरा-सा
– सूखकर काँटा होना–बहुत दुर्बल हो जाना
– सूरज को दीपक दिखाना–अत्यन्त सक्षम व्यक्तित्व को कमतर आँकना
– सोने की चिड़िया हाथ से निकल जाना–लाभदायक वस्तु का खो जाना
– हँसी-खेल समझना–साधारण काम समझना

– हजामत बनाना–लूटना
– हथियार डाल देना–हार मान लेना
– हवाइयाँ छूटना–बुरी तरह डर जाना
– हवाई किले या महल बनाना–मात्र कल्पना करते रहना
– हवा लगना–प्रभाव पड़ना
– हवा से बातें करना–बहुत तेज चलना
– हाथ डालना–शुरू करना, दुस्साहस
– हाथ पसारना या फैलाना–माँगना
– हाथ-पाँव फूल जाना–डर से घबरा जाना
– हाथ पीले कर देना–लड़की की शादी कर देना
– हाथ-पैर मारना–पूरी कोशिश करना
– हाथ मलना या मलते रह जाना–कुछ प्राप्त न करना या लाभहीन दशा
– हाथ साफ करना–बेईमानी से हासिल करना
– हाथों के तोते उड़ना–होशो-हवास जाते रहना

लोकोक्तियाँ

लोकोक्तियों के उदाहरण देने से पहले आपको बता दें कि ये दो प्रकार की होती हैं। एक वो, जिनका अर्थ शाब्दिक होता है, यानी जो लिखा है वैसा ही सीधा-सादा और सीमित, जबकि दूसरी वे, जिनका अर्थ लाक्षणिक और व्यापक हो जाता है। जरा शाब्दिक अर्थवाली लोकोक्तियों के उदाहरण देखें–**अति सर्वत्र वर्जयते, अल्पहारी सदा सुखी, कर भला हो भला, काल करे सो आज कर**। वैसे सही मायने में मुहावरे की तरह ही लोकोक्ति का अर्थ भी व्यापक और लाक्षणिक होता है। शाब्दिक अर्थवाले ऐसे वाक्य तो महज सुभाषित और सूक्तियाँ हैं। मुहावरे और लोकोक्ति में मुख्य अन्तर ये है कि मुहावरा तो एक पदबन्ध, वाक्यांश या वाक्य-खंड होता है, परन्तु लोकोक्ति एक स्वतंत्र वाक्य है। उस वाक्य में हेर-फेर करने की गुंजाइश नहीं होती। आम व्यवहार में भी दोनों के इस्तेमाल में फर्क है। मुहावरों का इस्तेमाल वाक्य के भीतर ही होता है यानी कि वाक्य के भीतर ही मुहावरे समा कर उसके अर्थ को गहन, व्यापक और प्रभावशाली बना देते हैं। इससे वाक्य में चमत्कार और वजन आ जाता है, जबकि लोकोक्ति एक सिद्ध बात है। कई बार यह अपने-आप में ही सम्पूर्ण होती है और कई बार इसे कहने के लिए आपको समर्थन में दूसरे वाक्यों की जरूरत पड़ती है यानी लोकोक्ति को सांकेतिक रूप से अकेले भी इस्तेमाल किया जा सकता है और विस्तार देते हुए दूसरे वाक्य से जोड़कर भी। जैसे–

– अधजल गगरी छलकत जाए–थोड़ा गुण या धन होने पर ही इतराना–श्याम को नई-नई ठेकेदारी मिली है, इसलिए ये सब पर रौब जमा रहा है। ठीक ही कहा गया है 'अधजल गगरी छलकत जाए।'

अन्य लोकोक्तियाँ

– अब पछताए होत क्या, जब चिड़िया चुग गई खेत–नुकसान हो जाने पर पछताना बेकार है
– आँख के अन्धे नाम नैनसुख–नाम के विपरीत स्वभाव होना
– आम के आम गुठलियों के दाम–दोहरा लाभ
– उलटा चोर कोतवाल को डाँटे–दोषी होने पर भी धौंस जमाना
– ऊँची दुकान फीका पकवान–दिखावा ज्यादा, गुण में कम
– कहाँ राजा भोज, कहाँ गंगू तेली–छोटे आदमी की बड़े आदमी से व्यर्थ तुलना
– का वर्षा जब कृषि सुखाने–अवसर निकल जाने पर सहायता बेकार होती है
– खिसियानी बिल्ली खम्भा नोचे–चिढ़ के मारे क्रोध करने लगना
– थोथा चना बाजे घना–कम ज्ञानी या गुणी होकर भी बढ़-चढ़कर बातें करना
– बिल्ली के भागों छींका टूटा–संयोगवश बिना प्रयास के लाभ हो जाना
– भागते भूत की लंगोटी ही सही–पूर्णतः नुकसान की स्थिति में थोड़ा लाभ ही मिल जाना
– मान न मान, मैं तेरा मेहमान–जबर्दस्ती की आत्मीयता
– अंडे सेवे कोई, बच्चे लेवे कोई–मेहनत किसी की और लाभ किसी और को
– अन्त भला सो सब भला–परिणाम अच्छा तो सब-कुछ अच्छा माना जाता है
– अन्धा क्या चाहे दो आँखें–आवश्यक वस्तु की चाह सबको होती है
– अन्धा क्या जाने बसन्त-बहार–जिसने जो चीज नहीं देखी, वह उसकी कल्पना भी नहीं कर सकता
– अन्धे अन्धा ठेलिया दोनों कूप पड़न्त–दो मूर्खों की परस्पर मदद का कोई लाभ नहीं
– अन्धे के हाथ बटेर लगना–अयोग्य को मूल्यवान वस्तु मिल जाना

- अँधेर नगरी चौपट राजा, टके सेर भाजी टके सेर खाजा–जहाँ मुखिया मूर्ख हो, वहाँ अन्याय ही होगा
- अकेला चना भाड़ नहीं फोड़ सकता–अकेला व्यक्ति कोई बड़ा काम नहीं कर सकता
- अक्ल बड़ी या भैंस–बुद्धि के सामने शारीरिक शक्ति का महत्त्व कम है
- बिन माँगे मोती मिले, माँगे मिले न भीख–भाग्य अच्छा हो तो बढ़िया चीज अपने-आप मिल जाती है लेकिन भाग्य ठीक न हो तो मेहनत भी व्यर्थ जाती है
- अपना रख, पराया चख–अपनी सँभालकर दूसरे की चीज इस्तेमाल करना
- अपनी-अपनी तुनतुनी (ढपली), अपना-अपना राग–केवल अपनी ही बात को महत्त्व देना
- अपनी गली में कुत्ता भी शेर–अपने घर में सबका जोर चलता है
- अपनी पगड़ी अपने हाथ–अपनी इज्जत स्वयं सँभालनी होती है
- अपने झोंपड़े की मनाओ–अपनी कुशल देखो
- अपने मुँह मियाँ-मिट्ठू–अपनी बढ़ाई आप करना
- अभी दिल्ली दूर है–काम में अधूरापन होना, सही समय का न आना
- आग खाएगा तो अंगार उगलेगा–बुरी संगति का बुरा असर
- आग बिना धुआँ नहीं–हर बात का कारण अवश्य होता है
- आग लगने पर कुआँ खोदना–आवश्यकता पड़ने से पहले कुछ न करना
- आगे नाथ न पीछे पगहा–पूर्णतः बन्धनरहित
- आधा तीतर आधा बटेर–बेमेल चीजों का सम्मिश्रण
- आधी छोड़ सारी को धावे, आधी रहे न सारी पावे–अधिक लालच करने से हानि होना
- आप भला तो जग भला–भले आदमी को सब भले ही मिलते हैं
- आम खाने से काम, पेड़ गिनने से क्या काम–अपने मतलब की बात करना
- आए थे हरिभजन को, ओटन लगे कपास–ऊँचा लक्ष्य लेकर घटिया काम करना
- आसमान पे थूका मुँह पर आता है–बड़े लोगों की निन्दा करने से बदनामी होती है
- आसमान से गिरा, खजूर में अटका–एक मुसीबत से निकलकर दूसरी में फँस जाना
- इधर कुआँ, उधर खाई–हर हालत में मुसीबत
- पेट में दाढ़ी होना–उम्र कम, बुद्धि अधिक
- इस हाथ ले, उस हाथ दे–हाथोहाथ परिणाम चाहना

- ईद का चाँद–बहुत दिनों बाद दिखाई देना
- ऊँट किस करवट बैठेगा–स्थितियों में होनेवाला अनिश्चित परिवर्तन
- ऊँट के मुँह में जीरा–जरूरत के हिसाब से बहुत ही कम
- एक अनार सौ बीमार–चीज कम और चाहनेवाले ज्यादा
- एक और एक ग्यारह–एकता में बल है
- एक करेला, दूसरे नीम चढ़ा–कई दोषों का एक साथ होना
- एक गन्दी मछली सारे तालाब को गन्दा कर देती है–एक बुरा आदमी सारे माहौल को खराब कर देता है
- चोरी ऊपर से सीना जोरी–अपराध करके उलटा रौब गाँठना
- एक ही थैली के चट्टे-बट्टे–एक जैसे दुर्गुण या स्वभाववाले
- एक म्यान में दो तलवारें–समान अधिकारवाले दो लोग एक क्षेत्र में नहीं रह सकते
- एक हाथ से ताली नहीं बजती–झगड़े के लिए सभी पक्ष जिम्मेदार होते हैं।
- एक ही लाठी से सबको हाँकना–छोटे-बड़े का ध्यान न रखकर सबके साथ एक ही बर्ताव करना
- ओखली में सिर दिया तो मूसल से क्या डरना–मुश्किल काम हाथ में लेने के बाद परेशानियों की परवाह न करना
- कंगाली में आटा गीला–एक मुसीबत पर दूसरी मुसीबत आ पड़ना
- कबीरदास की उलटी बानी, बरसे कम्बल भीगे पानी–उलटी बात करना
- कब्र में पाँव लटकाना–मृतप्राय होना
- कमान से निकला तीर और मुँह से निकली बात वापस नहीं आती–बात सोच-समझकर करनी चाहिए
- करत-करत अभ्यास के जड़मति होत सुजान–कोशिश करते रहने से सफलता जरूर मिलती है
- करे कोई भरे कोई–करनी किसी और की, दंड किसी और को
- कल किसने देखा है–भविष्य का अनिश्चित होना
- कहीं-की-ईंट कहीं का रोड़ा, भानुमति ने कुनबा जोड़ा–बेमेल चीजों का जमावड़ा
- काठ की हाँडी बार-बार नहीं चढ़ती–धोखेबाजी हर बार नहीं चल सकती
- कान में तेल डाले रहना–जान-बूझकर लापरवाही दिखाना
- काम का न काज का, दुश्मन अनाज का–बिना प्रयास किए ही सुख-आराम चाहना
- काला अक्षर भैंस बराबर–निरक्षर होना

– किसी का घर जले, कोई तापे–दूसरों के दुख पर खुश होना
– दाल में काला होना–कुछ-न-कुछ गड़बड़ अवश्य होना
– खरबूजे को देखकर खरबूजा रंग बदलता है–देखा-देखी काम करना
– ऊपरवाला देता है तो छप्पर फाड़कर देता है–ईश्वर की कृपा असीमित होती है
– खेत खाए गदहा, मार खाए जुलाहा–दोष किसी का, दंड किसी और को
– खोदा पहाड़ निकली चुहिया–मेहनत बहुत लेकिन लाभ बहुत थोड़ा
– गंगा गए तो गंगाराम, जमुना गए तो जमुनादास–समय और सुविधा के अनुकूल सिद्धान्त बदलना
– गुड़ खाए, गुलगुलों से परहेज–ढोंग रचना
– गुरु गुड़ ही रहा, चेला शक्कर हो गया–छोटे का योग्यता में बड़ों से आगे बढ़ना।
– गूदड़ में लाल नहीं छिपता–योग्यता छिपाए नहीं छिपती
– गेहूँ के साथ घुन भी पिसता है–दोषी के साथ निर्दोष भी मारा जाता है
– गोद में बैठकर आँख में उँगली–आत्मीयता का अनुचित लाभ उठाना
– गोद में छोरा शहर में ढिंढोरा–वस्तु पास में और खोज दूर तक
– घड़ी में तोला घड़ी में माशा–चंचल मनवाला
– घर का जोगी जोगड़ा आन गाँव का सिद्ध–अपने लोगों में योग्यता को महत्त्व न मिलना
– घर का भेदी लंका ढाए–आपसी फूट का बुरा परिणाम
– घर की मुर्गी दाल बराबर–अपनी चीज की कद्र न होना
– घर में नहीं दाने, अम्मा चली भुनाने–समर्थ न होने पर भी ढोंग करना
– घायल की गति घायल जाने–जो कष्ट भोगता है, वही दूसरों के कष्ट समझ सकता है।
– घोड़ा घास से यारी करे तो खाए क्या–पेशेवर व्यक्ति को अपने पेशे में किसी से रियायत नहीं करनी चाहिए
– चट मँगनी पट ब्याह–तत्काल कार्य होना
– चमड़ी जाए पर दमड़ी न जाए–बहुत ही ज्यादा कंजूसी करना
– चलती का नाम गाड़ी–जिसका काम चल निकले, उसी का बोलबाला है
– चाँद में भी ग्रहण लगना–कभी भले आदमी पर आरोप लग जाना
– चार दिन की चाँदनी, फिर अँधेरी रात–थोड़े दिन का सुख-आराम
– चिकने घड़े पर पानी नहीं ठहरता–निर्लज्ज व्यक्ति पर किसी बात का असर न होना

– चित भी मेरी, पट भी मेरी–हर हाल में अपना ही लाभ
– चिराग तले अँधेरा–पास की चीज दिखाई न पड़ना
– चींटी के भी पर निकलना–स्थिति और क्षमता से बढ़-चढ़कर दिखाना
– चुल्लू भर पानी में डूब मरना–बेहद शर्मिन्दा होना
– चोर-चोर मौसेरे भाई–एक जैसे बदमाशों का मेल हो जाता है
– चोरी और सीनाजोरी–अपराध करके भी अकड़ दिखाना
– चौबे गए छब्बे बनने, दूबे ही रह गए–अधिक पाने के लालच में अपना सब कुछ गँवा बैठना
– छछून्दर के सिर में चमेली का तेल–अयोग्य व्यक्ति को अच्छी चीज मिलना
– छींके कोई, नाक कटावे कोई–किसी के दोष का फल कोई और भोगे
– छुरी खरबूजे पर गिरे या खरबूजा छुरी पर, एक ही बात है–हर तरह से हानि ही होना
– छोटा मुँह बड़ी बात–अपनी योग्यता से बढ़कर बातें करना
– छोटे मियाँ तो छोटे मियाँ, बड़े मियाँ सुभानअल्लाह–अपनी आयु से बढ़-चढ़कर काम करना
– जंगल में मोर नाचा, किसने देखा–गुप्त योग्यताओं का गलत स्थान पर व्यर्थ प्रदर्शन करना
– जब तक साँस, तब तक आस–अन्त समय तक आशा बनी रहना
– जबान को लगाम देना–सोच-समझकर बोलना
– जल में रहकर मगर से बैर–शक्तिशाली व्यक्ति से दुश्मनी ठीक नहीं
– जहाँ गुड़ होगा, वहाँ मक्खियाँ भी होंगी–अच्छी चीजों के साथ-साथ उनकी कुछ कमियों को भी स्वीकारना होता है
– जहाँ चाह वहाँ राह–इच्छा हो तो सब कुछ सम्भव
– जहाँ न पहुँचे रवि, वहाँ पहुँचे कवि–कवि की कल्पना सभी जगह पहुँच जाती है
– जहाँ मुर्गा बाँग नहीं देगा तो क्या सबेरा नहीं होगा–किसी व्यक्ति के बिना काम न रुकना
– जाके पैर न फटे बिवाई, सो क्या जाने पीर पराई–दूसरे के दुख को भुक्तभोगी ही समझता है
– जितने मुँह उतनी बातें–अनेक प्रकार की अफवाहें
– जिन खोजा तिन पाइयाँ, गहरे पानी पैठ–जितना कठिन परिश्रम, उतना लाभ

- जिस थाली में खाना, उसी में छेद करना–उपकार करनेवाले का ही अहित करना
- जिसकी जूती उसी के सिर–अपनी करनी का परिणाम स्वयं भुगतना
- जिसकी लाठी, उसी की भैंस–शक्ति संपन्न व्यक्ति अपना काम बना लेता है
- जीभ भी जली और स्वाद भी न आया–कष्ट सहकर भी सुख न मिलना
- जैसी करनी, वैसी भरनी/जो बोया, सो काटा–अपनी करनी का वैसा ही फल भुगतना
- जैसा राजा वैसी प्रजा–जैसा मालिक वैसे उसके कर्मचारी
- जैसे साँपनाथ वैसे नागनाथ–समान दुर्गुणवाले होना
- जो गरजते हैं, सो बरसते नहीं–बहुत डींग हाँकनेवाले काम के नहीं होते
- जो हाँडी में होगा, वही थाली में आएगा–वास्तविकता प्रकट होकर ही रहती है
- झोपड़ी में रहें, महलों के ख्वाब देखे–अपनी सामर्थ्य से बढ़कर चाहना
- डूबते को तिनके का सहारा–विपत्ति में थोड़ी सी सहायता भी बहुत होना
- ढाक के तीन पात–घूम-फिरकर एक ही बात होना
- तुम्हारे मुँह में घी शक्कर–तुम्हारी बात सच हो
- तू डाल-डाल, मैं पात-पात–एक से बढ़कर दूसरा चालाक
- तेली का तेल जले, मशालची का दिल जले–दान कोई करे, कुढ़न किसी और को हो
- दलाल का दिवाला क्या, मस्जिद में ताला क्या–जिसके पास कुछ है ही नहीं, उसे हानि का क्या डर
- दिन भर चले अढ़ाई कोस–बहुत समय लगाकर भी काम थोड़ा होना
- दिल्ली दूर है–अभी सही समय नहीं आया
- दीवार के भी कान होते हैं–रहस्य की बात गुपचुप करनी चाहिए
- दुधारू गाय की लात भी सहनी पड़ती है–जिससे कुछ पाना होता है, उसकी धौंस-डपट सहनी पड़ती है
- दुविधा में दोनों गए, माया मिली न राम–दुविधा में पड़ने से कुछ नहीं मिलता
- दूध का दूध, पानी का पानी–सही न्याय हो जाना
- दूध पिलाकर साँप पोसना–शत्रु का उपकार करना
- दूर के ढोल सुहावने–दूर से किसी की वास्तविकता छिपी रहने से बढ़िया प्रभाव पड़ना

- देसी कुतिया विलायती बोली—किसी की नकल में अपनी वास्तविकता बदलना
- दोनों हाथों से ताली बजना—लड़ाई-झगड़े के जिम्मेदार सभी पक्ष होते हैं
- दोनों हाथों में लड्डू—हर तरह से लाभ-ही-लाभ
- दो लड़े तीसरा ले उड़े—दो की लड़ाई में तीसरे को लाभ
- धूप में बाल सफेद न होना—अनुभव के आधार पर ही अर्जित ज्ञान
- नंगी क्या नहाएगी, क्या निचोड़ेगी—निर्धन के पास है ही क्या छिपाने को
- न इधर के रहे और न उधर के ही रहे—दुविधा में हानि हो जाती है
- नक्कारखाने में तूती की आवाज कौन सुने—बड़ों के रहते छोटों की बात नहीं मानी जाती
- न नौ मन तेल होगा, न राधा नाचेगी—न पूरी हो सकनेवाली शर्तें
- नया नौ दिन, पुराना सौ दिन—पुरानी चीजें ज्यादा दिन चलती हैं
- न रहेगा बाँस, न बजेगी बाँसुरी—कारण के न रहने पर समस्या भी नहीं रहती
- नाच न जाने आँगन टेढ़ा—अपना दोष बहाना करके टालना
- नाम बड़े और दर्शन छोटे—प्रसिद्धि बहुत होना पर वास्तव में गुण न होना
- नीम-हकीम खतरा-ए-जान—अनुभवहीन व्यक्ति के हाथों काम बिगड़ जाता है
- नेकी और पूछ-पूछ—भलाई करने के लिए क्या पूछना
- नेकी कर, कुएँ में डाल—भलाई करके फल की आशा मत करो
- नौ दिन चले अढ़ाई कोस—बहुत ही धीमी गति से काम करना
- नौ सौ चूहे खाके बिल्ली हज को चली—जीवन भर कुकर्म करके भलाई का पाखंड करना
- पढ़े फारसी बेचे तेल, यह देखो करमों का खेल—योग्यता से कमतर काम करना
- पराए धन पर लक्ष्मी-नारायण—दूसरे के धन पर गुलछर्रे उड़ाना
- पाँचों उँगलियाँ घी में—सब लाभ-ही-लाभ
- पाँचों उँगलियाँ बराबर नहीं होतीं—सब आदमी एक जैसे नहीं होते
- पानी पीकर जात पूछना—काम करने के बाद उसके अच्छे-बुरे पहलुओं पर विचार करना
- पाप का घड़ा भरकर डूबता है—पाप जब बहुत बढ़ जाता है, तब विनाश होता है

– पूत के पाँव पालने में पहचाने जाते हैं–भविष्य क्या होगा उसे वर्तमान के लक्षणों से जाना जा सकता है
– पूत सपूत तो काहे धन संचै, पूत कपूत तो काहे धन संचै–धन का संचय किसी भी स्थिति में अच्छा नहीं
– प्यासा कुएँ के पास जाता है–जिसे गरज होती है, वही दूसरों के पास जाता है
– बन्दर क्या जाने अदरक का स्वाद–उपयोगी वस्तु का महत्त्व न समझना
– बड़ी मछली छोटी मछली को खाती है–निर्बल सबल द्वारा सताया जाता है
– बहती गंगा में हाथ धोना–मौके का तुरन्त लाभ उठाना
– बाप बड़ा न भइया, सबसे बड़ा रुपइया–सभी सम्बन्धों से बढ़कर पैसे को मानना
– भाड़ झोंकते रहना–अवसर का भी कोई लाभ न उठा पाना
– बासी कढ़ी में उबाल आया–असमय किया जानेवाला बचकाना व्यवहार
– बिना रोए तो माँ भी दूध नहीं पिलाती–बिना कोशिश के कुछ भी नहीं मिलता
– बीमार की रात पहाड़ बराबर–कष्ट का समय काटना मुश्किल होता है
– बूढ़ी घोड़ी लाल लगाम–उम्र के हिसाब से व्यवहार में गरिमा न बरतना
– बूँद-बूँद से तालाब भरता है–छोटी-से-छोटी कोशिश का भी महत्त्व होता है
– बूढ़ा तोता क्या राम-राम रटेगा–समय निकल जाने पर किए जानेवाले प्रयासों का महत्त्व नहीं होता
– बोए पेड़ बबूल का, आम कहाँ से होए–बुरे काम का परिणाम भी बुरा होता है
– भूखे भजन न होय गोपाला–खाली पेट कोई काम नहीं होता
– भूल गए राग-रंग भूल गई छकड़ी, तीन चीज याद रही नून-तेल-लकड़ी–गृहस्थी या जीवन की व्यावहारिकता के जंजाल में और कोई चीज याद नहीं रहती
– भैंस के आगे बीन बजाए, भैंस खड़ी पगुराए–मूर्ख के आगे ज्ञान की बात करना बेकार है
– मछली के बच्चे को तैरना कौन सिखाए–कुछ गुण जन्मजात होते हैं
– मन के लड्डुओं से भूख नहीं मिटती है–कोरी कल्पना से कार्य नहीं सधते
– मन चंगा तो कठौती में गंगा–मन की शुद्धता ही वास्तविक शुद्धता है
– मरता क्या न करता–मजबूरी में आदमी सब-कुछ करता है
– बीमार बछिया बाभन के सिर–व्यर्थ का दान

– मानो तो देव, नहीं तो पत्थर–सारा महत्त्व भावनाओं का ही होता है
– मीठा-मीठा गप, कड़वा-कड़वा थू–केवल लाभकारी चीज चुनकर, बाकी छोड़ देना
– मुँह में राम, बगल में छूरी–ऊपर से मित्र, भीतर से शत्रु
– मुल्ला की दौड़ मस्जिद तक–घूम-फिरकर एकमात्र ठिकाना
– मेरी बिल्ली मुझी से म्याऊँ–अपने ही व्यक्ति का अकड़ दिखाना
– प्राण जाई पर वचन न जाई–अपने वचन का हर हाल में पालन करना चाहिए
– रस्सी जल गई पर ऐंठन न गई–सर्वनाश हो जाने पर भी घमंड न जाना
– राम की माया, कहीं धूप कहीं छाया–भगवान कहीं सुख, कहीं दुख, कहीं धन तो कहीं निर्धनता देता है।
– राम मिलाई जोड़ी, एक अन्धा एक कोढ़ी–गुणहीन व्यक्तियों का परस्पर मेल होना
– राम नाम जपना, पराया माल अपना–सज्जनता दिखाते हुए बेईमानी करना
– रोज कुआँ खोदना, रोज पानी पीना–रोज कमाना और तब खाना
– लातों के भूत बातों से नहीं मानते–कुछ लोगों के साथ कड़ाई से ही पेश आना पड़ता है
– लाल गुदड़ी में नहीं छिपते–विशिष्ट लोगों का पता किसी भी जगह चल ही जाता है
– लोहा लोहे को काटता है–बराबर के लोग आपस में निपट सकते हैं
– सइयाँ भए कोतवाल, अब डर काहे का–अपने अधिकारियों से शक्तिशाली प्रभाव का अनुचित लाभ उठाना
– सखी न सहेली, भली अकेली–अकेले रहना अच्छा
– सबेरे का भूला साँझ को घर आए तो भूला नहीं कहलाता–गलती करके सुधार लेनेवाला दोषी नहीं कहलाता
– समरथ को नहिं दोस गोसाईं–समर्थ या प्रभावशाली व्यक्ति के हर काम को सही मान लिया जाता है
– साँच को आँच नहीं–सच्चाई को कोई खतरा नहीं
– साँप के मुँह में छछून्दर, निगले तो अन्धा उगले तो कोढ़ी–दुविधा में पड़ जाना
– साँप मरे, न लाठी टूटे–बिना बल प्रयोग के ही काम हो जाए
– सारी उम्र भाड़ ही झोंका–सारा समय व्यर्थ गँवाना
– सिर खुजलाना–जान-बूझकर मुसीबत बुलाना

– सिर फिरना–मूर्खतापूर्ण व्यवहार करना
– सिर मुंड़ाते ही ओले पड़े–शुरू में ही विघ्न पड़ना
– सुनते-सुनते कान बहरे हो जाना–एक ही बात को सुनते-सुनते तंग आ जाना
– सूत न कपास, जुलाहे से लट्ठम-लट्ठा–अकारण विवाद
– सेर का सवा सेर–एक से बढ़कर एक
– सौ सुनार की, एक लोहार की–व्यर्थ दोहराव की बजाय एक बार का शक्तिशाली प्रयास ही अधिक उपयोगी होना
– हज्जाम के आगे सबका सिर झुकता है–गरज पर सबको झुकना पड़ता है
– हर मर्ज की दवा–हर बात का उपाय होना
– हर्र (हींग) लगे न फिटकरी, रंग भी चोखा होय–बिना कुछ खर्च किए काम बन जाना
– हाथ सुमरनी पेट कतरनी–बाहरी व्यक्तित्व और भीतरी असलियत में भारी अन्तर होना
– हाथी के दाँत खाने के और, दिखाने के और–प्रकट रूप और वास्तविकता का विपरीत होना
– होनहार बिरवान के होत चीकने पात–होनहार व्यक्ति के गुण बचपन से ही दिखाई देने लगते हैं

हिन्दी में संख्याओं के मानक उच्चारण

वैसे संख्याओं और क्रमसूचक संख्याओं का उच्चारण ऐसा विषय है, जिसके बारे में बचपन से ही सभी लोग सुनते-पढ़ते रहे हैं लेकिन इन दिनों अंग्रेजी का ऐसा प्रकोप है कि आप एक से लेकर सौ तक के उच्चारण में कई गलतियाँ करते लोगों को देख सकते हैं। मसलन, 39 को कोई उनचालीस तो कोई उनतालिस बोलेगा। इसी तरह से 79, 89 में भी लोग खूब परेशान होते हैं। ये परेशानी शुरू से ही होती रही है। इसी को देखते हुए भारत सरकार के 'केन्द्रीय हिन्दी निदेशालय' ने इसका मानक रूप, वर्ष 1983 में तैयार करवाया। हालाँकि इसके बाद भी अराजकता की स्थिति बनी रही। टेलीविजन के पत्रकारों के बीच भी संख्याओं के मानक उच्चारण को लेकर यही हाल है। इसलिए उनके लिए अंकों की मानक वर्तनी को जानना बेहद जरूरी है। यहाँ पर मैं दो किताबों की मदद ले रहा हूँ। एक तो राजभाषा अधिकारी के तौर पर कार्यरत रवि प्रकाश श्रीवास्तव की किताब[1] और दूसरी सन्त समीर की किताब[2] जिसमें उन्होंने गिनती के शब्दों पर विस्तार से लिखा है।

अंकों की मानक वर्तनी

1 –एक (One)
2 –दो (Two)
3 –तीन (Three)
4 –चार (Four)
5 –पाँच (Five)
6 –छह (Six)
7 –सात (Seven)
8 –आठ (Eight)
9 –नौ (Nine)
10 –दस (Ten)

11 –ग्यारह (Eleven)

12 –बारह (Twelve)

13 –तेरह (Thirteen)

14 –चौदह (Fourteen)

15 –पन्द्रह (Fifteen)

16 –सोलह (Sixteen)

17 –सत्रह (Seventeen)

18 –अठारह (Eighteen)

19 –उन्नीस (Nineteen)

20 –बीस (Twenty)

21 –इक्कीस (Twenty One)

22 –बाईस (Twenty Two)

23 –तेईस (Twenty Three)

24 –चौबीस (Twenty Four)

25 –पच्चीस (Twenty Five)

26 –छब्बीस (Twenty Six)

27 –सत्ताईस (Twenty Seven)

28 –अट्ठाईस (Twenty Eight)

29 –उनतीस (Twenty Nine)

30 –तीस (Thirty)

31 –इकतीस (Thirty One)

32 –बत्तीस (Thirty Two)

33 –तैंतीस (Thirty Three)

34 –चौंतीस (Thirty Four)

35 –पैंतीस (Thirty Five)

36 –छत्तीस (Thirty Six)

37 –सैंतीस (Thirty Seven)

38 –अड़तीस (Thirty Eight)

39 –उनतालीस (Thirty Nine)

40 –चालीस (Fourty)

41 –इकतालीस (Fourty One)

42 –बयालीस (Fourty Two)

43 –तैंतालीस (Fourty Three)

44 –चवालीस (Fourty Four)
45 –पैंतालीस (Fourty Five)
46 –छियालीस (Fourty Six)
47 –सैंतालीस (Fourty Seven)
48 –अड़तालीस (Fourty Eight)
49 –उनचास (Fourty Nine)
50 –पचास (Fifty)
51 –इक्यावन (Fifty One)
52 –बावन (Fifty Two)
53 –तिरपन (Fifty Three)
54 –चौवन (Fifty Four)
55 –पचपन (Fifty Five)
56 –छप्पन (Fifty Six)
57 –सत्तावन (Fifty Seven)
58 –अट्ठावन (Fifty Eight)
59 –उनसठ (Fifty Nine)
60 –साठ (Sixty)
61 –इकसठ (Sixty One)
62 –बासठ (Sixty Two)
63 –तिरसठ (Sixty Three)
64 –चौंसठ (Sixty Four)
65 –पैंसठ (Sixty Five)
66 –छियासठ (Sixty Six)
67 –सड़सठ (Sixty Seven)
68 –अड़सठ (Sixty Eight)
69 –उनहत्तर (Sixty Nine)
70 –सत्तर (Seventy)
71 –इकहत्तर (Seventy One)
72 –बहत्तर (Seventy Two)
73 –तिहत्तर (Seventy Three)
74 –चौहत्तर (Seventy Four)
75 –पचहत्तर (Seventy Five)
76 –छिहत्तर (Seventy Six)

77 –सतहत्तर (Seventy Seven)
78 –अठहत्तर (Seventy Eight)
79 –उनासी (Seventy Nine)
80 –अस्सी (Eighty)
81 –इक्यासी (Eighty One)
82 –बयासी (Eighty Two)
83 –तिरासी (Eighty Three)
84 –चौरासी (Eighty Four)
85 –पचासी (Eighty Five)
86 –छियासी (Eighty Six)
87 –सतासी (Eighty Seven)
88 –अठासी (Eighty Eight)
89 –नवासी (Eighty Nine)
90 –नब्बे (Ninety)
91 –इक्यानबे (Ninety One)
92 –बानवे (Ninety Two)
93 –तिरानवे (Ninety Three)
94 –चौरानवे (Ninety Four)
95 –पचानवे (Ninety Five)
96 –छियानवे (Ninety Six)
97 –सतानवे (Ninety Seven)
98 –अठानवे (Ninety Eight)
99 –निन्यानवे (Ninety Nine)
100 –सौ (Hundred)

–हजार, करोड़, अरब (सौ करोड़ नहीं), साठ अरब (छह हजार करोड़ नहीं), पाँच खरब (पचास हजार करोड़ नहीं)

क्रम-सूचक संख्याएँ

पहला (First)
दूसरा (Second)
तीसरा (Third)
चौथा (Fourth)

पाँचवाँ (Fifth)
छठा (Sixth)
सातवाँ (Seventh)
आठवाँ (Eighth)
नौवाँ (Nineth)
दसवाँ (Tenth)

इसी तरह से **तत्सम** का प्रयोग भी समान रूप से होता है।

प्रथम (First)
द्वितीय (Second)
तृतीय (Third)
चतुर्थ (Fourth)
पंचम (Fifth)
षष्ठ (षष्ठम नहीं) (Sixth)
सप्तम (Seventh)
अष्टम (Eighth)
नवम (Nineth)
दशम (Tenth)

भिन्नसूचक संख्याएँ

एक चौथाई, आधा, पौन, सवा (सवा एक नहीं), डेढ़ (साढ़े एक नहीं), पौने दो, सवा दो, ढाई (साढ़े दो नहीं), पौने तीन, सवा तीन, साढ़े तीन आदि।

महीनों के नाम

जनवरी–January
फरवरी–February
मार्च–March
अप्रैल–April
मई–May
जून–June
जुलाई–July
अगस्त–August
सितम्बर–September

अक्टूबर–October
नवम्बर–November
दिसम्बर–December

दिनों के नाम

सोमवार–Monday
मंगलवार–Tuesday
बुधवार–Wednesday
गुरुवार–Thursday (बृहस्पतिवार और वीरवार भी बोलते हैं। बृहस्पतिवार बोलना थोड़ा कठिन है और वीरवार अब बोला नहीं जाता, इसलिए मानक गुरुवार का ही इस्तेमाल करें।)
शुक्रवार–Friday
शनिवार–Saturday
रविवार–Sunday (इतवार न बोलें।)

सन्दर्भ

1. देखें–'बैंकिंग हिन्दी कार्यशाला प्रशिक्षण', रवि प्रकाश श्रीवास्तव, पृ. 37 (मिलिन्द प्रकाशन, हैदराबाद)
2. देखें–'हिन्दी की वर्तनी', सन्त समीर, पृ. 141 (प्रभात प्रकाशन, दिल्ली)

बोलियाँ या आवाजें और प्रतीक[1]

टेलीविजन पत्रकारों का कई बारगी आम जिन्दगी से अलग खबरों से भी वास्ता पड़ता है। आस-पास का वातावरण, उनसे जुड़े विविध आयाम, सभी की अपनी अलग ही, मगर खास भूमिका है। इनमें पशु-पक्षियों की जिन्दगी की ही बात ले लें तो वो अपने-आप में ही अनूठी और बेहद अहम है। इनसे जुड़ी खबरों को लिखने या फिर कवर करने के लिए आपको इनकी आवाजें पहचानना बेहद जरूरी है। इसके अलावा कई दूसरी चीजें हैं, जिनका इस्तेमाल आप अगर रिपोर्टिंग के दौरान करते हैं तो स्थिति का आभास होता है। मसलन, आप किसी ठंडे प्रदेश में रिपोर्टिंग कर रहे हैं तो वहाँ का अहसास दिलाने के लिए लिख सकते हैं कि ठंड से हर वक्त दाँत किटकिटाते रहे या फिर बादल का शोर इतना था कि सारे शीशे चटख गए। ऐसे ही कई शब्दों की जानकारी बेहद जरूरी है। यहाँ हम टीवी पत्रकारों के लिए ऐसी ही बोलियों और आवाजों का जिक्र कर रहे हैं। आपको बता दें कि आम तौर पर एक सामान्य टीवी पत्रकार के लिए ये जानना जरूरी नहीं है लेकिन आप अपने स्तर को थोड़ा भी ऊपर करना चाहते हैं तो इन्हें अच्छी तरह समझ लें।

पशु-पक्षियों की बोलियाँ या आवाजें

ऊँट–बलबलाता है
कबूतर–गुटता है, गुटरता है, गुटरगूँ करता है
कोयल–कूकती है
गधा–रेंकता है
घोड़ा–हिनहिनाता है
चूहा–चूँ-चूँ करता है
तोता–टें-टें करता है
बन्दर–किकियाता या खों-खों करता है
बकरी–मिमियाती है

बिल्ली–म्याऊँ-म्याऊँ करती है
भेड़–भें-भें करती है
भौंरा–गुँजारता है
मुर्गा–बांग देता है, कुकड़ूँ-कूँ करता है
मेंढक–टर्राता है
शेर–गरजता है
साँप–फुफकारता है
सियार–हुआँ-हुआँ करता है
हंस–कूजता है
उल्लू–घुघुआता है
कुत्ता–भौंकता है
कौआ–काएँ-काएँ या काँव-काँव करता है
गाय–रँभाती है
चिड़िया–चहचहाती है
झींगुर–झँकारता है
पपीहा–पीउ-पीउ करता है
बकरा–बों-बों करता है
बाघ–गुर्राता है
भालू–खों-खों करता है
भैंस–चुकरती है
मक्खियाँ–भिनभिनाती हैं
मुर्गी–कुकड़ती है
मोर–केंकता है
साँड–डकारता है
सिंह–दहाड़ता है
सुअर–किकियाता है
हाथी–चिंघाड़ता है

अन्य आवाजें

कपड़ा–फड़फड़ाता है
घड़ी–टिक्-टिक् करती है
चूड़ियाँ–खनखनाती हैं

दरवाजा–खटखटाया जाता है
दिल–धक्-धक् करता है, धड़कता है
पत्ते–खड़कते हैं
बिजली–कड़कती/कौंधती है
मेघ–गरजता है
शस्त्र–झनझनाते हैं
हवा–सनसनाती है, सर्र-सर्र करती है
गीत–गुनगुनाया जाता है
चिता–चट्-चट् करती है
जूता–चरमराता है
दाँत–कटकटाते हैं
पंख–फड़फड़ाते हैं
परिश्रम से–काँखते हैं
रुपए–खनकते हैं
शीशा–चटखता है
बीमार–कराहता है
रोने वाले–सिसकते हैं

प्रतीक

आम बोलचाल के दौरान आपने अकसर लोगों को ये कहते सुना होगा कि, '**तुम तो उल्लू हो**', '**तुम तो बैल की तरह काम करते** हो।' किसी की आदत पर ये कहते हुए सुना होगा या फिर खुद ही कहा होगा कि '**तुम तो गिरगिट की तरह रंग बदलते हो।**' यहाँ **उल्लू, बैल** या फिर **गिरगिट** का इस्तेमाल प्रतीक के तौर पर किया गया है। इन शब्दों का शब्दशः अर्थ नहीं लगाया जा सकता है। डॉक्टर हरदेव बाहरी ने अपनी किताब में ऐसे कई शब्दों की सूची तैयार की है, जिनका प्रतीक के तौर पर लोग इस्तेमाल करते हैं या फिर कर सकते हैं। टीवी पत्रकारों के लिए भी इन शब्दों को जानना जरूरी है क्योंकि इन प्रतीकों की जानकारी होने से आप भाषा से जानदार तरीके से खेल सकते हैं।

पशु

ऊँट–बेडौलपन
कुत्ता–स्वामिभक्ति

गधा—मूर्खता
गीदड़—कायरता
घोड़ा—गति
बन्दर—नकलची
बैल—काम से दबा, मूर्खता
भैंसा—तामस वृत्ति
लोमड़ी—मक्कारी
शेर—साहस
सुअर—घृणित वृत्ति
हाथी—विशालता

पक्षी

उल्लू—अज्ञानता
कौआ—चालबाजी
गरुड़—वैभव, तीव्र गति
तोता—रटन्त
बाज—छापामारी
हंस—विवेक

प्रसिद्ध व्यक्तित्वों के गुण

कर्ण—दान, वीरता
कामदेव—रूपवत्ता
गांधी—अहिंसावाद
चाणक्य—कूटनीति
जयचन्द—देशद्रोह
त्रिशंकु—दुविधा
दधीचि—आत्मबलिदान
विभीषण—घर का भेदी
युधिष्ठिर—न्यायप्रिय
रावण—घमंडी
श्रवण कुमार—माता पिता का आज्ञाकारी
सावित्री—पतिव्रता

हरिश्चन्द्र–सत्यवादी
हिटलर–तानाशाह

सर्प

नाग–क्रोध
शेषनाग–काल
साँप–धोखेबाजी

वनस्पति

अनार–अतिशयता
कमल–प्रसन्नता
गुलाब–सौन्दर्य
तुलसी–पवित्रता
पीपल–ध्यान
बरगद–सृष्टि

विविध

कलश–जीवन
कौड़ी–धन
चक्र–काल, धर्म
चींटी–मन्द चाल
नारियल–समृद्धि
पत्र-पुष्प–अन्तःकरण
बाँसुरी–आकर्षण
रुद्राक्ष–पीड़ाहरण
वीणा–संगीत
शिवलिंग–सम्पूर्णता

सन्दर्भ

1. देखें–'हिन्दी शब्द-अर्थ-प्रयोग', डॉक्टर हरदेव बाहरी, पृ. 92-95

हिन्दी के साथ सौतेला व्यवहार क्यों?

हिन्दी न्यूज चैनलों में भाषा को लेकर एक अहम सवाल ये भी उठता है कि क्या सिर्फ सामान्य भाषा के नाम पर हम हिन्दी के साथ सौतेला बर्ताव तो नहीं कर रहे। कहीं ऐसा तो नहीं कि आम आदमी की भाषा के नाम पर हम जबरन उर्दू और अंग्रेजी के शब्दों को ठूँस रहे हों। हिन्दी न्यूज चैनलों को लेकर हिन्दी के कई विद्वानों को हमेशा इस बात की शिकायत रहती है। मैं इस पर जोर देकर तो नहीं कह सकता कि हिन्दी न्यूज चैनलों में काम कर रहे पत्रकारों को इस पर अमल करना चाहिए लेकिन इस पर ध्यान देने की सचमुच जरूरत है क्योंकि अगर हम हिन्दी की रक्षा और सम्मान नहीं करेंगे तो फिर कौन करेगा...और जाहिर है अगर हिन्दी ही नहीं रहेगी तो हिन्दी न्यूज चैनलों की जरूरत ही क्यों पड़ेगी।

सबसे पहले बात करते हैं हिन्दी के लुप्त हो रहे शब्दों के बारे में। हिन्दी के कई विद्वानों का साफ मानना है कि हिन्दी न्यूज चैनल इतने बड़े माध्यम हो चुके हैं कि इनमें इस्तेमाल न किए जाने की वजह से कई शब्द हिन्दी के शब्दकोश से ही गायब होते जा रहे हैं, जो कि बेहद लोकप्रिय रहे हैं। मीडिया खबर डॉट कॉम की वेबसाइट पर लिखे एक लेख में भगवान दास त्यागी[1] बताते हैं कि किस तरह से न्यूज चैनलों में हिन्दी शब्दों के विकल्प के तौर पर उर्दू या अंग्रेजी के शब्दों का इस्तेमाल होता है, जबकि ऐसे शब्द हिन्दी में न सिर्फ बेहतर हैं, बल्कि उनका इस्तेमाल भी बड़ी आसानी से किया जा सकता है। जैसे–

–परचम के स्थान पर ध्वज
–सुकून की जगह शान्ति
–लुत्फ की जगह आनन्द
–मुद्दे की जगह विषय
–हादसे के बदले दुर्घटना
–खबर के स्थान पर समाचार
–शादी की जगह विवाह
–मद्देनजर के स्थान पर दृष्टिकोण

आलोचकों पर ध्यान दें तो उनका साफ मानना है कि अगर हिन्दी विदेशी शब्दों से समृद्ध होती है तो अंग्रेजी और उर्दू के साथ भी ऐसा होना चाहिए लेकिन ऐसा होता नहीं है। ऐसे में हिन्दी के पत्रकारों को गर्व करते हुए हिन्दी के इस्तेमाल को बढ़ावा देना चाहिए। इतना ही नहीं, बिना क्लिष्ट शब्दों का इस्तेमाल किए भी हम सरल हिन्दी लिख सकते हैं। जैसे–

–'हम शादी में जा रहे हैं।' –के स्थान पर –'हम विवाह में जा रहे हैं।'
–'मैं खबरें सुन रहा हूँ।' –के स्थान पर –'मैं समाचार सुन रहा हूँ।'
–'मैं किताब पढ़ता हूँ।' –के स्थान पर –'मैं पुस्तक पढ़ता हूँ।'

कुल मिलाकर स्थिति ये है कि अगर हिन्दी आज टेलीविजन के हजारों पत्रकारों के लिए रोजी-रोटी की भाषा बन पाई है तो इन पत्रकारों को भी गर्व से हिन्दी को आत्मसात कर उसे और समृद्ध बनाने का प्रयत्न करना चाहिए, वरना संस्कृत की तरह हिन्दी को भी दम घुटकर मरते देर नहीं लगेगी।

सन्दर्भ

1. देखें–'मीडिया खबर डॉट कॉम की साइट', लिंक है
http://www.mediakhabaronline.com/topicdetails.aspx?mid=89&tid=2310

भाषा की मर्यादाएँ

(एनबीए, प्रेस काउंसिल ऑफ इंडिया की गाइडलाइंस)

अभी तक हमने बताया कि टीवी पत्रकारिता में कैसी भाषा का इस्तेमाल किया जाए। क्या करें कि आपकी स्क्रिप्ट वजनदार हो जाए। कैसे आप अपनी भाषा से चमत्कार पैदा कर सकते हैं। इसे आम लोगों से कैसे जोड़ सकते हैं लेकिन ये सब करते समय हमें भाषा सम्बन्धी कुछ मर्यादाओं का भी पालन करना पड़ता है। अपनी तरफ से कई खबरों में संयम बरतने की जरूरत पड़ती है लेकिन कई पत्रकार इसके उलट सनसनीखेज खबर बनाने के चक्कर में ऐसे कारनामे कर डालते हैं, जिनका समाज पर बहुत ही बुरा असर पड़ता है, बल्कि स्थितियाँ विकट तक हो जाती हैं। यहाँ तक कि जान-माल तक की हानि हो जाती है। एक उदाहरण देकर समझाऊँ तो कई बार ऐसा हो चुका है कि किसी साम्प्रदायिक घटना की कोई छोटी खबर दिखाई गई और महज खबर देखकर ही दूसरी जगहों पर भी दंगे भड़क उठे।

इसी तरह से मुम्बई में आतंकी हमले के दौरान ये बात सामने आई कि फाइव स्टार होटलों में बैठे आतंकी न्यूज चैनलों में पुलिस और सरकार की कार्रवाई को देखकर अपनी रणनीति तैयार कर रहे थे। इस सिलसिले में बार-बार न्यूज चैनलों पर लगाम लगाने की बात सामने आई। इसका विरोध करते हुए तमाम न्यूज चैनलों ने 2 अक्टूबर, 2008 को News Broadcasters Association यानी NBA नामक संगठन बनाया। साथ ही सेल्फ रेग्युलेशन की बात सामने आई, ताकि न्यूज चैनल खुद ही मर्यादाओं का पालन करने लगें।

एनबीए का पहला अध्यक्ष पूर्व मुख्य न्यायाधीश जे.एस. वर्मा को बनाया गया। इस मामले में प्रेस काउंसिल ऑफ इंडिया की गाइडलाइंस भी काफी अहम हैं। इस चैप्टर में मैंने एनबीए और प्रेस काउंसिल ऑफ इंडिया की उन गाइडलाइंस को छाँटकर सम्मिलित करने की कोशिश की है, जिसका सम्बन्ध भाषा, स्क्रिप्ट या विचारों से है।

एनबीए की गाइडलाइंस[1]

1. **रिपोर्टिंग में निष्पक्षता और वस्तुनिष्ठता**–सत्यता टीवी समाचार के व्यवसाय का केन्द्र होती है। चौबीस घंटे चलनेवाले न्यूज चैनलों के दर्शक तेजी की उम्मीद करते हैं लेकिन यह टीवी चैनलों की जिम्मेदारी है कि वे तेजी की बजाय सच्चाई एवं सन्तुलन को वरीयता दें। इसके बावजूद अगर गलतियाँ रहती हैं तो चैनलों को उस बारे में पारदर्शी होना चाहिए। गलतियों को तुरन्त एवं स्पष्टता के साथ तसवीरों, न्यूज रिपोर्ट, शीर्षक, ग्राफिक्स या स्क्रिप्ट का उपयोग कर ठीक करना चाहिए। चैनलों को स्पष्ट रूप से अपमानजनक या निन्दात्मक खबरों का प्रसारण करने से भी बचना चाहिए।
2. **तटस्थता सुनिश्चित करना**–टीवी समाचार चैनलों को किसी विवाद या संघर्ष की स्थिति में सभी प्रभावी पार्टियों, खिलाड़ियों और नायकों के मौजूदा विचार को दिखाते समय सबको अनिवार्य रूप से समान अवसर देते हुए अपनी तटस्थता दिखानी चाहिए। हालाँकि तटस्थता हमेशा सभी पक्षों को एक समान स्थान नहीं देती है। (न्यूज चैनल प्रमुख दलों के मुख्य विचारों को ही दिखाने का प्रयत्न करते हैं।) न्यूज चैनलों को अपने प्रयासों से यह सुनिश्चित करना चाहिए कि आरोपों को न तथ्य के तौर पर प्रस्तुत किया जाए और न ही अपराध के कृत्य के तौर पर ही।
3. **अपराध और हिंसा को गौरवान्वित न करना**–अपराध और सुरक्षा उपायों की रिपोर्टिंग करते समय यह ध्यान देना चाहिए कि अपराध एवं हिंसा गौरवान्वित न हों। टीवी समाचार की पहुँच व्यापक होती है एवं मीडिया के दूसरे रूपों की तुलना में तत्काल प्रभाव डालती है, इसलिए टीवी चैनलों को संयम बरतते हुए यह सुनिश्चित करना चाहिए कि किसी रिपोर्ट या दृश्य का प्रसारण उत्तेजित या गौरवान्वित करनेवाला न हो। इसके अलावा ये लोगों को भड़काता न हो, साथ ही सकारात्मक हिंसा न दर्शाता हो। चैनलों को भड़काऊ दृश्यों का प्रसारण नहीं करने की ओर विशेष ध्यान देने की जरूरत है। इसी तरह से हिंसा की रिपोर्टिंग (व्यक्तिगत या सामूहिक) के समय हिंसा के कार्य को गौरवान्वित करने की भी बिलकुल जरूरत नहीं है क्योंकि यह दर्शकों पर भ्रामक या दुष्प्रभाव डालेगा। समाचार चैनलों को यह सुनिश्चित करना चाहिए कि इस तरह की स्टोरी में रि-कंस्ट्रक्शन अच्छाई एवं संवेदनशीलता की सीमा पार न करे। इसमें दर्द, डर या परेशानी से जुड़ा कोई दृश्य दिखाते समय समुचित सावधानी बरतने की जरूरत है, ताकि आत्महत्या के तरीके एवं

खुद को नुकसान पहुँचाने के काम जैसे तरीके का समाज पर बुरा असर न पड़े।

4. **महिलाओं एवं बच्चों के प्रति हिंसा या भय का चित्रण**–समाचार चैनलों को यह सुनिश्चित करना पड़ेगा कि कोई भी महिला या किशोर, जो किसी सेक्स, हिंसा, आक्रामकता, आघात का शिकार हो या फिर उसका गवाह हो, को टीवी पर दिखाते समय उसकी पहचान हमेशा छिपाई जाए। सेक्स, हमले या दुराचार के सभी मामलों की रिपोर्टिंग के समय, जहाँ निजी प्रतिष्ठा या गोपनीयता महिलाओं से जुड़ी हो तो उनके नाम, तसवीर और अन्य जानकारियों को प्रसारित या प्रकट नहीं करना चाहिए। इसी तरह से बाल दुर्व्यवहार से पीड़ित एवं किशोर अपराधी की पहचान भी नहीं बतानी चाहिए और उनकी पहचान छिपाने के लिए तसवीरों का रूप बदल देना चाहिए।
5. **सेक्स और नग्नता**–समाचार चैनलों को यह सुनिश्चित करना चाहिए कि वे पुरुष या महिला की नग्नता की तसवीर बिना ब्लर (धुँधला) किए नहीं दिखाएँगे। चैनलों को भी यौन गतिविधि की स्पष्ट तसवीरें या यौन हिंसा जैसे कि बलात्कार, छेड़खानी या पोर्नोग्राफी दिखाने या सेक्स के लिए उकसानेवाली भाषा का प्रयोग नहीं करना चाहिए।
6. **गोपनीयता**–एक नियम के तहत, चैनलों को प्रसारण में किसी व्यक्ति के निजी जीवन या गोपनीय मामलों में अतिक्रमण नहीं करना जाहिए, जब तक कि वहाँ एक स्पष्ट रूप से प्रतिष्ठित, व्यापक और पहचान योग्य सार्वजनिक हित न जुड़ा हो। आधारभूत सिद्धान्त है कि समाचार चैनल इस बात को मानते हैं कि निजी स्थान में दखल, रिकॉर्ड, प्रतिलिपि, टेलीफोन वार्तालाप और अन्य सामग्री अश्लील हितों के लिए नहीं है, बल्कि सिर्फ सार्वजनिक हितों के लिए ही न्यायसंगत है। हालाँकि यह भी समझा जाता है कि सत्य का अनुसरण और समाचार पूर्व निर्धारित सिद्धान्तों की पूर्व अनुमति से सम्भव नहीं है। इसलिए समाचार संग्रहण के लिए व्यक्तिगत या प्राधिकरण का उल्लंघन शायद सार्वजनिक हितों के व्यापक उद्‍देश्य से होता है। इसके अलावा बच्चों के मामले में उनकी निजता का उल्लंघन करनेवाले किसी प्रसारण में चैनलों को यह प्रयास करना चाहिए कि जहाँ सम्भव हो, माता पिता या कानूनी अभिभावक की सहमति ले लें।
7. **भारत के सामरिक हितों का अनिवार्यतः पालन**–भारत और भारत के सामरिक हितों का प्रतिनिधित्व करनेवाली किसी शब्दावली या नक्शे का

उपयोग करते समय सभी समाचार चैनलों को विधि-सम्मत विशिष्ट शब्दावली तथा नक्शा और भारत सरकार के नियमों का अनिवार्य रूप से पालन करना चाहिए। (भारतीय क्षेत्र का चित्रण आधिकारिक दिशा-निर्देशों के अनुरूप किया जाएगा, जैसा कि सरकारी किताबों में वर्णित होता है।) समाचार चैनलों को अलगाववादी समूहों को प्रोत्साहित एवं उनका हित करनेवाले और राष्ट्रीय सुरक्षा तथा जीवन को खतरे में डालनेवाली सूचनाओं के प्रसारण से परहेज करना चाहिए। हालाँकि राष्ट्रीय सुरक्षा को खतरे में डालनेवाली या उल्लंघन करनेवाली खामियों को उजागर करना जनहित में है और इनकी रिपोर्टिंग को राष्ट्रीय सुरक्षा को खतरे में डालने की कोशिश नहीं कहा जा सकता।

8. **अन्धविश्वास और जादू-टोना को समर्थन या प्रोत्साहित करने से परहेज करना**—समाचार चैनलों को ऐसी किसी सामग्री का प्रसारण नहीं करना चाहिए, जो अन्धविश्वास एवं जादू-टोना को किसी भी स्थिति में गौरवान्वित करते हों। इस तरह के किसी भी न्यूज का प्रसारण करते समय समाचार चैनलों को ये बताना होगा कि दर्शक ऐसे क्रियाकलापों एवं मतों पर विश्वास या अनुसरण कर गुमराह न हों, इसलिए समाचार चैनल कल्पित बातों, अलौकिक कृत्यों, प्रेतछाया एवं भूतों को एक तथ्य के रूप में और व्यक्तिगत या सामाजिक भटकाव या विकृत व्यवहार तथा उसे मनोरंजक बनानेवाले दृश्यों का प्रसारण नहीं करेगा। जहाँ भी ऐसे मामलों में सन्दर्भ दिया जाता है, वहाँ समाचार चैनल चेतावनी जारी कर यह सुनिश्चित करेंगे कि ऐसी मान्यताएँ या घटनाएँ एक तथ्य के रूप में पारित नहीं हैं क्योंकि वे मानव मस्तिष्क की संवेदनशीलता पर चोट पहुँचा सकती हैं।
9. **स्टिंग ऑपरेशन**—एक मार्गदर्शक सिद्धान्त के तहत स्टिंग ऑपरेशन को समाचार चैनलों को दर्शकों के लिए किसी खबर के व्यापक कवरेज के प्रयास की दिशा में अन्तिम सहायता के रूप में लेना चाहिए। समाचार चैनलों को यह अनुमति नहीं है कि वे स्टिंग ऑपरेशन के नाम पर सेक्स एवं फूहड़ता दिखाएँ, नशीली वस्तुओं का इस्तेमाल करें या हिंसा, धमकी एवं भेदभाव आदि को किसी स्टिंग ऑपरेशन की रिकॉर्डिंग करते समय न्यायसंगत ठहराएँ। स्टिंग ऑपरेशन भी सेल्फ रेग्युलेशन के सिद्धान्तों के तहत आते हैं और समाचार चैनलों को यह सुनिश्चित करना होगा कि वे व्यापक सार्वजनिक हितों के लिए इस नियम का पालन कर रहे हैं। मूल नियमों के तहत समाचार चैनलों को यह सुनिश्चित करना होगा कि स्टिंग

ऑपरेशन को अन्याय या अपराधिता के निर्णायक सबूत पाने के लिए एक हथियार के तौर पर प्रयोग किया गया है और इसके वास्तविक टेप के दृश्यों से जान-बूझकर छेड़छाड़ या सम्पादन या कुछ शामिल नहीं किया गया है। साथ ही सच्चाई से छेड़छाड़ या गलत प्रस्तुति या सच के केवल एक हिस्से का प्रसारण भी नहीं करेंगे।

10. **शुद्धिपत्र–**सभी समाचार चैनल सटीकता और निष्पक्षता के सिद्धान्त को ध्यान में रखते हुए यह सुनिश्चित करेंगे कि किसी प्रसारण में महत्त्वपूर्ण गलती जाने की जानकारी मिलते ही उसमें अविलम्ब सुधार करेंगे। सुधार भी उसी तरह के होने चाहिए कि ताकि उसे पर्याप्त संख्या में दर्शक देख सकें। सुधार गुप्त नहीं होने चाहिए। दूसरे सिद्धान्तों की तरह इसका भी शब्दों से नहीं, बल्कि आत्मा से अनुपालन करना चाहिए, ताकि समाचार प्रसारण उद्योग की प्रतिष्ठा से कोई समझौता न हो।
11. **दर्शकों को जवाब–**सभी समाचार चैनलों को अपनी वेबसाइट में दर्शकों के लिए जगह देनी चाहिए। इसी तरह से किसी विशिष्ट दर्शक की शिकायत सही है तो उसे स्वीकार एवं उसका प्रसारण करते हुए दर्शक की निष्पक्षता पर प्रतिक्रिया देनी चाहिए। कोई दर्शक किसी रिपोर्ट में पूर्वाग्रह का आरोप लगाता है तो दर्शक को सम्पूर्णता एवं निष्पक्षता के साथ जवाब दिया जाना चाहिए।

प्रेस काउंसिल ऑफ इंडिया[2]
पत्रकारिता के आचरण की कसौटी

प्रेस काउंसिल ऑफ इंडिया ने भी पत्रकारों के लिए कुछ गाइडलाइंस जारी की हैं, जिनका हर पत्रकार को पालन करना चाहिए। प्रेस काउंसिल की साफ हिदायत है कि प्रेस गलत, निराधार, भ्रामक या विकृत सामग्री के प्रकाशन से दूर रहेगा। किसी मुख्य मुद्दे के सभी पक्षों की रिपोर्टिंग की जानी चाहिए। आइए, देखते हैं कि पत्रकारों को और कौन-कौन सी मर्यादा का पालन करना चाहिए।

अपमानजनक लेखों के प्रति सावधानी

1. किसी व्यक्ति या संगठन के खिलाफ पर्याप्त कारण या सबूत के बगैर ऐसा कुछ भी प्रकाशित नहीं किया जाना चाहिए, जो स्पष्ट रूप से अपमानजनक या निन्दात्मक हो। प्रकाशन से पहले यह सुनिश्चित कर लेना चाहिए कि यह लोकहित में है और इसके पर्याप्त सबूत मौजूद हैं।

2. बगैर किसी लोकहित के किसी व्यक्ति की निजी जिन्दगी से जुड़ी सामग्री प्रकाशित करना अपमानजनक एवं गलत है।
3. किसी मृत व्यक्ति के बारे में कोई निजी या अपमानजनक टिप्पणी नहीं छापनी चाहिए क्योंकि मृत व्यक्ति खुद पर लगे आरोपों पर अपना पक्ष नहीं रख सकता है।
4. प्रेस का यह कर्तव्य है कि वह लोकहित में काम करते हुए गलत काम करनेवालों के बारे में पाठकों को बताए एवं एक जिम्मेदार पत्रकार होने का परिचय देते हुए संदेहास्पद लोगों पर नजर रखें। साथ ही अपने मत से किसी को धोखेबाज या हत्यारा न बनाए। सामान्य सिद्धान्त यही है कि कोई व्यक्ति सबूतों के आधार पर दोषी करार दिया जाता है। प्रेस को अपनी सीमा का उल्लंघन नहीं करना चाहिए।
5. प्रेस को किसी व्यक्ति के मौजूदा कार्य के विपरीत उस व्यक्ति के आपत्तिजनक अतीत को नहीं दिखाना चाहिए। अगर लोग ऐसी जानकारी चाहते हैं तो प्रकाशन से पहले उसकी अच्छी तरह से जाँच कर लेनी चाहिए।
6. अखबारों को विशेष अधिकार के नाम पर किसी व्यक्ति की निन्दा का अधिकार नहीं मिल जाता है। इसी कड़ी में गॉसिप या नकल आदि के नाम पर किसी की निन्दा करना गलत है।
7. राजनीतिक खबरों की रिपोर्टिंग करने की स्वतंत्रता या आजादी का मतलब यही है कि खबरें पक्षपातपूर्ण नहीं होनी चाहिए। प्रेस की आजादी से किसी नेता के खिलाफ गलत लेख लिखकर उसे अपमानित करने का अधिकार नहीं मिल जाता है।

पहचान के प्रति सावधानी

– किसी महिला या युवती का बलात्कार, अपहरण हो या बच्चों के शारीरिक शोषण या सत्यता पर सन्देह व्यक्त करने जैसी खबरें, इनकी रिपोर्टिंग करते समय पीड़ित से जुड़ी निजी बातें, जैसे कि नाम, तसवीर एवं अन्य जानकारियाँ आदि प्रकाशित नहीं करना चाहिए।

– अदालत के किसी फैसले या कानून की लोकहित में यथोचित आलोचना करनी चाहिए लेकिन जज के ऊपर अभद्र कलंक, अनावश्यक एवं पक्षपातपूर्ण टिप्पणी नहीं करेंगे और न ही अदालत के फैसले या पूरी न्याय व्यवस्था अथवा जज की अयोग्यता पर ही सवाल उठाएँगे।

सामाजिक दोषों को गौरवान्वित न करना या बढ़ावा न देना

– सती प्रथा या फिर आडम्बरपूर्ण समारोहों आदि जैसे सामाजिक दोषों या कुरीतियों को बढ़ावा नहीं देना चाहिए।

हिंसा को बढ़ावा न देना

– हिंसक घटनाओं, हथियारबन्द लुटेरों एवं आतंकवादी क्रियाकलापों को गौरवान्वित नहीं करना चाहिए या फिर बढ़ावा देनेवाले अन्दाज में नहीं लिखना चाहिए।

साम्प्रदायिक मतभेद/झगड़े की रिपोर्टिंग

– साम्प्रदायिक या धार्मिक मतभेद/झगड़े से जुड़ी खबरें प्रकाशित करने से पहले पूरे तथ्यों की जाँच कर लेनी चाहिए और साम्प्रादयिक सद्भाव, शान्ति एवं एकता को प्रभावित करनेवाली खबरें नहीं छापनी चाहिए। सनसनीखेज और भड़काऊ शीर्षकों से बचना चाहिए। साम्प्रदायिक हिंसा या बर्बरता से जुड़ी घटनाओं की रिपोर्टिंग संयम के साथ करनी चाहिए, ताकि राज्य की कानून-व्यवस्था पर से लोगों का विश्वास न उठे। किसी समुदाय को भड़कानेवाली खबरों, जैसे कि हिंसा में मारे गए लोगों की संख्या, घटना की जानकारी आदि प्रकाशित करने से बचना चाहिए क्योंकि इससे दो समुदायों के बीच नफरत और तनाव पैदा हो सकता है। पत्रकारों एवं लेखकों की ये खास जिम्मेदारी होती है कि साम्प्रदायिक एकता एवं शान्ति को बढ़ावा देते रहें। उनके लेखों में निजी विचार की बजाय सामाजिक भावनाओं को सकारात्मक दिशा देने की कोशिश होनी चाहिए।

लेखों के शीर्षक सनसनीखेज/ भड़काऊ नहीं, बल्कि लेख के अनुरूप होने चाहिए–

1. सामान्यतया एवं विशेष तौर पर साम्प्रदायिक झगड़े और मतभेद की स्थिति में सनसनीखेज एवं भड़काऊ शीर्षकों से बचना चाहिए।
2. आरोपयुक्त बयानों को शीर्षक बनाते समय उनकी जाँच कर लेनी चाहिए या उन्हें प्रश्नवाचक चिह्न के साथ प्रकाशित करना चाहिए।

जाति, धर्म या समुदाय का सन्दर्भ

1. सामान्यतया किसी व्यक्ति की जाति या वर्ग की पहचान उजागर करने से बचना चाहिए। खासकर तब, जब उससे किसी जाति-विशेष का अपमान होता हो।
2. अनुसूचित जाति या हरिजन जैसे शब्दों का प्रयोग नहीं करना चाहिए। इस पर कोई भी आपत्ति व्यक्त कर सकता है।
3. किसी आरोपी या पीड़ित को उसकी जाति या समुदाय के साथ नहीं जोड़ना चाहिए क्योंकि अपराध या जुर्म का जाति से कोई सम्बन्ध नहीं होता।
4. अखबारों को धार्मिक विकृति का चित्रण या समाज के अति संवेदनशील मुद्दों को प्रभावित करनेवाले काल्पनिक साहित्य के प्रकाशन से बचना चाहिए।
5. अखबारों को यह सुनिश्चित करना चाहिए कि किसी लेख का स्वर, भावना या भाषा देश की एकता एवं अखंडता, संविधान की भावना तथा साम्प्रदायिक सदभाव को बढ़ाने के नजरिए से आपत्तिजनक व भड़काऊ न हो।

HIV/AIDS और मीडिया—क्या करें और क्या न करें

क्या करें

- मीडिया को एचआईवी/एड्स के बारे में लोगों को जानकारी देना एवं शिक्षित करना चाहिए, न कि लोगों को डराना चाहिए।
- वस्तुनिष्ठ, तथ्यपरक और संवेदनशील बनें।
- एचआईवी एवं एड्स की रिपोर्टिंग करते समय भाषा तथा शब्दावली का विशेष ध्यान रखें। पत्रकारों को वैज्ञानिक एवं सांख्यिकीय सूचना देते समय सावधानी बरतते हुए सही शब्दावली का प्रयोग करना चाहिए। साथ ही एचआईवी और एड्स के बीच का अन्तर भी पता होना चाहिए।
- यह सुनिश्चित करें कि शीर्षक सटीक और सन्तुलित हो।
- जिम्मेदार बनें। लोगों को मामले से जुड़े प्रत्येक पक्ष से अवगत कराएँ और पीड़ित की बातों का भी इस्तेमाल करें।
- संक्रमण से बचने के लिए चमत्कारिक उपचार एवं अवैज्ञानिक दावों के खिलाफ लोगों को वास्तविकता से अवगत कराएँ।

– मामले की गम्भीरता को समझते हुए सकारात्मक खबरों को प्राथमिकता दें।
– संक्रमित व्यक्ति के परिवार के सदस्यों एवं उससे जुड़े लोगों को विश्वास के साथ अपना समर्थन दें।
– संक्रमित व्यक्ति के लिंग-भेद या पहचान को लेकर रिपोर्टिंग में संवेदनशीलता बरतें।
– यह सुनिश्चित करें कि प्रश्न अत्यधिक निजी या आरोप जैसे न हों।

क्या न करें

– खबर को सनसनीखेज न बनाएँ।
– अपनी ओर से फैसला लेते हुए संक्रमित व्यक्ति पर आरोप न लगाएँ।
– एड्स के मरीज/पीड़ित के बारे में बताते हुए उन्हें अभिशाप न कहें और न ही उन्हें एड्स वाहक, वेश्या, नशे का आदी कहना चाहिए।
– एचआईवी/एड्स से पीड़ित बच्चों की पहचान उनकी सहमति होने के बाद भी उजागर न करें।
– जाति, लिंग का हवाला देने से बचें।

मानहानि से कैसे बचें

पत्रकारों के खिलाफ मानहानि का मुकदमा बड़ी आसानी से दर्ज कराया जा सकता है। आपके लिखने या बोलने में हुई जरा-सी चूक से आप बड़ी मुसीबत में फँस सकते हैं। ऐसे में अगर थोड़ी-सी सावधानी बरती जाए तो आप इन चीजों से बड़ी आसानी से छुटकारा पा सकते हैं। मानहानि के मुकदमों से बचने के लिए वरिष्ठ-विद्वान लेखक नन्द किशोर त्रिखा ने अपनी चर्चित किताब 'समाचार संकलन और लेखन'[3] में पत्रकारों के लिए कई सावधानियाँ बरतने को कहा है, जो निम्नलिखित हैं–

1. जब तक आपके पास ऐसा साक्ष्य न हो, जिसे अदालत में प्रस्तुत किया जा सकता है, तब तक किसी व्यक्ति के व्यवहार या चरित्र पर लांछन नहीं लगाया जाना चाहिए।
2. तथ्यों को खुद ही सारी कहानी कहने दीजिए। किसी के आचरण या चरित्र के सम्बन्ध में स्वयं निष्कर्ष न निकालें।
3. गलत नामों और पदों के उल्लेख से बचना चाहिए। सही परिचय न जानने से कई बारगी बड़ी मुश्किल में फँस सकते हैं।

4. दूसरों के आपत्तिजनक वक्तव्यों या भाषणों को छापने से आपको भी मानहानि का उतना ही दोषी ठहराया जा सकता है, 'जितना उस व्यक्ति या संगठन को' जिसका कथन आपने प्रकाशित या प्रसारित किया है।
5. एकतरफा यानी एकांगी वक्तव्यों या आरोपों से बचना चाहिए। समाचार सन्तुलित होना चाहिए, इसलिए दूसरे पक्ष को भी अपनी बात कहने का मौका जरूर दीजिए।
6. 'तथाकथित' लिख देने मात्र से आप मानहानि के दावे से नहीं बच सकते।
7. अदालतों की कार्यवाही के अंग के रूप में यदि कोई बात कही गई हो तो उसे प्रकाशित किया जा सकता है। लेकिन, अगर किसी वकील ने या किसी एक पक्ष ने अदालत के बाहर कोई बात कही है तो उसके प्रकाशन से मानहानि हो सकती है।
8. मुकदमों के फैसलों पर तो टिप्पणी की जा सकती है और उनकी आलोचना करना भी न्यायालय की अवमानना नहीं होती लेकिन टिप्पणी करते समय न्यायाधीश या मजिस्ट्रेट की मंशा पर सन्देह व्यक्त करने से अदालत की अवमानना का मामला साफ बन जाएगा।
9. यह काफी नहीं है कि संबद्ध व्यक्ति या व्यक्तियों के नाम समाचार में न दिए जाएँ। मानहानि के मुकदमों से बचने के लिए यह भी जरूरी है कि ऐसे व्यक्ति यह सिद्ध न कर पाएँ कि प्रकाशित सामग्री में आपत्तिजनक संकेत उन्हीं की ओर था।
10. जब तक अभियुक्तों को अदालत द्वारा सजा नहीं सुना दी जाती है, तब तक उन्हें निर्दोष माना जाता है, इसलिए सजा होने तक उन्हें हत्यारा, चोर, धोखेबाज, जालसाज आदि न लिखें।
11. संसद की कार्यवाही का विवरण सन्तुलित होना चाहिए। जो बात कार्यवाही में शामिल नहीं की गई है, उसका प्रकाशन न किया जाए। किसी सदस्य को लांछित न किया जाए और उसके इरादे पर आक्षेप न किया जाए।

सन्दर्भ

1. देखें–वेबसाइट, लिंक है–http://www.nbanewdelhi.com
2. प्रेस काउंसिल ऑफ इंडिया की वेबसाइट में NORMS सेक्शन पर क्लिक करें। वेबसाइट का लिंक है–http://presscouncil.nic.in
3. देखें–समाचार संकलन और लेखन–नन्द किशोर त्रिखा, (उत्तर प्रदेश हिन्दी संस्थान, लखनऊ)

सन्दर्भ पुस्तकें

- ध्वनियों का इन्द्रधनुष, वीरेन मोहिन (ज्ञान भारती, 2001)
- Electronic Media Management, Avinash Chiranjeev (Authors press, 2000)
- Media power, Aruna Zachariah (Kanishka Publishers Distributors, New Delhi, 1999)
- Broadcast Technology, Dr. H. O. Srivastva (Gyan Publishing House, New Delhi, 1999)
- Principles and Technology of Journalism, B. N. Ahuja, S.S. Chhabra (Surjeet Publication, New Delhi, 2002)
- Theory and Practice of Journalism, B. N. Ahuja (Surjeet Publication, New Delhi, 2002)
- दूरदर्शन सम्प्रेषण और संस्कृति, सुधीश पचौरी (आत्माराम एंड संस, दिल्ली, 2000)
- Journalism for Students, M.S. Sharma (Mohit Publications, New Delhi, 2000)
- News, W. Lance, Bennet (Longman Publication, New York, 2000)
- Making News, Udai Sahay (Oxford University Press, 2006)
- Television a Media Students Guide, David Mcqueen (Arnold Publication, London, 1998)
- News Writing, George A. Hough (Kanishka Publishers Distributors, New Delhi 1998)
- दूरदर्शन विविध आयाम, सुशील कुमार सिन्हा (राज पब्लिकेशन, दिल्ली, 2004)

- Media Debates, Everette E. Gennis, John C. Merrill (Longman Publishers, USA, 1991)
- Directing and Producing for Television, Ivan Cury (Focal Press, 1999)
- News Reporting and Writing, Brian, Brook, George Kennedy, Daryl R. Moen, Don Ranly (Bedford / St. Martin's, New York 1999)
- The Style Book for Journalists and Writers, K. S. R. Menon (Konark Publishers Pvt Ltd, Delhi, 1990)
- टेलीविजन लेखन, असगर वजाहत, प्रभात रंजन (राधाकृष्ण, दिल्ली, 2001)
- Television Culture, John Fiske, Rout Ledge, (London, New York 2000)
- News–Media Writing, W. Richard Whitaker, Janet W. Ramsey, Ronald D Smith (Longman, New York, 2000)
- समाचार लेखन एवं सम्पादन, नवीन चन्द्र पन्त (कनिष्का पब्लिशर्स डिस्ट्रीब्यूटर्स, नई दिल्ली, 1995)
- टीवी टाइम्स, सुधीश पचौरी (मेघा बुक्स, दिल्ली, 1998)
- News Thinking, Bob Baker (Allyn and Bacon, USA, 2002)
- India's Media and Modern Journalism, Rajeev Bhatnagar (India Publishers Distributors, 2001)
- Broadcasting Reform in India, Edited by–Monroe E. Price, Stefaan G. Verhulst (Oxford University Press, Delhi, 1998)
- Reading Television, John Fiske & John Hartely (Routledge Taylor and Francis Group, London 2003)
- Modern Journalism and News Writing, Savita Chadha (Takshila Prakashan, New Delhi, 1998)
- Satellite Invasion of India, S. C. Bhatt (Gyan Publishing House, New Delhi, 1994)
- Broadcast Journalism, Andrew Boyet (Focal Press, 2001)

- The globalization of News, Edited by Oliver Boyd, Barrett and Terhi Routanen (Sage Publication, London, 1998)
- हिन्दी पत्रकारिता–दूरदर्शन और टेलीफिल्में, सविता चड्ढा (राजसूर्य प्रकाशन, दिल्ली, 1998)
- Television and Radio Announcing, Stuart Hyde (Kanishka Publishers Distributors, New Delhi, 1998)
- Writing for Television, Radio and News Media (Wadsworth, Australia, 2000)
- Media Analysis Techniques, Arthur Asa Burger (Sage Publications, 1998)
- The Style Book for Journalists and Writers (Konark Publishers Pvt Ltd. 1990)
- टेलीविजन समाचार, शकील हसन शम्सी (प्रकाशक–डॉ. रजनी सरीन, फर्रूखाबाद, 2000)
- इलेक्ट्रॉनिक मीडिया लेखन, प्रो. रमेश जैन (मंगलदीप पब्लिकेशंस, जयपुर, 2004)
- टेलीविजन समाचार–लेखन और वाचन, एस. एच. मुस्तफा जैदी (सुलभ प्रकाशन, लखनऊ, 2001)
- मीडिया लेखन–सिद्धान्त और व्यवहार, डॉ. चन्द्र प्रकाश मिश्रा (संजय प्रकाशन दिल्ली, 2003)
- आधुनिक पत्रकारिता, डॉक्टर अर्जुन तिवारी (विश्वविद्यालय प्रकाशन चौक, वाराणसी, 1994)
- जनसंचार और हिन्दी पत्रकारिता, डॉ. अर्जुन तिवारी (जयभारती प्रकाशन, इलाहाबाद, 1994)
- कला की जरूरत, अर्न्स्ट फिशर (राजकमल प्रकाशन, नई दिल्ली)
- टेलीविजन पत्रकारिता, ओमकार चौधरी (हरियाणा साहित्य अकादेमी, पंचकुला, 2002)
- हिन्दी भाषा, डॉक्टर हरदेव बाहरी (अभिव्यक्ति प्रकाशन, इलाहाबाद)
- टेलीविजन लेखन–सिद्धान्त और प्रयोग, कुमुद नागर (भारत प्रकाशन, लखनऊ, 2002)
- दृश्य, श्रव्य और जनसंचार माध्यम, कृष्ण कुमार रत्तू (राजस्थान हिन्दी ग्रन्थ अकादमी, जयपुर, 2002)

– समाचार संकलन और लेखन, नन्द किशोर त्रिखा (उत्तर प्रदेश हिन्दी संस्थान, लखनऊ 1997)
– जन माध्यम और पत्रकारिता (भाग 1,2) प्रवीण दीक्षित (सहयोगी साहित्य संस्थान, कानपुर)
– समाचार सम्पादन, प्रेमनाथ चतुर्वेदी (एकेडमी पब्लिशर्स, नई दिल्ली, 1969)
– मीडिया लेखन, सम्पादक–डॉ. रमेश चन्द्र त्रिपाठी, डॉ. पवन अग्रवाल (भारत प्रकाशन, लखनऊ, 2001)
– पत्रकारिता के विविध रूप, डॉ. रामचन्द्र तिवारी (आलेख प्रकाशन, दिल्ली, 1995)
– संचार माध्यमों में हिन्दी का प्रयोग, डॉक्टर लक्ष्मीकान्त पांडेय (साहित्य रत्नालय, कानपुर, 2000)
– हिन्दी पत्रकारिता विविध आयाम, डॉक्टर वेद प्रताप वैदिक (हिन्दी बुक सेंटर, नई दिल्ली, 1997)
– सूचना तंत्र और प्रसारण माध्यम–डॉक्टर कृष्ण कुमार रत्तू (मंगलदीप पब्लिकेशंस, जयपुर, 2001)
– Fundamentals of Journalism, Spencer Crump, (M. C. Crow Hill Book Company, 1974)
– Media Now, Joseph Straubhaar, Robert Larose (Wadsworth Thomas Learning, 2002)
– Media Literacy, W. James Potter (Sage Publication, London, 2001)
– समाचार लेखन के सिद्धान्त और तकनीक, डॉ. संजीव भानावत (यूनिवर्सिटी पब्लिकेशंस, जयपुर, 1988)
– नई पत्रकारिता और समाचार लेखन, सविता चड्ढा (तक्षशिला प्रकाशन, नई दिल्ली, 1989)
– ब्रेक के बाद, डॉक्टर सुधीश पचौरी (राधाकृष्ण प्रकाशन, नई दिल्ली, 1998)
– जनसंचार माध्यम, भाषा और साहित्य, डॉक्टर सुधीश पचौरी (श्रीनटराज प्रकाशन, दिल्ली, 2002)
– हिन्दी पत्रकारिता–कल, आज और कल, सम्पादक–डॉ. सुरेश गौतम, वीणा गौतम (सत्साहित्य प्रकाशन, दिल्ली, 2001)
– Mass communication and journalism of India, d. s. Mehta (Allied publishers private ltd. New delhi, 1980)

- Professional journalism, M. V. Kamath (New Delhi, 1980)
- Basic journalism, R. parthsarthy
- दूरदर्शन–विकास से बाजार तक, सुधीश पचौरी (प्रकाशन विभाग, सूचना और प्रसारण मंत्रालय, भारत सरकार, 1994)
- उत्तर आधुनिक मीडिया विमर्श, सुधीश पचौरी (वाणी प्रकाशन, नई दिल्ली, 2006)
- नए जनसंचार माध्यम और हिन्दी, सुधीश पचौरी, अचला शर्मा (राजकमल प्रकाशन, नई दिल्ली, 2002)
- Media and Power, James Curran (Routledge, London, 2002)
- Handbook of Journalism, Vir Bala Agrawal, V. S. Gupta (Concept Publishing Company, New Delhi)
- Communication is Power, Herbert Brucker (New York Oxford University Press, 1973)
- Mass Media and Information Technology, J. K. Singh (Mangaldeep Publications, Jaipur, 2001)
- भारतीय इलेक्ट्रॉनिक मीडिया, देवव्रत सिंह (प्रभात प्रकाशन, दिल्ली, 2007)
- मीडिया विधि, डॉ. निशान्त सिंह (नमन प्रकाशन, नई दिल्ली, 2003)
- The Sociology of Journalism, Brian Mcnair (Arnold, London, 1998)
- Reporting the News, Louis M. Lyons (The Belknap Press of Harvard University Press, 1965)
- News Writing, George A. Hough (Kanishka Publishers Distributors, New Delhi, 1998)
- एंकर रिपोर्टर, पुण्य प्रसून वाजपेयी (राजकमल प्रकाशन, नई दिल्ली, 2006)
- क्राइम रिपोर्टर, हर्षदेव (भारतीय जनसंचार परिषद, नई दिल्ली, 2005)
- जन माध्यम प्रौद्योगिकी और विचारधारा, जगदीश्वर चतुर्वेदी (अनामिका पब्लिशर्स, नई दिल्ली, 2002)
- Interviewing for Journalists, Sally Adams With Wynford Hicks (Routledge, London, 2001)
- The Media and Modernity, John B. Thompson (Polity Press, UK, 1995)

- News in a Century, Larry Lanson, Barbara Croll Fought (Prime Forge Press, London, 1999)
- Multi Channel Television In India, Roop Sharma (Cable Operators Federation of India, Delhi, 1995)
- Before the Headlines, a hand Book of Television Journalism, Chanderkant P. Singh (Mcmillan India Pvt. Ltd. 1999)
- Studies in Modern Media and Mass Communication, S. Ganesh (Radha Publication, New Delhi, 2001)
- उत्तर आधुनिक मीडिया तकनीक, हर्षदेव (वाणी प्रकाशन, नई दिल्ली, 2001)
- Ethics of Journalism in Transition, Jitendra Kumar Sharma (Authors Press, 2002, Delhi)
- खेल पत्रकारिता, सुशील दोषी, सुरेश कौशिक (राधाकृष्ण प्रकाशन, दिल्ली, 1992)
- राजनीतिक मीडिया लेखन, ओम गुप्ता (कनिष्का पब्लिशर्स डिस्ट्रिब्यूटर्स, नई दिल्ली, 2002)
- पत्रकारिता के सिद्धान्त, डॉक्टर रमेश चन्द्र त्रिपाठी (नमन प्रकाशन, लखनऊ, 1995)
- उन्नीसवीं शताब्दी की हिन्दी पत्रकारिता में सामाजिक चेतना, राहुल रंजन (भारतीय ग्रन्थ निकेतन, नई दिल्ली, 1998)
- हिन्दी के यशस्वी पत्रकार, क्षेमचन्द्र सुमन (प्रकाशन विभाग, सूचना और प्रसारण मंत्रालय, भारत सरकार, 1996)
- भारतीय पत्रकारिता का इतिहास, जे. नटराजन (प्रकाशन विभाग, सूचना और प्रसारण मंत्रालय, भारत सरकार, 2002)
- आंचलिक संवाददाता, सुरेश पंडित, मधुकर खेर (राधाकृष्ण प्रकाशन, दिल्ली, 1991)
- साक्षात्कार–सिद्धान्त और व्यवहार, रामशरण जोशी (ग्रन्थ शिल्पी प्रा. लिमिडेट, दिल्ली, 2001)
- विदेशों में हिन्दी पत्रकारिता, डॉक्टर पवन कुमार जैन (राधा पब्लिकेशंस, नई दिल्ली, 1993)
- पत्रकार और पत्रकारिता प्रशिक्षण, अरविन्द मोहन (सामयिक प्रकाशन, नई दिल्ली, 2003)

– पत्रकारिता की लक्ष्मण रेखा, आलोक मेहता (सामयिक प्रकाशन, नई दिल्ली, 2003)
– संवाद संकलन विज्ञान, नारायण व्यंकटेश दामले (विश्वविद्यालय प्रकाशन, वाराणसी, 1997)
– समकालीन पत्रकारिता–मूल्यांकन और मुद्दे, सम्पादक–राजकिशोर (वाणी प्रकाशन, नई दिल्ली, 1991)
– हिन्दी पत्रकारिता एवं जनसंचार, डॉ. ठाकुर दत्त शर्मा आलोक (वाणी प्रकाशन, नई दिल्ली, 2000)
– मीडिया विमर्श, रामशरण जोशी (सामयिक प्रकाशन, नई दिल्ली, 1999)
– विज्ञान पत्रकारिता, डॉ. मनोज पटैरिया (वाणी प्रकाशन, नई दिल्ली, 2007)
– फिल्म पत्रकारिता, विनोद दत्त तिवारी (वाणी प्रकाशन, नई दिल्ली, 2007)
– हिन्दी पत्रकारिता और साहित्य, राम अवतार शर्मा (नमन प्रकाशन, नई दिल्ली, 2000)
– पत्रकारिता में अनुवाद, जितेन्द्र गुप्त, प्रियदर्शन, अरुण प्रकाश (राधाकृष्ण प्रकाशन लिमिटेड, दिल्ली, 1991)
– इलेक्ट्रॉनिक मीडिया, दशा एवं दिशा, टी. डी. एस. आलोक (अनामिका पब्लिशर्स डिस्ट्रिब्यूटर्स प्रा. लि. नई दिल्ली, 2001)
– पत्रकारिता के आयाम, बलराम (जनवाणी प्रकाशन, दिल्ली, 1998)
– समकालीन पत्रकारिता, मूल्यांकन और मुद्दे, सम्पादक–राजकिशोर (वाणी प्रकाशन, नई दिल्ली, 1994)
– समाचार और फीचर लेखन, सम्पादक–डॉ. संजीव भानावत (पुलित्जर संचार एवं शोध संस्थान, जयपुर, 2002)
– संवाद समिति की पत्रकारिता, काशीनाथ गोविन्दराव जोगलेकर (राधाकृष्ण प्रकाशन, दिल्ली, 1991)
– पत्रकारिता एवं सम्पादन कला, एस.सी. पन्त (राधा पब्लिकेशंस, नई दिल्ली, 1993)
– पत्रकारिता एवं जनसंचार साहित्य सन्दर्भिका, सम्पादक–डॉ. संजीव भानावत (पुलित्जर संचार एवं शोध संस्थान, जयपुर, 2002)
– हिन्दी की वर्तनी, सन्त समीर (प्रभात प्रकाशन, दिल्ली 2010)
– पत्रकारिता, परिवेश और प्रवृत्तियाँ, डॉ. पृथ्वीनाथ पांडेय (लोकभारती प्रकाशन, इलाहाबाद, 2001)
– टेलीविजन और क्राइम रिपोर्टिंग–वर्तिका नन्दा (राजमकल प्रकाशन, नई दिल्ली, 2010)

– भाषा विज्ञान (अशोक प्रकाशन, नई दिल्ली, 2000)
– शब्द बोध, चन्द्रदेव यादव (ग्रन्थलोक, दिल्ली, 2008)
– आधुनिक हिन्दी व्यांकरण और रचना, डॉक्टर वासुदेव नन्दन प्रसाद (भारती भवन पब्लिशर्स एंड डिस्ट्रीब्यूटर्स, दिल्ली, 1993)
– हिन्दी–शब्द-अर्थ-प्रयोग, डॉक्टर हरदेव बाहरी (अभिव्यक्ति प्रकाशन, इलाहाबाद, 2009)
– मासिक पत्रिका 'हंस' का मीडिया विशेषांक, जनवरी, 2007
– मासिक पत्रिका 'नया ज्ञानोदय' का मीडिया विशेषांक, जनवरी, 2010 http://www.mediakhabar.com/
– http://kaulonline.com/chittha/2006/06/chandrabindu-anuswar/
– भारतीय साहित्य संग्रह की वेबसाइट– http://pustak.org/bs/home.php?bookid